小微金融丛书

小微信贷技术

[德] 何佳　[中] 马丹　[美] 约阿希姆·鲍尔德 (Joachim Bald)　[英] 麦克·希尔 (Mike Hill) ◎编著

中国金融出版社

责任编辑：王 君
责任校对：孙 蕊
责任印制：陈晓川

图书在版编目（CIP）数据

小微信贷技术/（德）何佳等编著.—北京：中国金融出版社，2022.9
（小微金融丛书）
ISBN 978-7-5220-1613-9

Ⅰ.①小… Ⅱ.①何… Ⅲ.①信贷管理—研究 Ⅳ.①F830.51

中国版本图书馆CIP数据核字（2022）第070009号

小微信贷技术
XIAOWEI XINDAI JISHU

出版
发行　中国金融出版社
社址　北京市丰台区益泽路2号
市场开发部　（010）66024766，63805472，63439533（传真）
网上书店　www.cfph.cn
　　　　　（010）66024766，63372837（传真）
读者服务部　（010）66070833，62568380
邮编　100071
经销　新华书店
印刷　保利达印务有限公司
尺寸　185毫米×260毫米
印张　15.75
字数　333千
版次　2022年9月第1版
印次　2022年9月第1次印刷
定价　56.00元
ISBN 978-7-5220-1613-9
如出现印装错误本社负责调换　联系电话（010）63263947

Foreword 前言

小微企业逐渐成长为世界各国经济增长、就业和税收的重要支柱，但与此同时，其"融资难、融资贵"的问题也成为一个世界级难题。造成这一问题的主要原因首先在于小微借款人"短、小、频、急"的信贷需求特点。"短"是指由于小微借款人的经营周期短致使其贷款期限短；"小"是指小微借款人的有限规模决定了其所需的贷款金额较小；"频"是指小微借款人的经营方式导致其较为频繁的临时性贷款需求；"急"是指小微借款人内部资金腾挪空间有限，贷款时效性强，导致其贷款需求急切。而传统商业银行的信贷业务流程复杂，审查审批时间长，办理小微信贷业务的成本高且收益低，因此，传统商业银行开展小微信贷业务的积极性不高。长此以往，导致传统商业银行对小微信贷的服务意愿弱、能力差。正是小微借款人规模小、生命周期短、财务信息与抵质押品缺失、自身融资需求特点与传统商业银行信贷服务模式之间相互不匹配等特点导致了小微信贷的评估难与风控难两大问题。

对于小微金融机构而言，全面、深入地理解小微信贷需求特点并具备对小微信贷风险的识别、评估、控制、缓释和监控能力是实现小微信贷业务可持续经营和发展的基本前提。小微信贷评估与风控能力的提升也可以增强金融机构提供小微服务的意愿，并由此促进小微金融事业的发展。本书旨在从小微信贷服务的提供者视角出发，帮助读者系统地了解并掌握小微信贷风险管理的技术和方法。本书共分为六个单元。

第一单元：风险导论。深入了解风险的定义和理解风险这一概念是后续一切讨论的基础。同时，读者还将了解各种风险的基本应对策略以及企业风险管理框架与流程。

第二单元：小微金融机构监管与风险管理。我们将由宏观的风险讨论逐渐切入小微金融行业的探讨。读者将了解对金融行业实行审慎监管的意义和指导基础，以及小微金融的相关术语和监管政策。此外，读者也将了解小微金融机构风险管理的组织架构及相关职能。读者还将通过宏观风险图谱了解小微金融机构所面临的风险类别，并理解对信用风险的有效管理是小微金融机构风险管理的重中之重。

第三单元：信用风险与信贷技术。通过我们对信用风险的定义和解构，读者将了解违约概率、风险敞口和违约损失率等一系列概念，并理解信用风险的定价逻辑和信贷违约的本质。小微金融机构可从流程层面和信贷技术层面对信用风险进行管理。小微信贷流程管理是一种涉及贷前、贷中、贷后的信用风险管理活动。小微信贷技术是对单笔小微贷款的违约风险进行识别、评估、控制、缓释、监控的方法。我们将以小微信贷技术的发展进程为背景，向读者介绍五大主要技术的归类方法、适用场景及优缺点。五大主要技术为：抵押型信贷模式、小组联保模式、现金流模式、模型化模式和关系型信贷模式。其中，现金流模式和模型化模式作为当今最主流、最核心的两大小微信贷技术，将分别构成本书第四单元和第五单元的讨论重点。

第四单元：广义现金流分析技术。通过区分还款意愿和还款能力，我们将讨论广义现金流分析技术的基本原理和步骤。在小微信贷实践中，小微借款人提供的财务信息很可能是不充分、不完整的，或不能被直接采信的，因此，我们需要自己去获取这些财务信息，并据此自建或重塑财务报表。在大量示例和案例分析的辅助下，读者将系统地了解如何收集并分析非财务信息，如何通过一级与二级的交叉检验确定财务信息的可信度，以及如何基于报表重塑与财务分析，提出信贷风险评估意见及信贷决策建议。

第五单元：模型化分析技术。信用评分作为定量分析和决策的工具，可以帮助贷款人根据感知到的违约风险，做出接受或拒绝特定贷款申请的决定。在大量示例和案例分析的辅助下，读者将在本单元中学习并掌握信用评分的原理、目标与条件，信用评分数据的要求、选择与准备，信用评分模型的建立、评测、使用与维护。此外，我们还将介绍其他类别的量化模型（包括企业信用评价）和应用场景。

第六单元：小微信贷组合风险管理。作为本书的最后一个单元，我们的视角将由单笔小微贷款转向金融机构小微贷款组合，讨论其整体风险的识别、评估、控制、缓释和监控。读者将学习并掌握信贷组合账龄分析方法、转换矩阵分析方法及风险拨备计算方法。我们还将介绍如何通过对风险集中度和违约相关性的管理来分散信贷组合风险。

作　者

2022 年 3 月

Contents
目　　录

>> 第一单元　风险导论 / 1
　　1. 风险的定义 / 1
　　2. 风险的基本应对策略 / 6
　　3. 风险管理框架与流程 / 8

>> 第二单元　小微金融机构监管与风险管理 / 10
　　1. 小微金融机构的监管政策 / 10
　　　1.1　金融行业审慎监管的意义 / 10
　　　1.2　金融行业监管政策的指导基础 / 13
　　　1.3　小微金融机构的监管 / 17
　　2. 小微金融机构风险管理组织架构 / 23
　　3. 小微金融机构风险类别 / 26

>> 第三单元　信用风险与信贷技术 / 33
　　1. 信用风险 / 33
　　　1.1　信用风险的定义 / 33
　　　1.2　信用风险三要素 / 34
　　　1.3　信用风险定价 / 42
　　　1.4　信贷违约的本质 / 45
　　2. 信用风险管理 / 48
　　　2.1　小微信贷管理流程 / 48
　　　2.2　小微信贷技术分类 / 50

>> 第四单元　广义现金流分析技术 / 59
　　1. 广义现金流分析技术的基本原理 / 59

2. 信息的搜集和理解 / 63
- 2.1 借款人的历史和品行 / 64
- 2.2 企业业务周期与动态 / 64
- 2.3 市场及行业 / 67
- 2.4 企业管理与治理 / 72
- 2.5 企业外部环境 / 74
- 2.6 非财务分析的风险评估框架 / 75

3. 信息的验证 / 79
- 3.1 验证信息的基本原理 / 79
- 3.2 一级交叉检验 / 84
- 3.3 二级交叉检验 / 96
- 3.4 交叉检验的作用与局限性 / 107

4. 财务分析 / 107
- 4.1 财务分析的基本原理 / 107
- 4.2 财务比率分析 / 109
- 4.3 盈亏平衡分析 / 131
- 4.4 现金流量分析 / 137
- 4.5 财务分析案例 / 161

5. 广义现金流分析技术总结 / 172

第五单元 模型化分析技术 / 174
1. 信用评分原理、目标与条件 / 174
2. 信用评分的数据要求、数据的选择与准备 / 177
- 2.1 信用评分的数据要求 / 177
- 2.2 数据的选择与准备 / 179

3. 信用评分模型的建立、评测、使用与维护 / 187
- 3.1 信用评分模型的建立与评测 / 187
- 3.2 信用评分模型的使用与维护 / 197

4. 其他信用风险模型 / 198
- 4.1 清收模型 / 199
- 4.2 企业信用评级 / 203

第六单元 小微信贷组合风险管理 / 209
1. 信贷组合账龄分析 / 209
- 1.1 欠款的定义 / 209
- 1.2 账龄曲线 / 212

2. 转换矩阵与信用风险拨备 / 221
- 2.1 转换矩阵 / 221

  2.2 信用风险拨备 / 230
 3. 分散信贷组合风险 / 233
  3.1 非预期损失 / 233
  3.2 风险敞口集中度的管理 / 234
  3.3 违约之间的相关性 / 236

〉〉图

  图1.1 风险严重度/风险概率二维矩阵与风险管理策略 / 7
  图1.2 ISO 31000 通用风险管理框架和风险管理流程 / 9
  图2.1 小微金融相关术语差异 / 20
  图2.2 小微金融机构风险管理组织架构 / 24
  图2.3 风险管理政策框架 / 26
  图2.4 小微金融与中小企业银行业务的宏观风险图谱 / 28
  图2.5 小微金融风险严重程度与发生概率矩阵图 / 31
  图3.1 违约损失与回收现值的关系 / 35
  图3.2 贷款总费率的构成 / 43
  图3.3 小微信贷技术分类模型 / 51
  图3.4 信贷技术适用性与企业和贷款规模的关系 / 56
  图3.5 信贷技术适用性与样本数据的关系 / 57
  图4.1 小微企业信用风险评估信息维度 / 62
  图4.2 广义现金流分析三步法 / 63
  图4.3 非财务分析的价值 / 63
  图4.4 非财务信息维度 1/ 64
  图4.5 非财务信息维度 2/ 64
  图4.6 产品（服务）生命周期 / 65
  图4.7 交易周期 / 66
  图4.8 非财务信息维度 3/ 68
  图4.9 波特五力模型 / 68
  图4.10 安索夫矩阵 / 70
  图4.11 波特一般竞争战略模型 / 71
  图4.12 非财务信息维度 4/ 72
  图4.13 威克汉姆创业绩效模型 / 72
  图4.14 非财务信息维度 5/ 74
  图4.15 非财务信息维度汇总 / 75
  图4.16 财务信息和财务信息之间的关联（行业基准与借款人财务情况）/ 82
  图4.17 非财务信息和财务信息之间的关联（经营历史与资产负债表）/ 83
  图4.18 非财务信息和财务信息之间的关联（行业周期与资产负债表）/ 83

图 4.19　企业规范化程度和可提供的资料 / 85
图 4.20　一级交叉检验的四个主要信息源 / 86
图 4.21　企业管理层作为信息来源 / 87
图 4.22　运营层作为信息来源 / 91
图 4.23　基准和外部参考作为信息来源 / 93
图 4.24　实地观察作为信息来源 / 93
图 4.25　存货与营业额 / 97
图 4.26　应收账款与营业额 / 98
图 4.27　权益与净利润 / 104
图 4.28　权益的追踪检验 / 106
图 4.29　基于重塑报表的财务分析 / 108
图 4.30　现金循环周期 / 114
图 4.31　现金循环周期资金缺口举例 / 115
图 4.32　盈亏平衡示意图 / 133
图 4.33　盈亏平衡与安全边际 / 135
图 4.34　现金流的来源 / 139
图 5.1　评分流程的基本要素 / 175
图 5.2　秩和百分比函数——Excel 屏幕截图 / 182
图 5.3　使用 Excel 中的"数据分析—相关分析"功能 / 185
图 5.4　散点图和最小二乘线性回归线 / 188
图 5.5　LDA——违约观测值的散点图 / 188
图 5.6　LDA——f1 和 f2 函数换算数据示例 / 189
图 5.7　StatistiXL——LDA 调用对话框 / 189
图 5.8　多元回归对逻辑回归的映射 / 193
图 5.9　XLSTAT 中逻辑回归功能对话框 / 194
图 5.10　XLSTAT 中逻辑回归功能——"输出"菜单 / 194
图 5.11　ROC 与 AUC/ 196
图 5.12　分界值对预测准确率的影响 / 196
图 5.13　评分方法分类 / 198
图 5.14　标准普尔公司评级等级与违约概率分布（100 个基点 =1%）/ 205
图 5.15　中小企业评级系统样例（顶层借款人评级指标汇总）/ 206
图 5.16　中小企业评级系统中阿特曼 Z-score 模块节选 / 207
图 5.17　中小企业评级系统样例——顶层债项评级指标汇总 / 208
图 6.1　南非某银行微型消费类贷款账龄曲线样例 / 213
图 6.2　摩洛哥某小微金融机构危机后的账龄曲线 / 214
图 6.3　用于账龄曲线测算的数据透视报告表样例 / 216
图 6.4　基于样本数据的账龄曲线 / 218

图 6.5　柬埔寨某小微银行账龄曲线分析案例（0.1% 坏账率水平）/ 221

图 6.6　柬埔寨某小微银行账龄曲线分析案例（1% 坏账率水平）/ 221

图 6.7　矩阵乘积示例 / 224

图 6.8　数据透视表生成的 2021 年 3 月至 4 月的余额和还本额矩阵 / 228

图 6.9　理论上小微贷款组合年度亏损分布 / 233

图 6.10　阿塞拜疆某银行小微贷款组合基尼曲线 / 235

表

表 2.1　巴塞尔委员会指南汇总 / 14

表 3.1　模拟工作表截图 / 38

表 3.2　贷款组合风险分散模拟工作表截图 / 40

表 3.3　模拟工作表截图（相关系数 =1）/ 41

表 3.4　模拟工作表截图（相关系数≈ –1）/ 42

表 4.1　基于非财务分析的风险评估包含的关键信息维度及获取方法 / 75

表 4.2　一级交叉检验——可能的问题和方法 / 94

表 4.3　基于贸易条件的现金流测算 / 99

表 4.4　季节性现金流测算 / 100

表 4.5　第二年现金流测算 / 101

表 4.6　常用财务比率 / 127

表 4.7　常见的财务报表操纵或粉饰方式 / 129

表 4.8　造成现金流入 / 流出的活动 / 139

表 4.9　现金的来源与使用 / 140

表 4.10　现金流预测项与损益表预测项的区别 / 152

表 4.11　预算偏差分析表范例 / 158

表 5.1　婚姻状况与违约情况的数据透视表结果 / 182

表 5.2　年龄与违约分布数据透视表 / 183

表 5.3　相关矩阵输出结果 / 186

表 5.4　LDA 输出页节选（显示分类函数值和 f1~f2 派生分值）/ 190

表 5.5　StatistiXL 输出的 LDA 分类函数系数 / 190

表 5.6　StatistiXL 输出的混淆矩阵表 / 191

表 5.7　分界点与不良率之间的关系 / 192

表 5.8　XLSTAT——逻辑回归模型系数 / 194

表 5.9　XLSTAT——逻辑回归分类表（分界点为 0.1）/ 195

表 5.10　灵敏度与特异度 / 195

表 5.11　排序及百分位分析摘选 / 200

表 5.12　三个逻辑回归模型系数汇总表（分界点均为 0.5）/ 201

表 6.1　欠款账龄表样例 / 210

表 6.2　PAR 报告样例 / 211
表 6.3　用于账龄曲线测算的贷款组合样本 / 216
表 6.4　转换矩阵及衍生拨备率举例 / 222
表 6.5　阿塞拜疆某银行的个体工商户（微型企业）贷款组合转换矩阵示例 / 225
表 6.6　2021 年 3 月至 2021 年 4 月贷款组合数据表摘录 / 225
表 6.7　借助数据透视表生成的 2021 年 3 月至 4 月转换矩阵 / 226
表 6.8　2021 年 3 月至 2021 年 4 月贷款组合数据表（包括期间还本额）/ 227
表 6.9　包括和不包括期间还本的转换矩阵对比 / 228
表 6.10　未来 6 个月后的转换矩阵 / 229
表 6.11　未来 6 个月后的 PAR30 规模预测 / 230
表 6.12　风险敞口预算矩阵示例（年度预算百分比）/ 240

风险导论 | 第一单元

1. 风险的定义

如果问普通大众如何理解风险，他们的回答大多会是：坏事情发生的可能性，比如损失或受伤。当然，风险包含着对未来事件结果的不确定性。这些未来事件必须对我们是有影响的，也就是说，个人（或组织）关切（或应该关切）此类不确定事件的结果。我们可以将其称为我们"暴露"在不确定结果中。例如，抛出一枚硬币，可能是正面朝上，也可能是背面朝上，这是不确定的。只有当我们对结果感兴趣或对此进行了投资时，这种不确定性才会是一种风险。如果我们和朋友打赌，若硬币落地时正面朝上，我们就请朋友吃饭，这相当于我们对结果进行了投资，那么我们就暴露在风险中了。在这种情况下，硬币抛出后结果的不确定性已经成为一种风险。

损失的可能性

有时，在统计学或博弈论中，风险简单地等同于不确定性。例如，掷出一个六面骰子，结果是不确定的。有人可能会说，其结果属于客观上的不确定，换言之，骰子每面朝上的客观概率均是1/6。

客观不确定性

然而，这些结果真的是"客观"的不确定吗？其实，也许是我们无意中忽略了掷骰子运行机制的一些细节：抛出的轨迹角度、手腕摆动的速度和桌布摩擦系数等。这实际上是一个哲学层面的问题：我们的风险模型假设下周美元/欧元汇率的形成机制是"随机游走"（也被称为"随机漫步"）的，而事实上，它可能是某些确定过程下的确定且可知的结果，某核物理学家出身的对冲基金经理甚至已经推导出了具体的计算公式。通常情况下，金融领域随机事件的发生更像是在掷骰子，但与平常不同的是：骰子下方是一块金属板，桌子下方是一块强力磁铁，这便不是诚实的碰运气游戏了。如果读者对哲学有兴趣，建议阅读格林·A. 霍尔顿（Glyn A. Holton）的精彩文章《定义风险》中关于主观主义概率和客观主义概率的讨论。①

让我们从风险的主流定义开始探讨这一问题。

> ②风险是一种不确定结果的表现形式，结果可能对个人或实体产生潜在的不利影响。对于承担损失或受到伤害的个人或实体而言，风险是被主观感知的。

---

① 格林·A. 霍尔顿. 定义风险 [J]. 金融分析师杂志，2004，60.https://www.glynholton.com/wp-content/uploads/papers/risk.pdf.

② 该符号表示定义。

> ① 如果未来的损失是确定的,那就不是风险了。不戴降落伞从飞机上跳下去必死无疑,这不是风险,因为损失是确定的。然而,如果作者戴着降落伞跳下去,这种生存的不确定性对作者本人和需要他照顾的家人来说是一种风险。而对读者来说,作者个人进行跳伞冒险的结果是收入中性的,因此这对他们而言不属于风险。

在不同的行业中或特定的分析应用场景下,存在着对风险的不同定义。在证券投资理论中,我们在经典的"风险—收益权衡"的框架下看待风险。在这里,风险被定义为财务回报在平均预期收益上下浮动的不确定性。因此,波动性(即连续复合年收益率的标准差)就成为了"风险"。我们将在后续的信用贷风险单元中讨论这一理论背后的数学问题。现在,值得注意的一点是,这种对于风险的"波动性"定义包括结果的正偏差和负偏差,即相对于平均预期收益,多余收益和损失无异都是风险。

在医疗领域,职业健康与安全咨询服务组织(OHSAS)将风险定义为:导致不良结果的危害事件的发生概率与结果的严重程度的乘积。② 这类似于我们在讨论信用风险时所使用的"预期损失"这一概念。在分析信用风险时,我们将违约概率与贷款客户违约时的贷款净余额相乘。但这种预期损失并非信贷意义上的"风险"。相反,我们将把预期损失看作确定的结果,并将其计入借款客户的风险定价中。信贷意义上的风险在于未来的实际损失在此预期损失值上下的变化情况。当然,最重要的是向上的变化,即朝着极大损失方向的变化。

在《风险管理原则与实施指南标准》(ISO 31000:2009)和《风险管理术语》(ISO-第73号指南)中,国际标准化组织对风险的定义如下。

> 风险是指某一事件、某个行动或不采取行动将对一个实体实现其组织目标的能力产生不利影响的可能性。在这个定义中,不确定性包括可能发生和可能不发生的事件,以及信息缺乏或不明确而造成的不确定性。

ISO 31000:2009已得到广泛认可,这是当前风险管理的最佳实践共识。ISO 31000:2009/ISO-第73号"风险管理词汇"指南中解释:

> 风险管理框架是为整个组织的风险管理的设计、实施、监控、审查和持续改进提供基础和组织保障的一整套组件的集合。

上述风险管理框架的概念本质上等同于被广泛讨论的企业风险管理(ERM)的概

---

① 该符号代表示例。
② "风险是危险事件或暴露发生的可能性,以及该事件或暴露可能造成的损伤、不健康的严重程度的结合。"(职业健康与安全咨询服务 18001:2007)。

念。2004年，反虚假财务报告委员会下属发起人委员会（COSO）在其"企业风险管理——综合框架"中对企业风险管理的定义如下。

> 企业风险管理（ERM）是一个过程，由董事会、管理层和其他人员执行，应用于整个企业的战略制定，旨在识别潜在的可能对企业产生影响的事件，并将风险控制在风险偏好范围内，并为实现企业目标提供合理保障。

ERM视角在风险相关讨论中的贡献点在于建立起"企业风险管理"与"战略设定"之间的直接联系。企业风险管理通过嵌入战略的规划与执行来创造价值。这显然是将风险管理从单一的合规功能（符合法律要求）提升到支持组织目标实现的战略推动作用这一高度。

风险与战略

企业风险管理的定义中还涉及"风险偏好"这一概念，这是风险管理实践中的另一个关键术语。它意味着一个组织应该对其在实现目标的过程中愿意承担多少风险达成共识。显然，除了定义"风险"之外，我们还应该学习一些与风险相关的术语，包括风险偏好、风险容忍度、风险敞口、风险严重程度和风险限度等。正如爱斯基摩人能用19个不同的词来形容雪一样，一个专业的风险经理或相关专业人士也需要能够用更多的词汇来描述风险。因此，了解风险的这些相关术语十分必要。此外，需要注意一点，我们还没有开始讨论金融机构风险管理的具体指导和最佳实践。换言之，到目前为止，我们围绕风险展开的一切讨论都是通用的，可以适用于化工企业，也可以适用于软件开发公司。

更多术语

此外，我们在实践中经常会遇到这类情形：当一个组织正处在十万火急的危机中时，其风险管理部门却忙于以极高的精度测算错误的指标，或风险经理们由于职责所在必须向他们所在组织的管理层"推销"具体的，甚至有时是乏味的措施。因此，在这些场景下，熟悉快速发展的风险管理语言体系是至关重要的，这可以帮助我们避免做无用功，并提高沟通效率。

> 风险偏好是一个组织为了实现其自身及其股东和利益相关者的目标而准备承担或追求的风险的数量和类型。（ISO-第73号指南）

> 风险容忍度是一种针对风险敞口的量化指标或量化表示，用于说明风险偏好。风险容忍度用于风险评估，以确定对可接受的风险所需采取的措施。

"风险偏好"和"风险容忍度"看上去非常相似，但它们之间存在着微妙的区别。风险容忍度从属于风险偏好，但比风险偏好包括更具体的含义，即通过容忍度阈值或限度的界定对风险偏好进行具体描述。

风险偏好及风险容忍度的衡量始终包括两个方面：一个是平均预期场景，另一个是极端场景或"最坏情况"：

第一，正常风险偏好维度是指在没有重大宏观经济危机发生或竞争对手取得颠覆性技术突破的情况下的典型预期结果。

第二，预期外或最坏情况下的风险偏好强调的是一个组织的生存能力，即其业务模式在面临极端损失事件时的韧性和稳健性。

"风险敞口"一词描述了一个实体在多大程度上受到某种风险或风险组合的影响。迈莱拉和拉蒂莫尔建议将风险敞口定义为风险事件的潜在影响及其发生可能性的函数。[①]这类似于医疗领域的风险定义（见上文中OHSAS风险定义），但它不是主流定义，尤其极少被用于金融服务领域。风险敞口更常见的定义是这样的：

> 风险敞口指的是在不考虑任何风险缓释措施并且不应用任何关于损失事件概率的特定知识的情况下所面对的风险的总量。

> 当我们谈到外汇交易产生的风险时，风险敞口可以通过敞口头寸来衡量，即暴露于汇率风险中的资金总额。然而，损失全部的敞口头寸通常是不太可能的。一笔敞口头寸的可能损失额度取决于该头寸总额及相应汇率在一段特定时间内的可能的实际波动区间及其概率水平。

在描述风险时，我们进一步将风险严重度视为一个单独的概念。

> 风险严重度是在某种风险发生的情况下，可能损失或影响的程度。它并不涉及对此类风险事件发生的可能性或频率。

根据健康行业对风险的理解，风险严重度等于风险发生的概率乘以潜在损失的规模。[②]然而，我们更倾向于将风险严重度与损失的频率（或概率）看作两个相互独立的维度。由此构成的二维矩阵模型非常有助于我们对一个组织面临的风险进行系统理解和战略思考（见下节中图1.1）。

> 风险限额是一种风险度量，可以用（总）风险敞口或可能损失来表示，也可以用另一种倾向于与风险敞口或可能损失高度相关的度量来表示。作为一个限度，这种风险度量被明确地表述为风险容忍度的指标，旨在将一个实体的风险活动或风险头寸限制在一个可接受的范围内。

---

① 肯·迈莱拉，约书亚·拉蒂莫尔.如何创建和使用企业风险容忍度[A].弗雷泽，辛金斯.企业风险管理[C].新泽西：约翰威利出版社，2010：141-154.

② 普莱纳斯，卡萨尔，德尔沃萨勒，等.工业事故风险评估方法项目：严重度指数[A].贝德福德，范格尔德埃德斯.安全与可靠性[C].利瑟.Swets & Zeitlinger 出版社，2003：1247-1253.

最后，我们需要定义一些常用的风险偏好术语，这些术语反映了个体或实体对风险所持的态度和倾向，即将个体或实体分为风险爱好者、风险中性者和风险厌恶者。

> 假设我们对抛硬币的结果下注。如果正面朝上，可以赢100元；如果反面朝上，什么都得不到。已知这两种结果发生的概率是相同的，只要重复这个游戏的次数足够多，预期赢的可能性便是50%。那么你愿意出多少钱来玩这个游戏？如果你愿意每次支付超过50元，你就是一个风险爱好者；如果你愿意每次支付的金额刚好是50元，则你是风险中性者；如果你愿意每次支付的金额少于50元，那么你就是风险厌恶者。

在传统的经济学理论中，我们往往认为人类的经济行为是完全理性的。追求利润最大化的机器人只有在赌注是49元或更少的时候才会玩这个抛硬币游戏。然而，人类的行为却有所不同。否则，就不会有赌场和彩票的存在了。赌场的商业模式是基于这样的原则：赌徒们总是觉得他们从游戏中所赢得的会比其所下的赌注多。

那么，你属于风险厌恶者还是风险爱好者，抑或是风险中性者呢？期货交易者一定对风险上瘾而小微信贷经理就厌恶风险吗？并非如此，这要视情况而定。例如，掷六面骰子和用六发左轮手枪玩俄罗斯轮盘赌的风险在统计学上是相等的。但很明显，如果和朋友们玩赌注是几元的骰子游戏，那么你很容易成为一个风险爱好者，而涉及俄罗斯轮盘赌时，似乎变得极度厌恶风险才是理性的。同理，企业在为新产品设定风险偏好时，可能会呈现出一种爱好风险的态度，例如，一个产品可能完全失败，也可能成为下一个爆款产品，则企业愿意在该创新上冒险。其实，创新型的初创企业从来不会厌恶风险，否则在那里工作的人就不会放弃他们在其他地方的稳定工作。但前提是冒险发生在风险可控的情况下，即最终的不利结果仍然是可以承受的。当风险严重到一旦成为现实就会对生存产生威胁时，实体便会对这一特定风险敞口持厌恶态度。

对风险的态度是相对的

从投资的视角出发，一个经济实体的存亡问题引发我们的思考：为什么一个经济实体会如此执著于自身的生存，以至于其投资人（股东）会允许它成为风险厌恶者？理论上，对于已分散投资多个项目的投资人而言，一个经济实体连同其管理人员和员工并不重要，因为投资风险已经被分散到多个项目了，即使其中一个项目在"俄罗斯经济轮盘赌"里中弹倒下，其他项目仍有盈利的可能。实际上，原因在于：一个经济实体的破产会带来巨额成本和低效率，影响甚至摧毁股东们的职业生涯，耗尽其养老基金，使其有价值的资产贬值。这样看来，对于一个经济实体而言，生存已然成为了一个战略目标，而对其已分散了投资风险的股东们来说也是如此。

生存是一个经济实体的第一要务

尽管如此，我们仍然认为，解决"投资人（股东）与管理者及员工对风险持有不同看法"这一问题是有必要的。在讨论风险治理时，我们要充分考虑这种矛盾。它也可以用于解释一些组织采取的看似奇怪的风

多样化经营，扩张商业版图并不必然符合股东利益

险应对措施，这些措施看似与利益相关者的利益并不一致。其实，关键在于管理层倾向于将业务多样化，将更多的经济活动内化，以减少收益的波动，并不断拓展在其控制之下的商业版图。而从投资人（股东）的角度来看，管理层这种通过业务多样化来规避风险的做法是低效率的，因为预期收益并没有提高，只是稳定在较低的平均值水平。对于投资人（股东）而言，他们完全可以接受一个特定实体通过单一业务的经营带来更高的收益风险，因为他们还同时投资了多个其他项目。由此，风险从来都不是绝对的。对管理者的职业规划或绩效奖金构成严重威胁的风险，可能对组织的总体目标并不重要，或可能与股东的利益无关，反之亦然。因此，我们在根据风险做出会产生深远影响的决定之前，需先厘清我们究竟在管理谁的风险。

我们已经了解了风险的基本术语，接下来应当定义"治理"（或"公司治理"）一词了，它经常与"风险"组合使用，有时人们也将其与"风险管理"交替使用。

> 在最普遍的情境中，公司治理被定义为指导和控制公司经营发展的系统。公司治理涉及监管和市场机制，公司管理层、董事会、股东和其他利益相关者之间的角色和关系，以及通过治理公司欲达成的目标。

近年来，公司治理中的利益协调问题受到较多关注，如缓解管理层、所有者、普通雇员、客户和社会公众之间的利益冲突这一问题。社会公众可能会受到来自公司活动的影响，环境污染问题就是一个很好的例子。防止或缓解这些利益冲突应该从能够影响公司管理方式的层面入手，包括流程、惯例、政策、法规和制度。

在（公司）治理的各种定义中都提及的关键词是控制、责任、利益冲突以及不确定性下的决策。实施良好的公司治理是在平衡各方利益的同时实现组织的战略目标，并在结果不确定的背景下保护组织的资产。这在很大程度上与我们对（企业）风险管理的定义有所重叠，但（公司）治理更适用于金融机构，因为金融机构所有主要业务的变量都是不确定的。

2. 风险的基本应对策略

图1.1所示的二维矩阵图可用于对风险进行分类，并根据其严重程度和发生的概率采取适当的策略来应对风险。

严重程度高 / 发生概率低 分担/转移象限（严重程度高、发生概率低）：对个人来说，这可能是交通事故造成死亡或残疾的风险。对于数据中心的运营来说，可能是所有备用网络同时出现故障，导致中心与外部所有通信被切断的风险。对此，建议分担或转移这样的风险，而不是默默承担风险并期待好的结果。分担风险的常用方法是购买保险。当某事件发生概率低，但一旦发生就会带来灾难性后果时，保险能产生的风险缓释效果最佳。由于这种情况发生的概率很低，每个投保个体需要向保险公司支付的保费将会很少。但是总的来说，保险公司每年收到的保费总和仍足以补偿遭遇这些风险的少数实体的损失。由于后果一般非常严重，几乎没有任何个体或实体会主动引发风险事件或忽视可以降低风险发生率的基本预防措施。因此，在这种情况下，所谓的道德风险①很低。

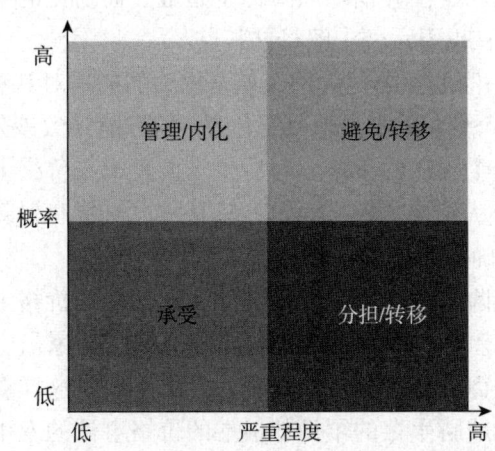

图1.1　风险严重度/风险概率二维矩阵与风险管理策略

管理/内化象限（严重程度低、发生概率高）：从个人的角度来看，这个领域的例子包括轻微的常见病，如感冒、腹泻和蛀牙。如果有人试图在一个没有补贴的私人保险市场上为此类常规健康风险投保，那么每年的保险费将等于预期的健康维护费用加上行政处理费用和道德风险附加费。此种情况下，道德风险的出现将不足为奇，因为个人可以显著地影响风险事件的发生率（如少刷牙、不合理饮食等），而且他们往往会因为有保险而忽视预防措施。或者，他们会过度消费治疗服务，只是为了让他们的保费花得更值。因此，在风险事件严重程度低、发生概率高的情况下，最有效的应对措施是尽可能地降低发生概率，同时承担确实发生后的损失，而不是试图使其转移或得到分担。 <mark>严重程度低/发生概率高</mark>

承受象限（严重程度低、发生概率低）：通常这类风险应该被承受，因为为缓释风险而付出的成本甚至会超过可能的损失。例如，许多公司已经放弃了对基本办公用品（如笔和纸）的监控和管理，不再采取阻止员工过度消耗或将此类小公耗材带回家的措施。因为大多数公司都认为不值得为阻止笔和纸这类低价办公耗材的"盗窃"而付出成本。相反，他们可以把公司标志印在办公用品上，让员工在不经意间为公司品牌进行社区宣传。 <mark>严重程度低/发生概率低</mark>

避免/转移象限（严重程度高、发生概率高）：这个"杀手组合"可以是一个回收高危化学废品的企业，在那里很多事情都可能出错，而且会经常出错，一旦出错，人们就会受到严重的伤害。如果可能的话，实体应该远离这类经营活动。如果此类活动无法避免，解决办法是将其转出，即将其 <mark>严重程度高/发生概率高</mark>

---

① 道德风险被定义为当一个人由于受到保护而失去了主动防范风险的动力。

承包给其他实体。市场上存在专门从事这类高风险经营的实体，他们掌握降低风险事件发生概率和减轻其严重程度的技术与能力。

人们通常会条件反射地将风险缓释或规避作为风险应对策略。如果问题在于不确定性和风险，那么创造确定性并消除风险似乎是最显而易见的解决方案。然而，这通常不是最优解，我们将在以下示例中解释这一点。

对冲并不新奇　以一家航空公司为例，航空燃油的成本对其利润影响很大。管理层担心明年燃油价格会进一步上涨，这可能导致该公司出现亏损。因此，对冲燃油价格似乎是一个合适的策略。对冲生产要素未来价格上涨的最简单方法是直接购买航空煤油期货，从而将其价格固定，只是推迟交货和付款时间。这样，明年的航空燃油价格就具备了确定性。

这种套期保值的风险规避策略表面上消除了燃油使用价格上涨带来的风险，但这并不是最佳的解决方案。因为如果明年燃油价格下降，这家航空公司将会是行业中燃料使用成本最高的，进而可能不敌竞争对手，导致亏损。这样看来，使用对冲或保险的方法来防止一些可能威胁生存的罕见却极端的价格事件的发生，可能比直接锁定明年的全部燃料价格要合适。如果未进行风险规避，而燃油价格确实上涨，那么所有航空公司都将面临价格上涨，这样便可以把大部分成本上涨的风险转嫁给客户。

比对冲燃油成本更好的策略可能是通过购买燃油使用效率更高的飞机来减少燃油价格波动带来的影响。但是，如果燃油价格下降，则该投资可能不会有回报，因为竞争对手的旧飞机会以更低的燃料成本飞行。但若不是仅考虑燃料成本，新飞机与出行更安全、更舒适的正面形象之间存在关联，这可能会使购买新飞机成为一项不错的投资。这表明，战略与风险之间的相互作用从来不是简单或线性的。风险就像我们挤压气球中的气体，挤瘪一个地方，它会在其他地方重新鼓起。因此，风险管理是一门关于有效处理不确定性和复杂性的学科。

3. 风险管理框架与流程

通过前节中对风险的定义和相关术语的讨论，我们接下来的主题自然是风险在一个组织内是如何被有效管理的。图1.2展示了一个典型的在国际标准化组织（ISO）31000标准指导下的企业风险管理框架（也被称为组织或机构风险管理框架）。除了企业风险管理框架内的主要组成部分外，图中还包括实施和持续优化风险管理的流程。

图1.2中心的方框内包含的模块是ISO核心风险管理流程。风险管理的背景环境是进行一切风险相关决策和活动的基本前提条件和基础。广义的风险评估由三个子模块构成，依序为风险识别、风险分析和风险评价（也被称为狭义的风险评估）。风险应对（也被称为风险处置）旨在提高正面结果出现的可能性，弱化负面结果发生的倾向并将其控制在可接受的程度。监控与审查则通过密切关注背景环境中的风险信号、风险评估过程，以及风险控制下所采取的应对措施的实施情况，以增强风险管理的有效性，并促进其持续优化。最后，该过程包括长期持续的沟通和协调，以确保组织内利

益相关者的积极参与，并协调各方利益使其为企业风险管理贡献力量。

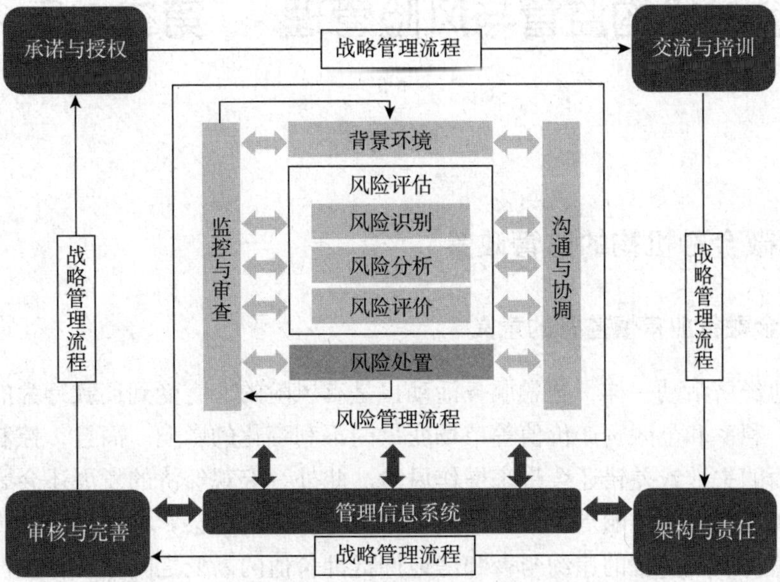

图1.2　ISO 31000通用风险管理框架和风险管理流程

图1.2中的外圈部分是战略管理流程，从左上角开始按照顺时针的方向依次展开：（1）董事会必须确保整个组织遵循既定的组织使命和风险偏好；（2）将风险容忍度和风险管理原则传达给整个组织，包括对每个管理者和员工进行培训，使其充分了解具体的预期与限制；（3）构建一个清晰的组织结构，为明确贯彻风险容忍度提供基础，确保对该风险容忍度下实际风险敞口和损失的有效监督和控制，使责任到岗到人；（4）高管层必须向董事会反馈战略的执行情况。根据不断变化的商业环境对风险偏好和风险容忍度进行回顾和审查，总结经验，吸取教训，不断改进优化。

此外，还有一个至关重要的模块，它支撑着核心风险管理流程与战略管理流程的反馈与协调，这就是管理信息系统（MIS）。如果无法及时、高效且系统地提供风险限度对应的敞口和造成损失的数据，就不可能实现对风险的责任界定，也将不具备对风险管理进行组织学习和持续改进的基础。

需要注意，图1.2提供的不是某个特定组织可以直接用于实施的、细化的制度流程，而是一个适用于各行各业、各类组织的一般性的风险管理顶层设计框架。任何一个特定组织均可在此顶层框架的基础上进行个性化设计和细化，制定适合自身情况的具体风险管理流程、职能和制度。

小微金融机构监管与风险管理 | 第二单元　Chapter Tow

1. 小微金融机构的监管政策

1.1　金融行业审慎监管的意义

与其他经济活动一样,金融服务活动也是有风险的,它受到还款行为的不确定性以及汇率、利率和金融资产价值等市场变量的不利变化的影响。而且,控制、流程和系统等方面的失败或差错还会带来操作风险。此外,宏观经济的发展还会影响贷款需求和存款供应,这将影响借款人偿还贷款的能力,同时也会影响抵押品的价值。如在实践中,银行发现房贷的违约与否和房地产抵押价值的高低之间存在相关性,这种相关性会加大风险。当房地产市场火爆,价格上涨的时候,借款人不太可能违约。因为在这种情况下,如果借款人已无力负担分期付款的压力,则可以迅速出售房屋以变现,然后向银行清偿贷款。

宏观风险与相关性

风险往往源于宏观经济的下行。失业率的上升和家庭收入的降低使借款人有可能难以承受分期还款的压力,就像房价下跌会让房地产销售变得更加困难一样。在银行业,这类"相关性"作用于所有银行业务领域,包括中小企业信贷、微型信贷、消费金融、汇款和电子支付服务等。这使金融服务业在本质上成为一种周期性行业。经济环境的变化使一切变得不确定。

有人认为,在宏观压力下的小微金融业务更有韧性,恢复能力更强,因而受经济周期影响较小。这在某些国家或特定情况下可能是正确的,但我们发现更多情况是小微金融并不能免受繁荣和萧条周期的影响,只是它们受影响的时间、程度和触发机制与传统银行业务略有不同。在随后的单元,我们将详细探讨小微金融与传统银行业务在风险来源和传播方面的微妙差异。

实现盈利需要抬高杠杆,但会同时增加风险

金融活动是有风险的,而且风险取决于银行做什么以及如何做,还受其融资方式的影响。由于金融中介属于低毛利服务,要想获得更高、更能吸引资金股本的回报率,通常只能抬高杠杆,即通过借款和向公众揽储的方式大量使用他人的资金。

银行业对储蓄和借款的严重依赖意味着风险事件可能会迅速吞噬所有者权益,给债权人和储户带来损失。审慎监管就是为了避免这种情况的出现。

零售储户位于银行业食物链中最脆弱的末端。大多数零售存款间接产生于转账支付,它们是临时储蓄或用途待定的剩余资金。很少有人将存款当作风险投资(如高风险的无担保债券或股票）。支付的存款利息也几乎不包括明显的风险溢价，因为风险溢价是对违约风险的适当回报。

因此，审慎监管的最终目标是确保吸收存款的金融机构的财务健康，保护储户免受损失，维持公众对监管下的金融机构存款安全的信心。事实上，维护公众对整个金融行业的信心，远比处理个别机构储户资金偶尔损失的风险更重要。假如损失可以在不引起公众注意的情况下通过某种形式的保险悄然得到补偿，那整个烦琐的审慎监管的过程可能都没有存在的必要了。但现实往往恰恰相反，即使有传统的存款保险支撑，金融机构的破产也会对储户产生负面影响，甚至动摇人们对整个金融行业安全的信心。这是因为金融行业与整个社区、地区、国家的经济紧密相连。银行的违约，哪怕是相对有序的并购和清算，都会对实体经济产生冲击：失去银行存款或信用额度的企业将无法向供应商支付货款，供应商将无法向员工支付工资，员工将无法向房东支付租金，房东将无法向银行偿还贷款等。

> 系统性连锁反应

除了违约的金融机构造成的直接影响，储户信心的动摇还具有更大的破坏性。当储户听说某金融机构出现问题时，他们很可能会怀疑其他银行存款的安全性，并决定先发制人，开始取回资金，或在他们的能力范围内获取更多贷款，并在有机会时放慢自己向银行偿还债务的速度。这是典型的流动性紧缩情形下金融危机传染的现象。也就解释了为什么我们要投入这么多的资源，不仅审慎地监管那些真正"大到不能倒"的金融机构，也监管规模较小的金融机构。因为即便是那些小型金融机构的违约仍可能引发一场滚雪球式的系统性信心危机。

> 储户挤兑与系统性危机

> 什么是存款？存款是通过客户将资金存入储蓄账户、活期账户、定期账户或其他类似账户而产生的金融机构的一种优先级无担保负债。存款通常由客户发起，再由金融机构接受客户自主选择的任何金额的交易。它可以按面值被赎回。一些机构会对这项服务收取一定的费用，而另一些机构则可能为账户上的存款向客户支付利息。

> 我们将审慎监管定义为一套由政府或其授权的代理机构监督实施，旨在增强金融系统的安全性和稳定性的规则。审慎监管的提出是为了降低银行违约的可能性，并为实际发生的违约问题提供适当的解决机制。因此，即便是在银行遇到财务困难的情况下，审慎监管也应保护储户免受损失，并遏制可能出现的金融体系声誉损害。一般来说，对特定金融机构的审慎监管是由其接受公众存款这一标志性行为触发的。

在很大程度上，"宏观审慎监管"这个词可以等同于传统的审慎监管。在2007—2010年的全球金融危机之后，有关部门对审慎监管系统性层面上的强调使这一术语得到了更广泛的应用。然而，"在金融危机爆发之前，审慎

> 宏观审慎监管

监管机构只关注单个机构的健康,而不关注整个金融部门的完整性"这一理解是不公正的。金融危机的爆发更多是由于被监管主体忘记了他们狂热吹起的金融泡沫会造成的系统性影响,并试图让自己相信资产价格不断上涨正在成为"新常态"。监管机构首先关注的始终是系统性问题。自金融危机爆发以来,唯一的变化是监管机构收紧了对杠杆率和流动性的控制,并在沟通中更加强调系统性风险。当今,巴塞尔银行监管委员会(简称巴塞尔委员会,BCBS)对具有"系统重要性"的大型银行实行更为严格的规则,并已开始储备反周期资本准备金。有关巴塞尔银行监管委员会指南的更多细节,请参阅下面的1.2节。

中央银行还是专门的监管机构?

接下来,我们简短地介绍一下审慎监管机构的性质。传统意义上对银行业的审慎监管是以国家银行法为基础建立的,由中央银行实施。

在2008年全球金融危机发生之前,流行的趋势是通过中央银行货币政策脱离审慎监管来实现金融机构监管的"现代化"。世界各国纷纷成立了独立的"综合金融服务监管机构"(中国银行保险监督管理委员会、英国金融服务管理局、德国联邦金融监管局、奥地利金融市场管理局、迪拜金融服务管理局、蒙古金融管理委员会等)。这些机构的监管对象不仅是银行,还有保险行业、资本市场机构(如证券交易所、投资公司、基金管理公司)等。

2008年全球金融危机的爆发暴露了央行与监管机构角色分离导致的一些效率低下的问题,尤其是在具有系统重要性的大型银行中。所以,新的趋势是在监管大型银行方面,央行将再次扮演更为主导的监管角色。

审慎监管规则的适用范围一般包括金融机构支付清算以及存款相关业务活动。毕竟,如果贷款人自己选择将资金投入高风险贷款,那么只要不追索存款资金,就没有什么问题。然而,在一些以法语为主要语言的地区(法国、摩洛哥、突尼斯、刚果民主共和国、秘鲁和玻利维亚等),信贷发放业务仍被视为一种触发审慎监管的银行活动。许多人认为,把银行业监管定义得如此宽泛是过于严格和烦琐的,尤其是在新兴市场和发展中国家,这样做可能会扼杀普惠性、包容性金融体系建立的可能性。过于宽泛的审慎监管范围可能造成两方面的问题:(1)合规成本很高,对于一个杠杆率低、没有存款接收权限的小型信贷业务来说,审慎监管层面的合规可能是不必要的;(2)过度占用监管机构资源,甚至可能分散其对银行业正在积聚的真正系统性风险的注意力。

另外,用更保守的法语地区的监管方式来管理信贷活动也存在一定的合理性。由于公众可能并不能清晰认识银行和不吸收存款的金融机构的区别,在非银行金融机构破产或者从事不适当的商业行为(如高利贷、恐吓催收)时,声誉危机仍然可能发生并扩张,牵连到银行,从而产生系统性影响。这对大多数新兴市场及发展中国家来说无疑是一个令人担忧的问题,因为在这些地方,与规模较小的传统银行部门相比,不吸收存款的小微金融机构在客户数量和总资产方面可能更可观。此外,如果在不实施监管的情况下为欠缺金融服务的社区里的小微企业提供信贷服务,如果某个不良机构引发危机,可能会造成小微金融机构纷纷抽回信贷,这对当地经济的可持续发展也是相当不利的。

然而，监管机构普遍认为，在大多数情况下市场会自行纠正银行过于乐观的问题，有限的监管资源应集中于更具有系统重要性的吸收公众存款的金融机构。

对金融服务业来说，除了审慎监管外，还有一个平行的非审慎监管。这种商业监管的关注点不在金融服务供应商的健康性，而在产品的安全性。在零售银行和小微金融领域，商业监管行为是由"保护消费者"这一目标驱动的。它希望阻止不公平的定价，防止债务恶性循环的发生，并保护客户免受不当收费的影响，防范过度催收、施压带来的不良后果等。

> 审慎监管的主要维度

非审慎监管的其他目标还有加强竞争和金融生态系统的多样化，使低收入家庭和弱势群体也有机会获得合适的金融服务。更进一步的非审慎监管规则还有助于向政府提供统计信息以及协助税收和刑事执法的进行。某些规则可能同时服务于审慎监管和非审慎监管的目标，例如，对滥用消费贷行为的有效预防会带来资产质量的提升，进而有助于降低金融机构风险和系统性风险。

在进入下一节关于金融机构风险管理监管指南的细节讨论之前，我们需要大致了解审慎监管规则的覆盖内容。以下是一个通用清单，各个国家可在此基础上进行个性化修订。

- 对股东的要求：人数下限、声誉和行业背景；
- 允许的法人形式和基本治理框架要求；
- 法定最低资本金；
- 执照发放流程：包括提交详细的商业计划和风险管理政策；
- 任职资格审查：经验丰富、声誉良好的董事和高管；
- 内部控制和风险管理要求；
- 资本充足率要求：在相应的经营活动规模与风险下应保持的资本量；
- 流动性要求：相对于存款和总体业务量的最少流动资产加上通过压力测试所需的额外流动资产水平；
- 有关利率风险敞口、汇率风险敞口、交易风险处理、信贷质量和准备金、信贷集中度、关联方贷款和操作风险的进一步风险应对规则；
- 会计和披露要求。

1.2 金融行业监管政策的指导基础

在第一单元中，我们指出ISO 31000是一个非常通用的概念框架，许多行业都制订了更具体的指导方针来支持其行业内企业风险管理系统的设计。对于金融机构来说，这种风险管理指导的本源是巴塞尔委员会，该委员会由总部位于巴塞尔的国际清算银行（www.bis.org）设立。当然，巴塞尔委员会的声明不会立即对金融机构产生约束力，但是随着时间的推进，大多数国家的监管机构都把巴塞尔委员会的建议转化为强制性的国家性监管规则。第一个全球性标准是1988年的巴塞尔协议《统一资本计量和资本标准的国际协议》（也称《巴塞尔协议Ⅰ》），目前已被110多个国家采纳并写入法律。尽管其中的一些规则已经被《巴塞尔协议Ⅱ》和最近的《巴塞尔协议Ⅲ》所取代，但许多新兴的发展中国家本质上仍然还在使用1988年的《巴塞尔协议Ⅰ》和1996年的《市场风险修正案》的基本标准化方法。《巴塞尔协议Ⅰ》中对资本（一级和二级）的定义在《巴塞尔协议Ⅱ》中被保留，直到《巴塞尔协议Ⅲ》才进行了调整。自2016年以来，我们看到许多发展中市场正在推动《巴塞尔协议Ⅰ》之外的审慎框架不断现代化，甚至还有直接跳到当前《巴塞尔协议Ⅲ》规则的趋势。这意味着，在确定支撑信贷和应对操作风险、市场风险所需的资本金时，需采用更简单的"标准化"方法，要求银行以普通股的形式提供更多、更高质量的资本金，同时要求银行通过限制派息的方式储备额外的保护性缓冲资本。

除了《巴塞尔协议》（Ⅰ、Ⅱ、Ⅲ）外，金融机构风险治理最重要的指导原则还有巴塞尔委员会于1997年发布的《有效银行监管核心原则》，该原则于2006年和2012年进行了更新和扩展。这些核心原则实际上是对全球银行和银行系统进行稳健审慎监管和监督的最低标准。国际货币基金组织和世界银行也将这些核心原则运用在金融部门评估规划中，以评估各国银行监督制度和做法的有效性。《有效银行监管核心原则》强调，健全的公司治理有助于实施有效的风险管理以及提升公众对单个银行和银行体系的信心。鉴于2008年全球金融危机暴露出的银行在公司治理方面的根本缺陷，2012年该原则又新增了"原则14——公司治理"。"原则14"包括战略制定、组织结构、控制环境、董事会和高级管理层的职责与薪酬。原则15规定所有银行都应具备全面的风险管理流程。该流程必须能够及时识别、计量、评估、监控、报告、控制和降低所有重大风险，并在此基础上评估银行在相应的风险和市场宏观经济状况下的资本是否有充足的储备和流动性。此外，还包括对银行具体情况下的应急预案的制定和审查（如稳健可靠的业务恢复预案）。

表2.1是关于银行和其他零售金融中介机构风险治理的全球适用的主要指南及来源的清单。巴塞尔委员会的指南将作为我们整本书中风险管理的参考框架，它是全球范围内国家层面金融监管的主要推动力。经过简化和调整，这些指南能够更好地应用于小微金融和其他包容性零售金融服务。巴塞尔委员会已经着手开展对此类规则的简化和调整工作。

表2.1 巴塞尔委员会指南汇总

巴塞尔委员会（BCBS）–www.bis.org	
1988年，巴塞尔协议Ⅰ	《统一资本计量和资本标准的国际协议》（巴塞尔协议Ⅰ） 被110多个国家采纳，并由此形成国家性法律法规。提供"核心资本（一级）"和"补充资本（二级）"的定义，规范监管资本的计算。 为资本充足率计算指定简单的风险权重（政府债权风险权重为0，银行债权风险权重为20%，住宅抵押债权风险权重为50%，其他债权风险权重为100%）。随后，风险权重被细化为《巴塞尔协议Ⅱ》中标准化方法的一部分，但目前许多新兴和发展中市场仍在使用其他方法。
1996年，市场风险修正	《巴塞尔资本金协议市场风险修正案》，于2005年和2010年进行了补充修订。

续表

巴塞尔委员会（BCBS）–www.bis.org	
1997年，核心原则	《有效银行监管的核心原则》，在2006年和2012年进行了更新和扩展。
1998年，内部控制	《银行组织的内部控制体系框架》，1998年9月发布。
2003年/2011年，操作风险	《操作风险管理与监管的稳健做法》，2003年2月发布，2011年6月更新为《操作风险稳健管理原则》。
2004年，利率风险	《利率风险管理与监督原则》，2004年7月发布。
2004年，巴塞尔协议Ⅱ	《统一资本计量和资本标准的国际协议：修订框架》，综合版，发布于2006年6月。尽管关于资本和流动性规则的部分内容已被《巴塞尔协议Ⅲ》取代，但许多基本原则在今天仍然适用。信贷风险和操作风险的模型和定义仍然是新兴与发展中市场和小微金融机构设计风险管理框架时的有效指南。
2008年，流动性风险	《稳健的流动性风险管理和监管原则》，2008年9月发布。
2009年，压力测试	《稳健的压力测试实践和监管原则》，2009年5月发布。
2009年，巴塞尔协议2.5	《巴塞尔协议Ⅱ框架加强版》，2009年7月发布。《对新巴塞尔协议市场风险框架的修订》，最终版，2009年7月发布。
2010年，小微金融核心原则	《微型金融活动和有效银行监管的核心原则》，2010年8月发布。 巴塞尔委员会的这份关键报告有效地指导了各国的监管机构，巴塞尔核心原则（1997—2012）被广泛应用于吸收存款的微型信贷①活动。 巴塞尔委员会调查发现，总的来说，只需进行微小的调整，核心原则就能为小微金融活动的监管提供一个合适的框架。例如：（1）有效配置监管资源；（2）夯实稽查员专业知识的基础，以有效评估微型金融活动的风险；（3）在法规层面对微型金融中可能与传统零售银行不同的、成熟的控制和管理实践予以认可。 关于需要为吸收存款的微型金融机构量身定制的核心原则，巴塞尔委员会强调了以下几点内容： 原则2（许可的业务范围）和原则3（按照标准）应根据微型金融机构的交易类型和规模进行调整。法律或条例中应明确规定允许的微型金融业务（包括微型信贷、微型储蓄和微型保险）有哪些，并与机构的规模及其管理此类产品和客户的固有风险的能力相联系。相对于银行而言，对微型金融机构的初始资本要求较低可能是合理的，因为它们业务的复杂程度、范围和规模均有限，尤其是在农村地区，这种情况更为普遍。 原则6（资本充足率）也应该进行调整，因为资本充足率的要求应与各类微型金融机构的风险性质以及具体机构的资本规模和构成有关。与银行相比，微型金融机构筹集资本的渠道更少，风险明显更高，因此按比例提高资本充足率是有必要的。 原则8（信用风险）和原则15（操作风险）的实施也应该与微型金融的风险相适应。明确微型借贷监管的定义、与其他类型的贷款相区别，这能保证监管的充分性。评估微型金融的资产质量和操作风险敞口时，必须掌握劳动密集型微型信贷评估的专业知识，同时，监管机构应具备灵活性。监管机构应该根据客户及其业务的性质，为微型金融机构制定高效可行的贷款文件标准，在严格要求的同时也需借鉴已被证明有效的微型金融实践。

① 微型信贷在国内也被称为小额信贷或微小企业信贷，是指为中低收入阶层、贫困人口、个体经营者、家庭经营模式的微小企业等提供的小额贷款。虽然理论上"微型信贷"和"小微信贷"是有明确区别的（即后者借款人主体是小型和微型企业，不包括个人），但由于这两类信贷在微小企业客户（通常也包括个体经营者）部分存在交集，在国内银行实践中，"小微信贷"这一术语通常包括微型信贷中的经营信贷需求，微型信贷中的非经营贷款通常被并入零售银行业务部门或作为小微信贷部门的辅助产品线。本书中讨论的小微信贷不包括非经营贷款。"小微金融"和"微型金融"之间的异同点同理。

续表

	巴塞尔委员会（BCBS）–www.bis.org
2010年，公司治理	《加强公司治理的原则》，2010年10月发布。
2011年，巴塞尔协议Ⅲ	《巴塞尔协议Ⅲ：为更具弹性的银行和银行体系建立全球监管框架》，2010年12月发布，2011年6月修订。 《巴塞尔协议Ⅲ：流动性风险计量标准和监测的国际框架》，2010年12月发布。 这两份文件是《巴塞尔协议Ⅲ》提案的核心，这些提案巩固了对全球金融危机的监管。这里需要注意的是，《巴塞尔协议Ⅲ》在许多司法管辖区尚未成为具有约束力的法律。早期的采用者在2015年之前逐步推行了大部分规则，另一些规则直到2019年才具有约束力。一些市场中，号召推迟实施或稀释其中一些条款的游说活动仍在进行。《巴塞尔协议Ⅲ》所设想的全面改革的关键要素如下。 1- 资本要求 资本质量和水平：对普通股的关注度更高。扣除各项费用后，下限将提高到风险加权资产的4.5%。 "濒死企业"或有资本：要求资本工具的合同中包括一项条款，允许该资本在银行被判定为无力存续的情况下注销或转换为普通股。"濒死企业"或有资本使私营部门对解决未来银行业危机的贡献有所增加，从而降低了道德风险。 资本防护缓冲金：该资金来源于普通股，总额不得低于银行风险资产的2.5%，这使普通股资本充足率达到7%。当银行进入缓冲范围时，在自由支配利润的分配方面将会受到限制。 反周期缓冲：缓冲比率为普通股的0~2.5%，当局判断信贷增长已导致不可接受的系统性风险累积时执行。 杠杆率：一般的非风险加权的杠杆率限制在3%以内，作为风险资本要求的后盾。杠杆率包括表外风险敞口。 具有系统重要性的金融机构：必须具有更高的损失吸收能力，以反映它们对金融体系造成的更大风险。监管机构认定的系统重要性金融机构必须满足渐进地持有一级普通股的资本要求，范围为1%~2.5%，具体依银行的系统重要性程度而定。 2- 流动性 流动性覆盖率（LCR）：流动性覆盖率要求银行拥有足够的高质量流动资产，以应对监管机构指定的30天压力融资情景。 净稳定资金比率（NSFR）：净稳定资金比率是一种较为长期的结构比率，旨在解决流动性不匹配问题。它涉及整个资产负债表，激励银行使用稳定的资金来源。
2014年，反洗钱和打击恐怖主义融资	《洗钱和恐怖融资风险管理指引》，2014年1月发布。
2015年，巴塞尔委员会普惠金融	《普惠金融监管实践范围》，2015年1月发布。 本报告由巴塞尔委员会与世界银行/世界银行扶贫协商小组和各国监管机构合作编写，评估《有效银行监管核心原则（2012）》在当前的实践中应用于普惠金融服务提供者的适当"比例"。该报告应与上述发布于2010年8月的《微型金融活动和有效银行监管的核心原则》一并阅读。
2016年，内部评级法回顾	《减少信贷风险加权资产的差异——对内部模型法使用的限制》，咨询文件，2016年3月发布。
2016年，银行账簿利率风险	《银行账簿利率风险监管标准》，2016年4月发布。

最后再次强调，上述巴塞尔委员会的声明和其他监管风险管理指引并不立即适用于一个特定司法管辖区的金融机构。各国监管机构首先需要决定在何时、在多大程度上将拟议的原则转化为本国具有法律约束力的监管规则，以及这些监管规则将具体涵盖哪些类别的金融机构。

1.3 小微金融机构的监管

接下来我们讨论小微金融机构的监管和风险管理领域。随着小微金融机构的规模和经营范围的扩大，它们的运营方式将趋同于传统零售银行。因此成熟的小微金融机构终将面临和传统零售银行类似的风险格局，同样的监督原则和风险管理方法应该也适用于小微金融机构。

当然，与传统零售银行相比，小微金融机构的资产负债表规模更小、掌握的资源更少、业务复杂程度通常也更低。为具有系统重要性的银行设计的监管规程有可能构成压垮小型的小微金融机构的负担。因此，前一节中介绍的巴塞尔委员会的监管和风险管理指南（作为广泛适用的基础性原则指引）为各国根据国情制定更简化的监管政策和方法提供了便利。

巴塞尔指导原则中蕴含着全球银行业数十年的监管智慧、经验和教训，以其为基础的框架无疑比没有理论支撑的体系更具有可信度。小微金融监管框架如果过度厌恶风险，可能会导致经济效益的获取将建立在对借款人的压榨之上；但如果过分宽松，也可能导致不计风险、不可持续地帮助小微群体这种业务模式的出现，从而引发监管套利，商业银行或高利贷业务纷纷给自己贴上小微金融的标签以从中获利。因此，在制定和运用小微金融监管和风险管理框架的过程中如果遇到困惑，还是应该追根溯源，在巴塞尔委员会的相关指引中求解。大多数国家监管机构的做法是直接照搬委员会提出的有关内容，因此，熟悉和理解巴塞尔协议的指导对于金融机构风险管理工作意义重大。

巴塞尔仍适用

此外，世界银行扶贫协商小组（www.cgap.org）于2012年10月出版的《微型信贷监管指导原则》也为小微金融监管的利弊、为何和如何进行监管的讨论贡献了有价值的思路和建议。

近年来，大多数新兴市场与发展中国家都认识到促进大量贫穷和低收入家庭获得适当正规金融服务的重要性，但问题在于是否以及如何监管小微金融。什么样的监管才能有助于实现全面的金融普惠？如何对整个金融体系进行监管，以此充分平衡金融服务的包容性、稳定性和可持续性？

这就要求政策制定者平衡监管的潜在好处和由遵从成本与执行成本导致的潜在准入限制。监管和监督的资源耗费必须与风险水平相称（即与目标风险相比，成本不应过高）。这种平衡影响到成本的高低，因此对于金融准入，对于扩大和推广金融普惠来说尤其重要。

现在我们对与小微金融相关的术语进行规范和梳理，这些术语包括小额信贷、微型金融、微小企业信贷、小微企业信贷、小微金融、包容性金融和普惠金融。在大多

>> 小微信贷技术

数国家，普惠金融源于小额信贷运动，后来逐渐延展至贫困人口、低收入群体以及社会弱势群体的储蓄、转账和保险服务领域。与此同时，扶贫金融服务也在不断发展。近年来，我们看到业内的术语逐渐从"小额信贷"转向"包容性金融"或"普惠金融"或其他类似的更广义术语。通常，法律法规的制定滞后于术语的创新，因此国际定义中的"微型金融"和"小额信贷"仍然是最常用的描述包容性、面向贫困人口和低收入群体的金融服务术语。

> 微型金融不仅包括一系列小额信贷产品（用于经营、消费、扶贫、赈灾、应急等方面），还包括小规模储蓄、转账和保险。
>
> 出于监管目的，可以从四个重要方面定义小额信贷和小额贷款：
> （1）小额贷款的额度通常比传统的银行贷款额度要小得多，尽管没有统一的上限。
> （2）小额贷款通常不需要抵押物，一般也不涉及非常规抵押物（如小组联保、共同签署人、动产留置权等）。
> （3）借款人通常是个体经营者或受雇于非正式雇主的个人（即不以正式合同薪资为其收入来源）。
> （4）贷款人一般使用有针对性的小额信贷技术控制风险。

微型金融是正规的金融服务，即是由相关政府部门注册或许可的服务商提供的金融服务。有趣的是，大多数穷人即使在有机会获得正规服务的情况下，仍然会继续使用各种各样的非正规金融服务（如民间借贷）。事实上，这并不奇怪，如果非正规金融服务更便宜、更方便、更适合社会，人们为什么不使用呢？即使是拥有多个银行账户和养老基金的"富裕"的西方发达国家公民，也喜欢组建投资俱乐部，投资股市，或者在他们的体育俱乐部里为年度派对集资。正规和非正规金融服务共存是自然和普遍的现象。但毫无疑问的是，即使是贫困家庭，当涉及的金额较大或交易的性质较特殊，超出家庭和好友之间的信任度时，他们也总是更愿意与信誉良好、管理规范的正规机构打交道。即使是没有经验的客户也知道不要把毕生的积蓄托付给非正规机构。因此，监管和风险管理的态度是：让非正规金融服务自然发展，同时应将重心放在管理专业、组织有序和规范的金融服务商上，保证高质量的正规金融服务的可获得性，使贫困家庭在必要时可以选择通过正规渠道获得相应的金融服务。

小额贷款不同于消费贷款

虽然个体经营者、受雇于非正式雇主的个人是小额贷款客户的重要构成部分，但他们贷款的用途不仅有商业目的，还包括消费、医疗和教育费用融资等。尽管如此，小额贷款不同于典型的消费贷款（工资贷款、透支、信用卡和分期付款购物等），消费贷款通常更适用于工薪收入阶层。

> 常见的小额信贷技术是指涉及以下大多数要素（但不一定是全部）的贷款风险控制方法：

- 贷款人和借款人之间有直接的联系，通常包括社区化支持服务；
- 小组联保集体贷款或基于对借款人和/或其家庭现金流分析的个人贷款；
- 短期流动资金贷款；
- 初始贷款规模很小，但随着信用积分的积累，后续贷款金额可逐步相应增加；
- 按时偿还贷款的守信借款人将能够迅速获得后续贷款；
- 需要事先或同时在贷款人处进行储蓄存款，以证明借款人的还款意愿和还款能力。

> 小额金融机构或微型金融机构是指以向低收入个人提供金融服务为主要业务的正规机构。法人形式包括非政府组织、非营利组织（如各类协会、基金会或类似的金融合作社和互助会）、政策性信贷基金、非银金融公司、储蓄银行、村镇银行、国有农业发展和邮储银行、持有效经营牌照的传统商业银行。

小微金融相关术语在国内的使用习惯和国际上有所差异，"小额信贷"和异"小微信贷"（后者借款主体是小型和微型企业，不包括个人）在小微企业客户部分存在交集。"小微信贷"这一术语通常包括"小额信贷"中的经营信贷需求，而"小额信贷"中的非经营贷款通常被并入零售银行业务部门或作为小微信贷部门的辅助产品。本书中讨论的小微信贷不包括非经营信贷。

<small>国内外的术语使用习惯差</small>

> 在国内，小额信贷（也称微型信贷或微小企业信贷），是指为中低收入阶层、贫困人口、个体经营者、家庭经营模式的微小企业等提供的小额贷款。小微金融通常泛指面向所有规模较小的经营主体（包括小型企业、微型企业和个体经营者）的金融服务；狭义的普惠金融指为社会弱势非经营主体（包括穷困人口、低收入以及其他社会弱势群体）提供的金融服务；广义的普惠金融则包括狭义的普惠金融和小微金融。包容性金融是普惠金融的代名词。传统上，国内的小微金融机构以城市商业银行、农村商业银行、农村合作银行、农村信用社为主（也包括2006年12月20日银监会出台的《关于调整放宽农村地区银行业金融机构准入政策，更好支持社会主义新农村建设的若干意见》后成立的大批村镇银行）。近年来，在国家普惠金融政策的号召下，大型国有银行及全国性股份制商业银行纷纷成立了小微金融或普惠金融专营部门。当然，小额信贷公司和互联网金融平台近年来在小微金融市场中也起到了不可忽视的作用，但由于其在监管层面还存在一定的不确定性，其未来发展有待观望。

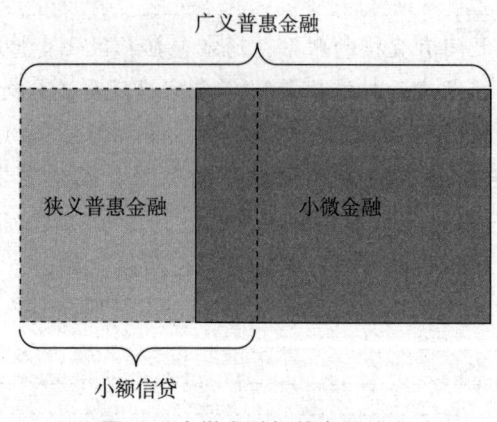

图2.1 小微金融相关术语差异

传统意义上，对金融机构进行监管的主要原因在于保护整个金融体系稳健以及保护储户资金安全。金融普惠这一新目标带来了三个新的责任和风险主体：新的服务商、新的客户群体、新的产品和交付方式（如手机银行）。为了制定适当并在实践中有效的监管规则，监管机构需要了解小微金融的特点和风险，包括客户及其需求、产品和服务，以及提供这些产品和服务的机构。

小微金融监管之准入层面 小微金融监管机构面临的挑战是如何在金融准入、金融稳定、金融诚信和保护消费者之间取得平衡。这种复杂且不断变化的平衡需要依靠持续的成本—效益分析。目前，针对小微金融的监管不仅是为了保护金融体系和储户，还旨在为低收入及社会弱势群体提供正规的融资途径。首先，监管允许和支持小微信贷，促进其发展。一些以法语为官方语言的发展中国家的监管政策需要调整，国际组织资助的非政府组织或其他非商业性信贷机构一直以来是当地小微金融的主导力量，致使商业化经营的机构很难进入此市场。其次，可以通过对现有监管政策的调整扩大现有金融机构服务和服务对象的范围，例如，取消小微金融的利率上限或简化针对吸收存款的小微金融机构的审慎政策。此外，也可以通过调整监管政策提升社会对小微金融领域投资的积极性，如税收减免政策。无论目标是什么，监管机构都应尽可能保持中立，同时，监管对象应是小微金融活动，而不是从事这些活动的法律主体。除此之外，还应该促进公平竞争环境的形成，并降低监管套利的风险。

小微金融的审慎监管与非审慎监管 当吸收存款的金融机构资不抵债或资产缺乏足够的流动性时就无法偿还储户的资金，它的破产可能会削弱公众对小微金融乃至银行业的信心，从而影响整个金融系统的稳定性。因此，审慎监管要求政府对小微金融机构的财务稳健性进行监督，其目标是降低这些机构破产的可能性，并在处理破产机构问题时将其对金融系统的影响程度降至最低。相反，对小微金融的非审慎监管往往侧重于消费者保护、同业间的充分竞争以及与当局合作。审慎监管和非审慎监管共同防范滥用金融服务的犯罪行为。

人们普遍认为，遵守和执行审慎监管通常比遵守和执行非审慎监管需要更多的精力和成本。特别是在监管资源有限的发展中国家，最好避免为了非审慎目的使用烦琐的审慎监管。因此，全世界逐渐形成了这样的共识：只将审慎监管扩展到吸收公众存款的小微金融机构，并同时通过一套简化的、非审慎的商业行为规则来约束小微金融业务经营行为。

对吸收存款的小微金融机构的审慎监管主要涉及以下层面：法定最低资本金、资本充足率、无担保贷款、公司治理、网点规定、合理监管、审慎监管的范围、存款保险。

法定最低资本金的标准应设定得足够高，以确保能够覆盖该机构的业务基础设施建设费用、管理信息系统的开发与运营费用以及业务起步阶段的损失，直至该机构达到可行的规模。同时，最低资本金也可以激励机构经营，防止投资者在小微金融行业的投机行为。最低资本作为准入门槛也是合理的，可以避免过多的小型机构进入此行业，给监管机构造成过重的负担。 <!-- 法定最低资本金 -->

资本充足率是资本（监管资产净值）相对于加权风险资产的比率，是审慎监管的一个关键要素。为了保护存款人的利益，监管机构倾向于追求更高的资本充足率，而金融机构通常则希望资本充足率定得越低越好，以抬高杠杆来提高股本回报率。 <!-- 资本率足率 -->

人们经常认为，对小微金融机构实施的资本充足率标准应该比传统商业银行更高。理由是，小微金融业务比传统银行业务风险更大。然而这个理由其实并不充分，国际上许多在小微金融领域的实践显示，一般情况下，相对贫穷的小额借款人对贷款的偿付表现与传统银行客户一样好，甚至更好。

贷款偿还率的确很高，至少在最初是这样的，但是小微信贷的投资组合往往没有在地理和经济部门层面上实现风险分散，因此容易受到相关性效应的影响。此外，由于缺乏传统的抵押物，不良处置的法律诉讼成本高、效率低，小额贷款的"违约损失率"比大额的商业银行贷款违约损失率要高得多。与传统银行相比，小微金融机构运营成本与总资产的比率要高得多，除非它们能迅速实现规模效应。即使没有遭受信贷损失，小微金融机构在实现盈利方面也面临着重大的挑战。既然在达到可持续盈利的规模前可能需要对市场进行更长时间的"烧钱培养"，那么用更高的"防火墙"来保护储户也是合理的。

一些相对保守的监管机构将银行的无担保贷款限制在机构股本的特定百分比之内。这种规则对基于小额信贷技术的无担保小额贷款组合并不恰当。因此，世界银行扶贫协商小组在《小额信贷监管指导原则》中建议，不应将小额贷款组合敞口限制在贷款人股本的特定百分比之内，也不应仅仅因为贷款没有采用常规抵押担保模式而提出更高的拨备要求。 <!-- 无担保贷款 -->

根据2012年巴塞尔委员会的核心原则，小微金融机构的管理层应该由一个专业而独立的董事会控制。这在小额信贷领域尤为重要，因为国际上这一领域一直被非营利组织占据主导地位，而非营利组织或基金会没有所有者， <!-- 公司治理 -->

这就造成有效监督的缺失，并让人误以为董事会就是机构所有者。监管机构还必须确保董事会成员拥有足够的金融行业经验，以及高管层具备足够的运营此类业务的资质以承担受托责任。如果董事会中有人深度了解客户及其对金融服务的使用情况也将是非常有益的。

良好的公司治理对于小微金融机构社会责任的履行及"双重底线"商业模式（即普惠使命与商业可持续性）的实现尤为重要。每当新的投资者或新的管理层加入，或者最初的创始人想撤回他们的投资时，是否继续坚守社会使命这一问题都可能被再次提上议程。

在流动性和汇率风险方面，小微金融机构不应该被特殊对待，人们对此已经逐渐达成共识。如果有什么不同之处，那就是小微金融机构本身倾向于较小的流动性，因为相对于高收益的小额贷款组合，持有流动资产的机会成本过高。由于近年来对传统商业银行的流动性规定逐渐收紧，对小微金融机构的流动性要求即使不提高，至少也应该保持在同一水平。国际上，许多小微金融机构借入大量外汇债务，虽然相对于本国货币来说在结构上更为坚挺，但没有考虑到大量外汇债务头寸所带来的汇率风险。监管部门应该鼓励小微金融机构主动学习和掌握货币风险管理知识与对冲工具的使用。

在典型的小额贷款中，没有抵押物评估报告，也没有对合同和担保权益的公开记录或登记。强求这些正规的文件可能会适得其反，造成成本升高、复杂程度加大和融资渠道被抑制，同时对小额信贷的安全性和稳定性的加强几乎没有帮助。还有一些银行要求企业出具经独立审计的财务报表、注册证明和税务合规证明。对于小额贷款来说，这种不现实的手续应该被免除。

银行的营业时间和网点位置有时会受到严格的监管，这可能会使其无法在获得合理利润的前提下为小微金融客户提供服务（尤其是那些居住在偏远和人口稀少地区的客户）。例如，如果想为客户提供便利，则需要将营业时间延长至正常工作时间之外或开设"移动网点"。如果考虑成本，则可以让员工在每周只开放一到两天的网点之间轮岗。其他与网点设计和安全相关的实体要求也可能使小额信贷机构在贫穷、偏远或人口稀少的地区开设网点的成本过高。为了促进普惠金融的发展和适应不同类型的服务网点，一些国家修订了对小微金融机构分支机构的开设要求，如中介代理。

合理监管　　监管合规报告可能会大大提高小微金融机构，尤其是专门从事微贷业务的机构的管理成本。报告的内容和频率应满足有效监督的需要。然而，监管机构也需考虑小微金融机构的实际情况，因为这些机构可能无法遵守一些适用于传统商业银行的规则。

监管机构经常通过限制银行向内部人员（如董事会和管理层）和其他关联方提供借贷的金额来避免利益冲突。对于非合作社类小微金融机构来说，其对社会弱势群体的普惠使命是其获得监管优待的主要原因，所以除了向员工发放小额福利性贷款外，很难找到允许任何内部贷款的理由。

那么特殊的小微金融审慎监管标准适用于谁？值得重申的是，大多数针对小微金融的审慎监管规则调整都与特定的金融产品和交付渠道有关，但与机构类型无关。这些调整不仅应适用于小微金融机构，也应适用于信用合作社、商业银行和持有其他执照并受到审慎监管的金融机构的小微金融业务。如果一家传统零售银行决定提供小微金融产品，或者与一家小微金融机构合作提供这些产品，应该存在一个明确的适用于此情况的监管途径。监管方面应该对这种发展予以鼓励，因为当小微金融只是零售银行多元化业务组合中的一小部分时，对小微金融活动的监管风险和成本将更小。此外，在审慎监管标准的制定方面，公平的环境有助于刺激竞争。

审慎监管的范围

与银行监管一样，存款保险是建立健全银行体系、降低系统性危机发生的可能性、在危机发生时减小损失的重要机制之一。发展中国家越来越多地引入存款保险制度，这不仅是为了维护金融体系的稳定，也是为了约束隐性（和无限）政府担保。与隐性政府担保相比，正式的存款保险计划有两个优势：可以提高对储户债务的透明度，以及能在银行破产时（至少在理论层面）限制政府的金融债务。

存款保险

世界银行扶贫协商小组在《小额信贷监管指导原则》中建议，如果一个国家要求商业银行参与存款保险计划，那么它应该考虑对审慎监管下的吸收存款的小微金融机构提出同样的要求。

但存款保险也可能会带来道德风险，一个金融机构在有保险的情况下可能倾向于承担更多的风险。不过，存款保险制度的设计可以最大限度地缓释道德风险。具体缓释措施包括：限制承保范围和承保账户类型；基于风险收取保费；制定迅速采取纠正措施的政策以及就董事和管理层的渎职行为采取法律行动的权利。

即使在阅读了世界银行扶贫协商小组关于监管吸收存款的小微金融机构的指导方针的一些细节后，我们仍然认为全面坚持《巴塞尔协议》的定位是基本正确的。协商小组指导原则提出的对小微金融机构的特殊调整基本上是考虑小微金融机构资产负债表和交易标的单位价值较小而进行的规模层面的调整，而监管原理（保护储户和减轻系统性影响）、风险维度和监管压力点（资本充足率、流动性和公司治理等）都与传统银行业相同，完全属于巴塞尔思维。

2. 小微金融机构风险管理组织架构

我们在此介绍的吸收存款的小微金融机构的风险管理组织架构基本上与大多数零售银行相同，在很大程度上均遵循巴塞尔委员会的指导方针。当然，这并不奇怪，因为零售银行业务就是规模化的吸收存款的小微金融业务。

图2.2显示的是小微金融机构风险管理组织架构的范本。左侧浅灰色部分代表独立的风险和控制职能。在董事会层面包括一个董事会级风险管理委员会。如果董事会

规模不大且其成员具有技术经验，整个董事会成员可以作为风险管理委员会成员。通常，和董事会一样，审计委员会也可以主管风险管理问题。

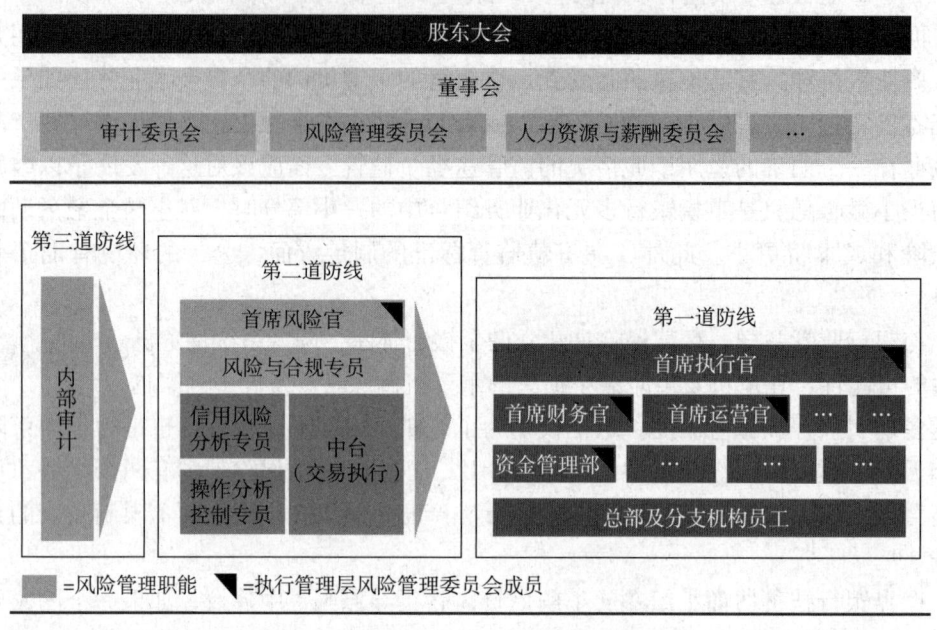

图2.2 小微金融机构风险管理组织架构

在治理层以下（即股东大会和董事会），图2.2中的组织架构图展现了现代风险管理的"三道防线"法。巴塞尔委员会在2011年《操作风险健全管理原则》中广泛借鉴了"三道防线"模式。其实，在金融实践中，这种组织方法早已被应用于所有风险敞口。

内部审计作为最终的风险控制部门，具有风险控制的控制职能，是保护投资人和债权人利益的第三道防线。内部审计（通常是审计委员会）直接向董事会报告。内部审计主管的聘用、解聘和评估并非由执行管理层（高级管理层）决定，而是由董事会、审计委员会决定。内部审计能够干预机构内所有活动，包括高级管理者、财务和会计，以及风险管理部门的工作。

风险经理（第二道防线） 风险经理领导风险管理部门。在规模较大的机构中，风险经理可能被提升到高管级别，并拥有首席风险官的头衔。风险经理直接向（高级管理层）首席执行官报告，并与董事会级别的风险委员会保持频繁的互动。

首先，风险经理和其团队要充当能力中心和风险管理方法论的内部顾问。他们的主要职责是为信贷业务部分的政策与流程提供支持，以确保能够在整个组织中识别、度量和管理所有风险。风险管理还要做到在必要时进行独立的风险评估，并通过（高级管理层）风险管理委员会直接向董事会和高级管理层报告。这种独立的咨询和分析模式是风险管理第二道防线的精髓。风险管理可以通过在整个组织部署现场巡查员和风险分析专员进一步实施第二级风险控制。

在风险经理职能权限下引入第二级控制的好处在于它将独立的、实时的风险视角引入日常经营管理活动中。这与金融机构在其证券交易部门引入中台的理由相同。中台员工是风险管理部门的触角，他们直接监督交易员，确保后者遵守日内风险限额，并完成准确无误的交易记录。

许多小微金融机构在其高频小额贷款和现金处理业务中也采用了同样的二级逻辑。希望一线业务人员进行有效自我风险控制是不现实的，在他们的实际工作中达成当日的放款目标几乎总是优于提升年均贷款组合质量。如果在一年后的下一次内部审计检查中才发现一家分支机构偏离了贷款政策或进行了彻头彻尾的内部欺诈，那就为时已晚。因此，需要一个独立的、高频率的二级控制，即直接嵌入日常工作流程中。

风险管理部门的典型特征应该是它的独立性，这意味着风险管理人员不应该被鼓励承担信贷业务风险，不应该承担直接的交易责任，也不应该盲从于客户经理的意见。当风险经理参与信贷决策时不应对最终结果起决定作用。否则，风险经理可能会忍不住对所有事情说"不"，而每一笔业务失败都将被归咎于风险职能，因为他们阻止了前台客户经理的一笔可能盈利的业务。相反，风险经理的反馈应该被当作他们所提议的决策、活动或产品的技术意见。业务部门可以否决它，然后将其记录并跟进，而内部审计自然会特别关注这类特例否决的性质、频率和最终结果。

> 风险管理职能的独立性

风险经理是否应被提升至高级管理层（首席风险官），关乎一个重要的权衡：究竟是系统地采用独立的风险视角评价每一个业务决策，还是让风险经理成为机构首席执行官的影子。即使风险经理成为高级管理者，还是要坚持只给出与既定政策一致的技术意见，而不是主导每一个商业决策。这在大型机构中更容易做到，因为高级管理层很少对日常的客户交易做出单独的决定。然而，在许多小微金融机构中，日常业务也会上报至高级管理层进行决策。因此，首席风险官要想保持独立，就要避免被卷入业务决策并由此对他本应控制的风险承担责任。

高级管理层的风险管理平台通常是一个（高级管理层）风险管理委员会和/或资产负债管理委员会。有时，董事会级风险委员会也有类似的名称，但对负债管理委员会最常见的定义是（高级管理层）风险管理委员会。通常，银行资产负债管理委员会主要关注账簿中的利率风险和外汇汇率风险，负责整个机构的流动性管理。为了应对信贷风险、操作风险和交易风险，大型银行通常设有独立的执行委员会。当然，当信贷风险和操作风险主导整个风险布局时，小微金融只是一种存在于银行账户中的活动。对零售银行/小额信贷风险的更深入探讨将在后续章节中展开。在这个阶段，我们要指出的是，在小微金融机构中应避免设立过多门类的（高级管理层）风险管理委员会。相反，我们建议设立唯一的风险管理委员会，其工作的执行范围将涵盖资产负债管理委员会的全部内容，另一种方法是扩大资产负债管理委员会的职权范围，以达到同样的效果。风险管理委员会通常由首席执行官担任主席，委员会成员至少包括首席财务官、首席运营官和首席风险官。

> 业务管理层面（第二道防线）

风险管理政策框架本质上是对机构风险管理职能、组织架构、角色和责任的章程性描述。小微金融机构可在图2.3所示的风险政策框架基础上进一步"插入"对其特定风险的个性化应对策略的描述。

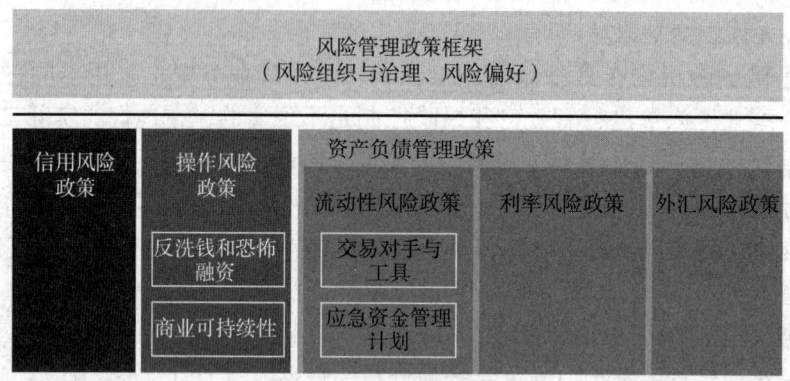

图2.3　风险管理政策框架

3. 小微金融机构风险类别

本节的主要内容是为小微金融机构建立一个"宏观"的风险图谱，目的是从概念入手对零售银行和小微金融领域面临的各种风险维度进行更加有序的梳理。对未知事物的未知是最糟糕的，例如，我们可能根本没有意识到一些不确定事件的潜在损失，这意味着必要且适当的旨在度量和减少这些风险敞口的流程和工具的缺失。因此，建立一个普遍适用且尽可能囊括所有可能的风险维度和事件的宏观风险图谱以及提供相应的术语支撑是至关重要的。

举个例子，新的董事会成员可能会问风险经理："如果一个小微客户经理以人身恐吓的方式向借款人催收贷款，记者发现后以'小微金融被滥用'为主题向全国进行新闻报道，这会带来多大的风险？"风险经理将宏观风险图谱投影在屏幕上，并回答说："这在我们的考虑范围内，我们称它为'操作风险的声誉影响'，所有员工都必须严格遵守既定的信贷政策和流程。任何不当行为都应通过内控稽查或投诉热线被及时发现。"

再次强调，这个宏观风险图谱必须覆盖所有风险。一个机构可能面临的任何风险都必须被纳入一个既定的维度类别。这样，我们所实施的风险识别和度量流程才可能发现所有敞口，并在损失发生前对它们进行管理。而且，由于大规模吸收存款的小微金融活动与传统的零售银行和中小银行业务十分相似，因此它们的宏观风险图谱也是基本相同的。

与提供各类金融服务的大型银行的风险图谱相比，小微金融机构的业务风险通常只局限于银行账簿活动层面，不会利用金融市场工具（股票、债券、大宗商品、衍生品等）进行自营交易以获取短期收益，也不涉及复杂的结构性信贷产品、银团贷款、项目融资、投行业务或证券承销。资产负债表外的或有权利和义务很少，它们可能只会产生于一些偶尔发生的担保以及基于银行账簿活动的远期和掉期交易中（如对冲某些利率风险或汇率风险）。

我们应该注意到，同样类型的工具（如外汇远期交易），可能同时出现在交易账簿活动和银行账簿活动中。对分类起决定作用的不是工具属性（是偏向于金融市场交易还是传统的客户合同），而是交易的目的。假设一家小微金融机构将其储备的流动资产用于政府债券的投资和交易以满足小额借贷和存款业务的资金需求，那么这些债券是计入交易账簿还是银行账簿呢？当然是银行账簿，因为小微金融机构不是政府债券的做市商，其持有债券的动机也不是通过日内交易获取短期利润，而是为了获得支撑核心业务的现金储备。

> 银行账簿与交易账簿

> 根据巴塞尔委员会关于资本充足率的规定，银行将其业务分为两大类，即传统银行账簿业务和交易账簿业务，银行的资产和负债要么属于银行账簿，要么属于交易账簿。
>
> 银行账簿业务的定义来自它与传统的客户交易和工具的关系，如贷款、存款、担保、国际贸易融资与支付等。银行账簿业务还包括为客户相关业务提供支持的融资交易、流动资产持有和套期保值工具。
>
> 相反，交易账簿业务涉及的资产和负债是为短期（自营）交易为目的而创建或持有的，包括为这些活动提供资金的负债以及与交易账簿科目相关的对冲工具。

让我们继续讨论仅包含银行账簿业务的小微金融机构风险图谱（见图2.4），未出现在图谱上的都是禁区。例如，一个财资主管对投机性低价股进行日内交易，以此来"优化"小微金融机构流动资产储备的收益率，这显然是违规行为。通过在流动性管理政策中明确界定合规的投资工具和交易对手，可以大大降低高风险财资交易问题发生的可能性。但更重要的是，董事会首先应该提醒高级管理层，机构的一切业务活动（购买、销售或投资）都必须严格遵守其既定使命。如果不能解释卖空低价股与为低收入群体提供包容性金融服务这一使命之间的关系，那么卖空交易就是不被允许的。

图2.4将小微金融机构风险划分为四个相互关联的风险层，即图中间斜线框中构成的核心风险层，通过由声誉及行为风险构成的传导层辐射到流动性风险、契约风险和资本充足率风险的下游风险层维度，同时最外圈战略和业务风险层与所有其他风险维度相互作用。

这种分层方法对思考和讨论小微金融风险维度之间的实际相互依赖关系非常有帮助。处于核心位置方框里的内容是最根本的风险来源。一家小微金融机构陷入困境的原因大多是出现了大量的贷款损失（信用风险），这往往伴随着政策与流程方面的重大疏忽（操作风险）。当风险管理不善且运气不好时，利率风险和汇率风险也会给小微金融机构带来重大损失。致命的信用风险

> 信用风险与操作风险是小微金融杀手

与操作风险组合导致机构破产的案例不计其数,但很难找到完全由利率风险或外汇风险导致的倒闭案例。

声誉风险的传导功能　　我们将声誉及行为风险置于"传导层"。良好的声誉(如财务稳定、诚信、对客户的服务体现社会责任感)一般不会因天灾而丧失,但当机构在核心风险维度上发生的实际损失被公众知晓时,金融声誉就会受损。同样,由核心风险引发的声誉损害或财务损失也可能影响客户的行为。也就是说,当某个小微金融机构出现了财务困难的新闻,那么存款人的存款期限或者借款人的还款意愿也很可能受到影响。

声誉受损和(客户)行为的改变(存款与贷款回收的减少)就像一个传导器,将核心风险维度的损失传导到第三个下游风险层(深灰色图层)。随着这家机构失去信誉、流失大量现金、出现账面亏损,它会越来越难以遵守流动性、借款契约和资本充足率的规则和要求。

战略风险涉及风险维度　　最后,战略及业务风险与其他风险维度相互作用。例如,推进农业贷款、转向高端市场为中小企业融资、为偏远地区的贫困家庭提供金融服务、推出一个新的系统平台等举措都伴随着相应的风险和回报,在讨论每项战略举措前,我们都需要对宏观风险图谱上的每一个风险维度进行仔细分析和研究。

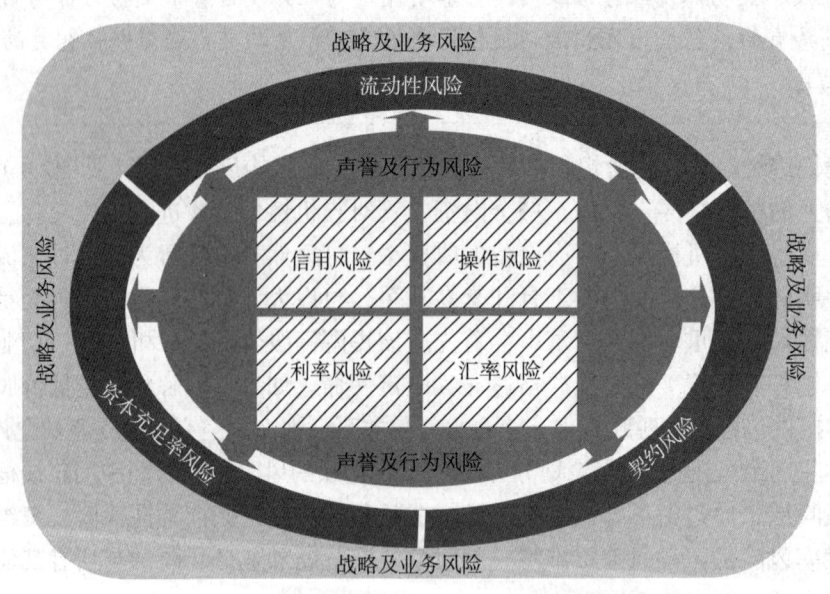

图2.4　小微金融与中小企业银行业务的宏观风险图谱

接下来,我们来对风险图谱中涉及的各风险维度进行简练定义。

小微金融的交易对手信用风险可能涉及同业间交易活动(即对其他金融机构的投资或结算义务,如货币远期交易)。但更多情况下,信用风险指的是小微企业或个人借款人未能履行贷款协议所规定的还款义务这一风险。信用风险通常分为交易风险和贷款组合信用风险。

> 💰 信用风险是指借款人或其他合同对方违约（即其合同义务无法履行）的可能性。
>
> 交易风险对应的是单笔贷款，其本质上是在衡量：（1）相应借款人的此笔贷款还款概率；（2）在借款人违约情况下，考虑抵押物等风险缓解作用后的最终损失。
>
> 贷款组合信用风险受贷款池内各借款人违约之间的相关性关系、风险分散效应、抵押物价值的周期性变化、小微及消费信贷的坏账传染等问题的影响。

对于操作风险，我们将使用目前被广泛采用的，2006年6月《巴塞尔协议Ⅱ》以及2011年《操作风险稳健管理原则》中的定义。

> 💰 操作风险是内部流程、人员、系统的不当或外部事件导致的损失发生的可能性。操作风险包括法律风险，但不包括战略风险和声誉风险。法律风险包括但不限于罚款、罚金或由监管行动导致的惩罚性损害赔偿以及私下和解成本。

操作风险在某种程度上是一种不属于任何风险维度的残余风险。就像人、流程和系统可能会出现的问题一样，它有多种形式，既包括内部欺诈、盗抢、违规贷款、网络故障等导致的经济损失，又包括由于下班后忘记关空调而使电费激增这样的普通损失。

在小微金融领域，声誉损害大部分源于操作风险事件，如重大欺诈、营销手段的滥用和服务中断等。尽管声誉风险的范围不仅限于操作风险的后果，但我们始终会彻底地考察每一个操作风险敞口和每一项实际损失可能造成的声誉影响。

操作风险事件通常伴随对声誉的负面影响

接下来谈谈小微金融的市场风险。市场风险主要由银行账簿上的利率风险和汇率风险构成。

> 💰 市场风险是指市场价格的变化导致的收入或资产、负债和权益价值的潜在损失。市场价格包括基准利率、外汇汇率、股票交易价格、贵金属及其他商品价格等。

利率风险是一个抽象的风险维度，小微金融从业人员可能并不是非常了解。下面是我们对利率风险的定义。

> 利率风险是指市场上现行利率水平的变化对净收入和资产及负债的价值产生不利影响的可能性。
>
> 最重要的驱动因素是：（1）基于固定利率的资产和负债的到期日或基于浮动利率的科目的重新定价日，与当前时间差造成的重新定价风险；（2）利率调整引发重新定价时，不同金融工具的收益利率与支出利率之间的不完全相关（即利率的收入变化与利率的支出变化之间无法完全相互抵消）而造成的基准风险。

谈到汇率风险时，大多数人马上就会想到外币兑换风险这一狭义的概念，但其实还有许多其他不容忽视的因素。许多新兴市场和发展中国家仍在实施或者可以很容易地进行货币监管，限制外汇的使用和转移。因此，以下是小微金融机构可能面临的不同类别的汇率风险的定义。

> 兑换风险是指政府或中央银行限制国内有硬通货债务的还款者进入外汇市场，导致其即使拥有相应价值的本国货币，也无法购买所需的外币的可能性。
>
> 转移风险是指当局不允许外币离开本国的可能性。举个例子，这可能意味着，一个在本国银行账户中有美元存款的居民被禁止将这些资金转移到国外以偿还其在国外的借款。

> 货币引发的信用风险出现在居民采用外币借款，并未对其采取风险对冲措施的时候。例如，奥地利人获得瑞士法郎抵押贷款，土耳其人借入美元汽车贷款，肯尼亚人借入美元改善住房等。该风险主要是本币贬值带来的损失，本币贬值使得以本币偿还外币借款的利息更加昂贵，最终可能导致借款人违约。
>
> 狭义的外汇汇率风险产生于汇率水平的意外变动，可能导致有关实体的本国货币或其官方货币发生损失。更具体地说，外汇汇率风险是特定货币的资产和负债及其相关现金流在规模和期限方面的不匹配造成的。

声誉及行为风险是核心风险层和下游风险层之间的关键传导层。

> 声誉（及行为）风险是各类利益相关者及社会大众对一个组织的活动、动机和代表人的不佳看法与感受导致其组织目标无法实现的可能性。

现在我们来看看图2.4中第三个图层（流动性风险、契约风险、资本充足率风险）中下游风险维度的定义。

> 流动性被定义为兑现所有到期的现金支付承诺的能力。履行支付义务的途径包括使用当前的现金流入和持有的现金存量、借入现金以及将流动资产转换为现金。流动性风险与其他风险类别相互作用。

同样，契约风险和资本充足率风险也可以被视为运营约束。它们本身并不是风险的主要来源，而是由机构核心风险损失事件引发的合规风险。

> 契约风险是指债权人在贷款协议或类似合同中对债务人施加财务限制或约束的可能性。如果债务人违反合同约定，债权人可取消贷款协议，并要求其立即偿还全部未付款项，这可能会使债务人的财务状况进一步恶化。
> 资本充足率风险是指不遵守监管机构的资本金要求可能导致的监管后果，包括罚款、经营活动限制，甚至强制清算。

一个小微金融机构的战略及业务模式决定着所有其他风险维度的整体水平，因此战略及业务风险可以被理解为其他风险的"系数"，即恰当的战略或业务模式会降低其他风险程度；而不当的战略或业务模式将全面提升整体风险。

> 每一个特定的战略或业务模式均可能会导致损失，相应损失发生的可能性即为战略及业务风险。

如图2.5所示，不考虑起传导作用的声誉风险和起系数作用的战略及业务风险，将各核心及下游风险维度对标形成风险严重程度/风险发生概率二维矩阵。它直观地呈现了小微金融机构业务经营环境中的风险布局及各风险类别严重程度与发生概率，以便其采取相应的风险应对措施。需要特别强调的是，对于不同的小微金融机构和不同的经营环境，其严重程度/发生概率矩阵的分类结果也会有所差异。该矩阵只是提供了一个"典型的"吸收存款的小微金融机构的常见风险布局。

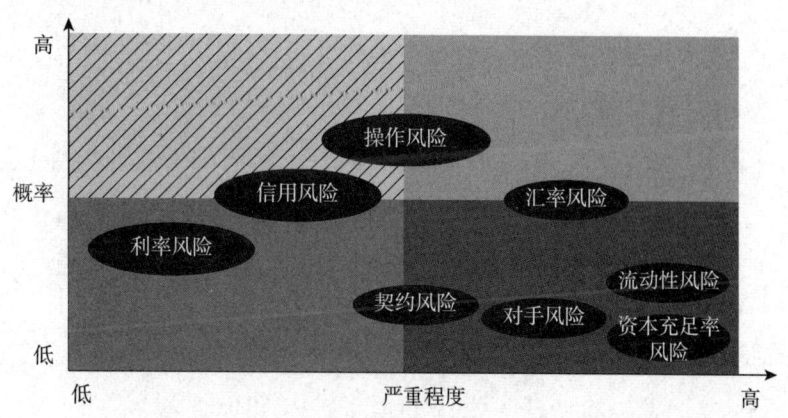

图2.5 小微金融风险严重程度与发生概率矩阵图

>> **小微信贷技术**

由此可见，在小微金融领域应采取积极的"管理/内化"策略来应对信用风险和操作风险（斜线象限）。本书中讨论的"小微信贷技术"就是解决信用风险识别、评估、控制、缓释和监控的方法，操作风险（即内部违规或外部偶发事件造成的损失）不是信贷技术层面的问题，对此不再深入讨论。

信用风险与信贷技术 | 第三单元

Chapter Three

1. 信用风险

1.1 信用风险的定义

在前一单元的讨论中,我们已经引出了信用风险的定义。

> 信用风险是借款人或其他交易对手违约(即其合同义务无法履行)的可能性。

金融机构在批发银行业务中的交易对手信用风险,主要涉及对大企业、集团、事业单位和社会团体提供综合性的金融服务,不属于本书讨论的范畴。对于小微金融机构而言,最可能遇到批发性融资交易对手违约的情况是资金管理过程中流动资产的储备管理,即通过同业拆借或对流动性强的政府、银行和核心企业发行的高级证券的短期投资活动。

即使不考虑批发银行业务中的交易对手信用风险,我们也需要引入迁移风险的概念进一步完善上述定义。信用风险本质上是指借款者未能还款所造成的损失。然而,在借款人实际拖欠还款前,信贷损失可能就已经出现了。只是感知到某一风险敞口未来违约的可能性增加,就可以引发实际的损失。

> 迁移风险是未违约风险敞口信用质量的潜在恶化。这种形式的潜在损失通常也被纳入更广义的信用风险定义。

事实上,迁移风险并不抽象,它与小微信贷息息相关。假设某银行小微信贷组合中的借款人主要在一个大型矿区进行经济活动。突然有一天,矿井发生了事故,导致矿区生产至少暂停6个月,大部分工人下岗。虽然小微信贷组合在事故发生当天并没有任何变化,违约率也比较稳定,但很明显,接下来违约数量一定会增加。由于任何交易对手都会在事故发生后大幅减少对这一信贷组合的估值,此时抵押这些贷款会产生更大的估值折扣。如果我们预先通过证券化的方式将该小微信贷资产打包出售给其他机构投资人,就可以立刻将这些未来的信贷损失变现。

在为长期贷款定价时,由于预先评估违约风险的机会只有一次,我们需要充分考虑迁移风险,并将其计入贷款价格。很多事情都可能会增加违约风险,我们应当预料到，随着时间的推移，信贷质量会在一定程度上下降。因此，我们需要考虑对所承担的信贷迁移风险收取额外的风险溢价。

对于小微金融机构而言，信贷风险最大的问题是每个具体借款人的违约。接下来的一年，借款人是否会违约？如果他违约了，我们将承受多大的损失？这些看似"简单"的问题恰恰是我们最关心的。在讨论借款人违约风险的同时，我们仍然需要区分交易风险与贷款组合信用风险。

> 交易风险是指单笔贷款违约的风险，主要衡量：（1）单笔贷款的借款人履约还款的概率；（2）在借款人违约情况下使用抵押品和其他补救措施后的最终损失。
> 贷款组合信用风险具有衡量多笔贷款违约之间的相关性、风险分散的影响、抵押物价值的周期性以及小微信贷领域声誉传染效应的作用。

巴塞尔协议中的信用风险监管部分描述了下面这个著名的公式。[①]它并非巴塞尔委员会提出，但它体现了全球银行界对信用风险的共识。它既像"地球是圆的"这句话一样简洁明了，又寓意深刻。后续对信用风险管理的进一步讨论将以它为指引。

> $EL = PD \times EAD \times LGD$
> 预期损失 = 违约概率 × 违约风险敞口 × 违约损失率

虽然这个公式本身还无法解释任何事情，但它将违约损失分解为三个基本维度，便于我们对每个维度建立特定的分析模型，结构化地考虑借款人违约损失的问题。因此，我们不再只是说"信用风险是一个人不偿还贷款所造成的损失"，而是认为该损失是由三个不同的因素造成的：

（1）发生了违约行为。这是借款人行为触发的事件，由违约概率衡量。

（2）损失程度取决于借款人停止还款时欠贷款人的金额，即违约风险敞口。

（3）需要考虑在清算抵押物并通过法律途径清收后，损失风险敞口的实际损失程度，即违约损失率。

1.2 信用风险三要素

在进一步分析公式 $EL = PD \times EAD \times LGD$ 的逻辑之前，我们需要对公式中各要素做出更具体的定义。

---

① 参见 BCBS 2004 新巴塞尔协议第 21 段 1ff 部分（2006 年 6 月编写版本）。

> 预期损失（EL）是在特定时间段内即将发生的信贷损失的平均金额。损失按应收款项的现值或账面价值计量，这些应收款项将不会被收回或变得不可收回，因此将在特定时间内被核销或以其他方式从报表中剥离。
> 违约概率（PD）是指贷款人认为借款人在特定时间段（通常为一年）内发生违约事件的概率，以百分比形式表示。违约概率通常指从即刻开始的特定未来期间，但也可以表示为某个远期违约概率，例如，从未来的某一特定日期起，后续一年内的违约概率。
> 违约风险敞口（EAD）是借款人在违约时拖欠特定贷款人的总余额，以货币单位表示。
> 违约损失率（LGD）是指一旦发生违约，被视为损失的违约风险敞口的百分比。违约损失率等于100%减去通过抵押物变现和违约后通过清收等措施得以弥补的风险敞口的百分比。为了确定违约损失率，违约后收回的现金流必须按违约贷款合同的原始内部收益率折现回违约时间点。

图3.1说明了违约损失与违约后回收资金的净现值之间的关系。国际会计准则第39号（IAS 39）和新的国际财务报告准则第9号（IFRS 9）标准要求，存在减值迹象的应收账款应按剩余可变现现金流量的净现值计入资产负债表。折现应按原贷款合同的有效利率（内部收益率）进行计算。已发生的违约事件显然是一个非常明确的"减值证据"，因此IAS 39/IFRS 9下的减值应收账款估值适用于违约后回收资金净现值的计算。

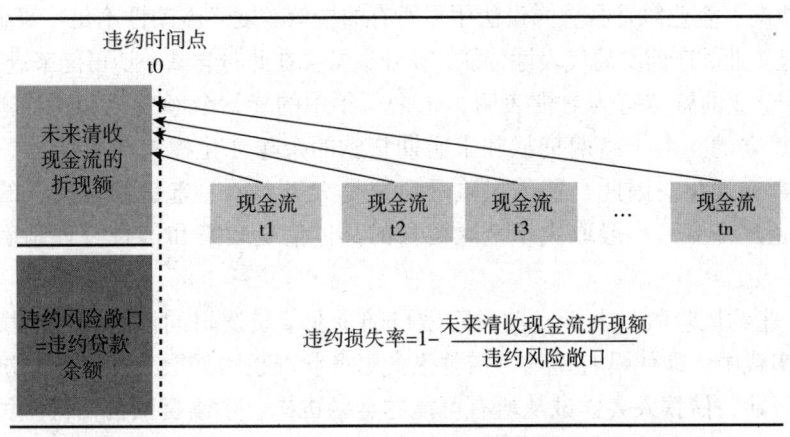

图3.1 违约损失与回收现值的关系

为强化对违约风险敞口维度的理解，我们需要进行一些拓展。贷款发放金额或当前贷款余额是敞口的衡量标准吗？确实，如果特定借款人违约，当前贷款余额可能是计算风险敞口总额的一个很好的起点。但是我们希望计算的是在未来一段时间内的预期损失（如从明天开始的一年内）。由于违约可能在未来一年内的任何时间点发生，违约时的贷款余额是一个不确定的"随机"变量,虽与当前贷款余额相关,但并不相等。

> **违约风险敞口示例**
>
> 今天发放一个简单的分期贷款,以12个月等额本息的形式偿还。我们想知道,如果借款人在未来的一年中违约,违约时贷款余额可能有多少。若已知借款人本年度的违约概率为3%,且年内违约的可能性不变,则借款人每月违约率为3%/12。假设违约发生在第六期还款到期日之后。如果是等额本金贷款,那么6个月后预期的违约风险敞口将是初始余额的50%。当然,按年金计算,本金余额将会更高。如果贷款的名义利率为20%,则预期的违约风险敞口实际应为52.5%。

违约风险敞口明显小于当前贷款余额这一观点在实践中是站不住脚的,即便是在最简单的小额信贷案例中也是如此。事实上,违约风险敞口应当始终大于当前贷款余额。

(1)如果只考虑当前贷款余额,而违约通常被定义为逾期90天以上,理论上没有人会在观察期的前三个月内被认定为违约。因此,贷款余额在这三个月期间应该减少三期还款金额。但事实上,借款人可能连一期都没有还。等到他被认定为违约时,他就恰好累计拖欠三期还款了。这就意味着我们最终在第90天登记违约时,不仅贷款余额丝毫没有减少,而且增加了拖欠的利息金额。

(2)从安然(Enron)、世通(Worldcom)等著名的企业破产案例可以看出,当面临破产危机时,企业总是会想方设法用尽所有的授信额度。流动性不足、资金链断裂及四处举债是企业破产前夕的代表性特征,企业通常会在此时尝试一切可能来进行融资。

(3)企业的融资行为习惯表明,未来一年中的贷款余额变化和违约概率之间并不是相互独立的。由于逾期贷款和未逾期贷款的余额变化模式是不同的,违约将会使贷款余额最大化。因此,违约风险敞口总是大于当前(未违约情况下的)风险敞口。至于超过多少,一般取决于金融机构的具体信贷政策和信贷管理制度(如透支额度)。

(4)违约风险敞口大于当前风险敞口的企业信贷逻辑同样适用于小微信贷。在小微信贷实践中,即使没有违约,借款人的财务状况也可能会发生意外状况。为了弥补流动性短缺,借款人会尝试从所有可能的金融机构、小额贷款公司甚至民间借贷渠道尽可能筹集更多的钱。这些贷款方为了满足经营得当且诚实守信的借款人的成长需求,普遍采取提前还款激励制度和转续贷的做法。但这也可能被经营失败而缺钱的违约者利用,其在尽可能多地获得最后一笔贷款后,就再也不还款了。许多金融机构在提供流动资金贷款产品的同时,还提供紧急贷款和其他短期特别用途贷款。但是,还有什么能比一家濒临破产的企业更急需贷款呢?

(5)小额信贷中"积分渐进原则"对违约风险敞口的影响。积分渐进原则指的是随着每笔贷款的履约偿付，借款人在新的贷款申请时会获得更高额度的授信，作为对其良好信用记录的激励。如果借款人客户的财务状况没有恶化且正常还款，很可能在一年内就全部还清，那么借款人客户就可以获得一笔更高金额的新贷款。因此，该借款人的贷款余额在未来一年内可能会比当前贷款余额高出很多。

综上所述，在小微信贷中违约风险敞口通常也会超过当前的风险敞口。

当我们发放一笔贷款并展望其在未来一年中的风险表现时，我们会发现决定预期损失的三个要素（PD、EAD、LGD）都是随机变量。

> 在概率论和统计学中，随机变量是一个取值随着偶然性变化的变量。与其他数学变量不同，随机变量在概念上没有单一的固定值。相反，它可以是一组特定数集中的任何一个可能值，每个值都有一个相对应的概率。
>
> 一个随机变量的可能值代表一个尚未进行的实验或一个尚未发生的事件的结果，或者一个已发生但未知事件的潜在值。
>
> 随机变量可以分为离散的（即它可以取一系列精确值中的任何一个）和连续的（即它可以取一个区间或区间集合中的任何数值）。
>
> 取值范围有限（通常是固定数量）的离散随机变量被称为类别变量。可以取两个可能值（如[是，否]或[0，1]）的类别变量被称为二元变量或逻辑变量。描述随机变量的可能取值及其相应概率的数学函数被称为概率分布。

每笔贷款的违约概率、违约风险敞口和违约损失率都是随机变量。预期损失作为三个随机变量的函数，也是一个（衍生的）随机变量，它的值由三个基础随机变量的取值决定。

同样的，我们可以将单笔贷款的预期损失及其组成三要素视为贷款组合层面上的随机变量。类比单笔特定贷款i的预期损失（EL_i）是通过三个随机变量相乘（$PD_i \times EAD_i \times LGD_i$）得出的结果，我们可以将贷款组合$P$的预期损失（$EL_p$）视为贷款组合层面三个随机变量相乘（$PD_p \times EAD_p \times LGD_p$）的结果，它等同于该贷款组合内所有单笔贷款预期损失的加总。

$EL=PD \times EAD \times LGD$ 作为随机变量

我们可以在Excel中尝试一下这些随机变量的运算。是否违约是一个二元随机变量，最常见的编码方式为"未违约=0，违约=1"。这两种结果的概率通常只在一段特定的时间内有意义，一般是一年。设定具体的时间范围显然是必要的，否则就会出现类似"长期来看，死亡概率总是100%"的问题。

> 如果一个借款人的年度违约概率为5%，这意味着他在100年内大概会违约5次。在100个相同且独立的借款人中，如果每个人的违约概率为5%，那么在年底回顾时，这100人中大概有5个人会违约，95个借款人的信用状况仍然良好。实际上，在一年的信贷周期内，决定是否违约并不只是在年底进行一次

> "抽签",每个借款人至少要进行12次"抽签",或者在每次贷款分期还款日"抽签"一次。如果一年中有多轮"抽签",那么每轮的淘汰概率应该是多少,才能使得年末100个借款人中出现5个违约者呢?在违约/未违约的"抽签"中,只有未"中签"的幸存者才能再次参加下一轮"抽签"。所以,5%的年度违约率相当于12个月度淘汰回合后,95%的累计幸存率。据此,月度违约率($PD_{月度}$)与年度违约率($PD_{年度}$)关系如下:
>
> $$(1-PD_{月度})^{12} = 1-PD_{年度}$$
> $$PD_{月度} = 1-(1-PD_{年度})^{1/12}$$
>
> 这是基于条件概率的基本计算公式,只有当一个借款人在第一个月中没有违约,才能进入第二个月是否违约的淘汰回合;第二个月仍旧没有违约才能进入第三个月的回合,以此类推。

Excel中的指数符号"^"表示"次方",1/12次方就等于取某数的12次方根。在Excel中代入以上公式,我们可以得出,与5%年度违约率等价的月度违约率为0.427%。

我们还可以使用Excel中的随机数生成器,借助EL=PD×EAD×LGD公式进一步模拟单笔贷款的预期损失(见表3.1)。预期损失是将二元违约变量与违约风险敞口(EAD)及违约损失率(LGD)相乘的结果,这三个变量均为随机变量。

表3.1 模拟工作表截图

借款人编号	贷款余额	违约(=1)	违约风险敞口(EAD)	违约损失率(LGD)	预期损失
1	100000	1	122631	0.5651	69297

对于一笔贷款,我们首先使用函数=RAND()生成一个[0,1]区间内的等概率分布随机变量观测值。为了实现5%的违约率,我们在违约单元格输入条件公式"=IF(RAND()>0.05,0,1)"。如果随机观测值大于0.05,该单元格将显示为0,即未违约;如果随机观测值小于或等于0.05,该单元格将显示为1,即违约。

假设违约风险敞口(EAD)应该在当前贷款余额的110%~130%变化,我们可以通过在违约风险敞口单元格中输入公式"=(1.1+RAND()·0.2)·B2"生成符合假设条件的随机观测值。其中B2为贷款余额单元格的索引。

假设根据对目标信贷市场和此类抵押品的多年经验,我们判断违约损失率(LGD)的平均值为60%左右。可以使用符合均值为60%,标准差为10%的正态分布生成违约损失率的随机观测值。使用随机函数RAND()生成一个随机累计概率,并通过反正态分布函数NORMINV()沿着x轴查找此随机累计概率对应的(符合均值为60%,标准差为10%的正态分布的)违约损失率观测值。具体公式如下:

违约损失率=NORMINV(RAND(),0.6,0.1)

但该公式偶尔会产生大于100%或小于0的不符合假设条件的值，我们可以通过在Excel中使用=MIN（ ）和=MAX（ ）函数来避免出现任何超过100%或低于0的违约损失率观测值。因此将上述公式改写为：

违约损失率=MIN（MAX（NORMINV（RAND（ ），0.6，0.1），0），1）

在预期损失单元格中，每笔贷款的随机预期损失金额是违约概率、违约风险敞口及违约损失率这三个随机变量的函数。在Excel中可通过手动触发F9按钮来刷新电子表格中所有随机函数（=Rand（ ））的观测值。如果按F9键100次，我们大约能得到5次表示随机预期损失的非零数。

现在，在Excel中将第一笔贷款行复制粘贴999次，将得到1000笔属性相同且相互独立的贷款。可以通过以下公式计算这个由1000笔贷款构成的贷款组合的违约总数，其中C列指的是违约变量列：

贷款组合违约率=SUM（C2：C1001）/1000

当我们不断刷新随机变量，该贷款组合的违约率将在5%上下浮动。因此，所有单笔贷款的违约率加总构成了贷款组合的违约率，即贷款组合违约率是其中每笔贷款违约率的算术平均值。

我们可以尝试把前300笔贷款的违约率改为3%，理论上贷款组合的违约率应该变为（300×3%+700×5%）/1000 = 4.4%。当在Excel中反复按F9时，得到贷款组合违约率的幅度区间果然在4.4%左右。

以上Excel模拟表明，将单笔贷款的预期损失简单累加，就可以得到贷款组合的预期损失值。然而，对于概率分布的其他"矩"，特别是贷款组合预期损失分布的标准差，就不能通过对单笔贷款值的直接叠加得出贷款组合值了。

回顾第一单元中对风险的定义，贷款组合预期平均损失不是"风险"，因为这个损失程度几乎是已经确定的，应该将其计入价格，即通过提高利率（风险溢价）的方式使借款人承担此预期损失。金融机构关心的风险是偏离预期损失的那部分，例如，贷款组合的实际损失不幸达到预期损失的10倍所对应的风险。这个风险可以通过贷款组合平均损失的平均偏差（也称标准差）来衡量。

> 预期平均损失VS风险

> 在统计学和概率论中，标准差通常用符号"σ"来表示，它表明随机变量的取值与平均值（或期望值）之间存在多大的偏差或离差。一个随机变量、统计总体、数据集或概率分布的标准差是其方差的平方根。

概率分布的标准差可以通过对N个样本的标准差S来测算，如：

$$s = \sqrt{\frac{1}{N-1}\sum_{i=1}^{N}(x_i - \bar{x})^2}$$

这个公式包含了常见的样本偏差校正：通过除以（N–1）而不是N来求离差平方的

平均值。由于我们已经使用同一样本数据计算了均值，所以计算标准差时的自由度是 $N-1$。在Excel中，可以直接通过函数=STDEV（）计算样本标准差。

风险次加性　　假设我们不是向1000名借款人每人发放10万元的贷款，而是只向一个唯一的借款人发放了一笔10000万元的贷款，其他条件均不变。预期损失同样是$5\% \times 1.2 \times 10000$万元$\times 0.6 = 360$万元。然而，如果将贷款组合分解为1000笔独立贷款而不是一笔大额贷款，那么这一贷款组合预期损失的标准差将会更小。这就是著名的风险次加性，也是分散风险的结果。这意味着在一个贷款组合中所有借款人永远不会同时违约（或不违约），这就防止了实际损失与预期违约损失的极端偏离。我们通过相关性程度来衡量贷款组合的风险分散度（或集中度）。相关性本质上是衡量当贷款组合中的1笔贷款违约时，剩余999笔中有多少笔也会随之违约。在完全正相关情况下，所有1000笔贷款将始终同时违约或同时不违约，这与将10000万元贷款全部借给一个借款人的风险相同。因此，这种情况下贷款组合损失的标准差就是所有单笔贷款损失的标准差之和。在其他不是完全正相关的情况下，贷款组合损失的标准差将小于贷款组合中所有单笔贷款标准差之和。这就是通过分散投资降低风险的基本原理。

我们沿用前面举例中的下述基本条件，在Excel中模拟演示贷款组合风险分散效果。

- 单笔贷款余额：10万元；
- 年度违约率：5%；
- 违约风险敞口：在区间[1.1：1.3]均匀分布的系数×贷款余额；
- 违约损失率：呈正态分布（均值为60%、标准差为10%），最大值为100%，最小值为0。

为了不超过Excel的行数限制范围，我们在同一个电子表格中创建了64000笔贷款，每笔贷款属性均符合上述条件（见表3.2）。我们将这64000笔贷款分成128个相互独立、由500笔贷款构成的贷款组合，每个贷款组合的预期损失即为其包含的500笔贷款的预期损失之和。每一个贷款组合都通过500笔贷款实现风险分散，这样便可以进一步计算这128个贷款组合的总预期损失。

表3.2　贷款组合风险分散模拟工作表截图

借款人编号	贷款余额	违约（=1）	违约风险敞口（EAD）	违约损失率（LGD）	预期损失	贷款组合预期损失	贷款组合预期损失标准差	单笔贷款预期损失标准差×500
1	100000	0	125010	0.4132	—		348594	7927792
2	100000	0	112695	0.6468				
3	100000	0	118192	0.5274				
4	100000	0	115081	0.4943				

表3.2的模拟演示中，这128个贷款组合的总预期损失标准差为34.86万元。同时，

预期损失列中64000个单笔贷款的标准差为1.6万元左右。如果将500笔贷款的标准差相加，结果为800万元左右，模拟中的具体数字为792.23万元。由此可见，单笔贷款预期标准差之和比贷款组合预期损失的实际标准差高出20倍以上，这就是次加性发挥的作用。

上面的模拟中，每个贷款组合中单笔贷款的违约都是相互独立的，因此一笔贷款的结果（违约或不违约）完全不受其他贷款违约情况的影响。像这样的完全独立则意味着结果完全不相关，即相关系数为零。

为了凸显风险次加性的作用，我们沿用128个各由500笔贷款组成的贷款组合作为观测样本，在保留违约变量随机设定的情况下，用固定期望值替换单笔贷款违约风险敞口和违约损失率变量。接下来，我们模拟单笔贷款违约之间不相互独立的情况下，贷款组合的风险表现。

首先，假设情况是完全正相关，即相关系数为1。这种情况非常容易模拟。在完全正相关的情况下，贷款组合中的500笔贷款只要有一笔违约，全部贷款都会违约，即第一笔贷款违约变量的结果决定了接下来499笔贷款的结果。因此，我们设置499笔其他贷款中的违约变量与第一笔贷款中的变量相等。我们重复这个设置128次，以模拟128个各由500笔完全相关的贷款组成的贷款组合的总风险（即贷款组合预期损失标准差）。显然，这里的风险是完全相加的，贷款组合损失的标准差等于500个单笔贷款损失的标准差之和。如表3.3所示，模拟得出贷款组合损失的标准差为700.22万元，这与500个单笔贷款损失的标准差之和697.48万元非常接近。重复按F9键刷新模拟，这两个观测值总是非常接近。

完全正相关贷款组合

表3.3 模拟工作表截图（相关系数=1）

编号	贷款余额	违约（=1）	违约风险敞口（EAD）	违约损失率（LGD）	预期损失	贷款组合预期损失	贷款组合预期损失标准差	单笔贷款预期损失标准差×500
1	100000	0	120000	0.6	—		7002179	6974828
2	100000	0	120000	0.6	—			
3	100000	0	120000	0.6	—			
4	100000	0	120000	0.6	—			
5	100000	0	120000	0.6			完全正相关相关系数	100%
6	100000	0	120000	0.6				

再来看以下高度负相关的情况。如果我们每发放一笔贷款，都设法找到另一个处于相反业务的借款人，那么当第一家企业违约时，对应的另一家企业表现最好。想象一下，每给经营相对稳健的企业发放一笔贷款时，另一笔贷款则会给同一地区专营破产业务的律师事务所。两者都有相对较低且独立的违约概率，而且肯定是负相关的。如果企业破产，破产律师肯定有生意，因此不会违约。如果所在地区的企业经营状况良好，而且很长一段时间内没有发生任何

高度负相关贷款组合

重大破产事件,那么律师就可能违约。基于这个逻辑,我们将每个贷款组合看成250对相反(即完全负相关)的贷款。每个贷款都有5%的独立违约概率,但贷款1与贷款251配对,贷款2与贷款252配对,以此类推。如果借款人251违约,那么借款人1肯定不违约,反之则相反。模拟结果显示,相对于完全相互独立的情况,高度负相关贷款组合的预期损失标准差进一步减少。128个贷款组合的总预期损失标准差为30.07万元,低于相互独立情况下的37.25万元(见表3.4),相比完全正相关情况下的765.22万元更是降低了96%。由此可见,贷款组合中正相关性越高,风险次加性作用越弱,贷款组合总风险越高;贷款组合中负相关性越高,风险次加性作用越强,贷款组合总风险越低;贷款组合中相关性为零时,风险次加性作用及贷款组合总风险程度均介于正相关性与负相关性的情况之间。

表3.4 模拟工作表截图(相关系数≈-1)

编号	贷款余额	违约(=1)	违约风险敞口(EAD)	违约损失率(LGD)	预期损失	贷款组合预期损失	贷款组合预期损失标准差	单笔贷款预期损失标准差×500(完全正相关情况下)	64000笔贷款总违约笔数
1	100000	0	120000	0.6	–		300748	7662253	4.76%
2	100000	0	120000	0.6	–		完全相互独立情况下		
3	100000	0	120000	0.6	–		372510		
4	100000	0	120000	0.6	–				
5	100000	0	120000	0.6	–		强负相关相关系数	近似-100%	
6	100000	0	120000	0.6	–				

基本了解信用风险的三个主要影响因素后,我们可以更进一步讨论分析小微信贷以及小微借款人违约的方式、时间和原因,以便在做出信贷决策时更好地估测预期违约概率,控制风险敞口,设定抵押物要求。

1.3 信用风险定价

如果公式"预期损失 = 违约概率 × 违约风险敞口 × 违约损失率"中的所有要素都已知,就可以据此确定该笔贷款的风险价格,即借款人应支付的费率。基本的思路很简单,即每个借款人都应该为其特定的预期损失承担费用。此外,每个借款人承担的费率必须涵盖贷款人的资金成本和运营费用,并努力为股东创造一个有吸引力的税后收益。

风险调整资本回报率(RAROC)是用于计算特定风险水平的借款费率的传统方法。每个特定借款人或贷款产品的差异化风险调整资本回报率,是由其特定的预期违约概率和违约损失率决定的,而差异化的风险调整资本回报率又决定了贷款人对该借款人或贷款产品的最低风险定价。这一最低风险定价也被称为门槛收益率,即如果贷款的有效收益率达到了这一门槛,贷款人就实现了其股东的最低预期股本回报率。因而,通过风险调整资本回报率来计算门槛收益率这一思路是建立在股东剩余现金流量视角上的。

如图3.2所示,门槛收益率综合考虑了:
- 资金利息成本;
- 不同客户或产品对贷款人运营成本差异化的吸收能力;
- 特定违约风险和违约后的清收潜力;
- 根据监管资本充足率或内部资本配置模型计算所得的每笔贷款所需占用资本金;
- 所得税的不对称影响,即损失和利息成本支出可从应纳税所得额中扣除,而股本回报率的计算中考虑的是税后净收入。

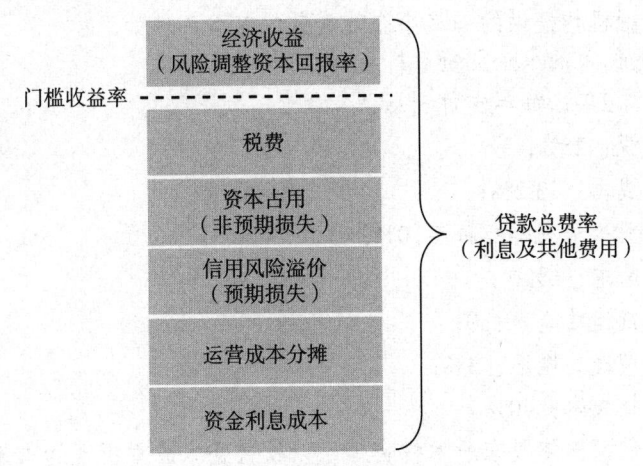

图3.2 贷款总费率的构成

> 一笔贷款发放金额为100万元,一年后一次性还本付息。这笔贷款92%的资金由贷款人从另一家银行借得,剩余8%为贷款人的自用资金(即股本)。假设银行同业拆借利率为10%,企业营业税为40%,权益资本成本(即税后净资产收益率的最低预期值)为15%。该借款人需支付的最低费率R是多少,才能保证贷款人实现15%的税后净资产收益率(ROE)?
>
> 我们将上述条件代入以下等式,等式左边为贷款人当前需要投入的股本,等式右边为该笔贷款一年后的净收入以净资产收益率为折现率的当前折现额。
>
> $$8 = \frac{(1-40\%) \times (R \times 100 - 10\% \times 92) + (100-92)}{1.15}$$
>
> 计算得最低资本回报率R为11.2%。由于资本充足率的审慎监管要求,这笔

> 贷款必须有8%的资金来源于股权融资，其余的资金来自同业拆借。偿还同业拆借债务并支付利息和税款后的剩余现金流量归贷款人股东所有。左边的8是当前股东的股本投资，如果右边未来一年剩余现金流折现额小于8，相对于股东15%的最低预期回报率，这笔贷款损害了股东利益；如果右边折现额大于8，这笔贷款将为股东创造超出15%的额外经济收益。因此，等式右边等于8时得到的R便是门槛收益率，即当借款人支付的费率为11.2%时，贷款人股东将刚好获得15%的净收益。

通过上面这个简单的例子，我们了解了如何从贷款人股东视角思考税后剩余现金流折现。下面来看一个引入信用风险概念的例子。

> 某小微金融机构提供的一笔小企业贷款的基本条件如下：
> - 100万元人民币的小企业贷款；
> - 贷款期限为2年，每年支付利息；
> - 企业所得税：25%；
> - 权益资本成本：13.2%；
> - 银行间同业拆借利率：每年10%；
> - 监管资本需求：6%；
> - 第一年预期违约概率：0；
> - 第二年预期违约概率：3%；
> - 预期违约损失率：40%。
>
> 同样，我们列出使股东股本投资等于以权益资本成本折现的未来剩余现金流现值的等式：
>
> $$6=\frac{(100\times R-94\times 0.1)\times(1-0.25)}{1.132}$$
> $$+\frac{0.97\times(1-0.25)\times 100\times R+0.97\times 100+0.03\times(1+R)\times[0.6\times 100+0.4\times 100\times 0.25]}{1.132^2}$$
> $$-\frac{94\times 0.1\times(1-0.25)+94}{1.132^2}$$
>
> 等式右边的第一项很简单：由于第一年预期违约概率为0，一年后税后净收益按132%折现率的折现额并不涉及本金偿付和信用风险。
>
> 等式右边另外两项为第二年现金流的当前折现额（即除以1.132的平方）。因为借款人是否违约将直接影响第二年的现金流，所以这两项的计算要复杂一些。分别以3%和97%对预期违约和未违约情况下的现金流进行加权，计算得到剩余现金流的期望值。值得一提的是，预期违约损失部分可以进行税款抵扣，因此任何损失的25%都将由税务机关退还：(1+R)×

> $0.4 \times 100 \times 0.25$。
> 我们可以使用Excel中的规划求解功能为本例中的n次多项式（n为计入折价的周期数）求解，得到的结果为R=11.03%。

在上面这个例子中，如果我们将第二年的预期违约概率由3%提升至10%，在其他所有条件均保持不变的情况下，门槛收益率R将由11.03%增加至12.37%。换言之，由于借款人第二年信用风险的提高（即7%的违约概率增量），贷款人每年需向其额外收取134个基点的风险溢价，以确保股东收益不受到负面影响。综上所述，信用风险直接影响着每个特定借款人和贷款产品的定价。同理，对信用风险的解构和理解也是金融机构实施差异化产品定价策略的前提与基础。

1.4　信贷违约的本质

到目前为止，我们还没有真正定义信贷违约，只是非常笼统地表示。

> 信贷违约是指在特定时限内，借款人不再履行贷款协议规定的合同义务的行为。

维基百科提供了以下类似的违约定义："信贷违约是指未能偿还贷款。如果债务人没有按照债务合同履行其法定义务（如没有按时偿还贷款本息，或违反了债务合同的其他附加契约），便构成了信贷违约。"

在本节中，我们主要讨论由于借款人未能按照贷款合同约定按时偿还贷款本息而构成的信贷违约。除此之外，维基百科的定义中缺少了对时间方面的具体化约束，而这一点非常重要，我们需要能够确定违约发生的具体时间。借款人的信用风险可能在一段时间内逐渐增加，使违约的可能性持续变大，直至违约发生。

在对公信贷业务中，典型的违约日期是破产申请日。破产的本质是经营主体正式承认其将无法履行所有合同义务（无力偿债）。因此，该公司将其财务控制权交由法院监督，将剩余资金按照合适的顺序和比例分配给债权人。

> 违约的时间维度

在消费信贷和小微信贷方面，特别是在发展中国家，正式申请破产是不常见的。大多数情况下，违约的具体表现是未按期偿还贷款。我们将相对于合同约定的还款计划的支付延迟称为逾期。并非每一笔小额或暂时的逾期都立即构成违约，但逾期显然是借款人面临流动性局限的一个典型征兆。

在零售银行业务和小微企业融资中，借款人的流动性局限对其信贷违约起着主导作用。即使是在发展中市场的中型企业，其融资渠道也可能非常有限，以至于当一笔较大交易的现金流出现几天延期时，就可能导致其信贷逾期。所以，这种临时性的逾期不应该被立即认定为违约。但它的出现仍然是一个预警信号。如果逾期反复出现，并且逾期时间不断延长，该借款人的业务

> 逾期作为小微信贷违约的预警信号

很可能涉嫌过度交易（或过度扩张），以至于其平均现金储备下降，收入的波动性增加。这就是零售银行和小微信贷经常使用逾期作为信贷风险指标（即作为违约概率增加的预警信号）的原因。然而，在对公信贷业务中，借款人通常具有专业的财务职能部门和较高的信用额度，因此逾期并不能作为这类大型企业信贷违约的预警信号，反而往往是其信贷违约的结果。尤其是在发达市场中，信用风险极高的大型企业即使在濒临违约时，其流动性局限症状也依然不明显。例如，在安然公司这个著名的破产案例中，该公司直到2001年2月27日正式申请破产前仍一如既往地按时支付合同规定的所有款项。

在小微信贷中，借款人流动性局限和逾期通常作为监控其信用风险的关键指标。作为经济循环中的弱势群体，大部分的小微借款人通常不可能有足够的可支配现金来同时满足所有贷款义务、经营开支和家庭基本需求。尤其是对处于贫困状态下的小微个体经营者而言，即使其当前的经营活动都正常开展，也无法保证所有家庭成员的日常生活、健康、教育、医疗和住房需求都得到满足。他们不得不经常为一系列的必需开支而烦恼，如孩子的学费、老人的理疗费、对某个陷入困境的亲戚的经济支持等。

小微借款人永远没有足够的现金来同时满足经营和家庭的所有需求，他们需要在各项支付责任中权衡优先级。对于小微金融机构而言，避免贷款逾期的唯一方法是确保借款人把偿还贷款本息而不是其他需要设为支付的最高优先级。只有在以下情况下，贷款还款才会在借款人的支付清单中排在优先的位置。

这笔贷款将用于某项具体的创收活动，由于审慎且恰当的贷款额度管理，该项创收活动有能力创造足够的收入和现金流，并且在偿还贷款后仍能为借款人实现合理的留存收益。

- 这笔贷款被借款人视为逐步摆脱贫困的"门票"或其经营发展的关键支持。
- 借款人明白，只有按时还款才能获得更有利的贷款条件。
- 贷款人与借款人之间保持密切联系，前者对后者实施持续监督。
- 贷款人在借款人的心目中树立了真正关心借款人经营发展状况的普惠金融服务提供者的正面形象。

以上几个要点构建了小微信贷的最佳实践基础。

累计逾期至一定程度即为违约

回到逾期与实际违约的讨论，如果一个小微借款人的经济状况出现恶化，其流动性将随之恶化，进而出现更频繁和更持久的逾期。当这种状况持续恶化直至逾期累计达到了某种程度（如N个月的分期还款额），这个逾期将不再只是表明信用风险增加的预警信号，而是认定违约已实际发生的标志。

认定为实际违约的逾期门槛一般为60~180天，即当借款人逾期达到60~180天时，即可宣布其违约。就每月分期还款而言，这意味着累积了三至六期未付欠款。实际违约的逾期门槛值通常是贷款人认定的某个临界时间点，在该点之后借款人的信贷业务已不再盈利。认定违约后，贷款人将向借款人发出贷款合同违约告知函，并将其贷款账户移交给专门的清收部门。违约后，贷款人最重要的目标是尽可能将损失降至最低，通过担保人及其他催收措施从借款人处获得尽可能多的补偿。违约贷款也被称为不良贷款，可进一步分为逾期贷款、呆滞贷款和呆账贷款。其中，逾期贷款指贷款合同约定到期但未能偿还本息的贷款；呆滞贷款是逾期超过规定时限以上仍未归还，以及虽未逾期或逾期不满规定时限但业务经营已终止导致已停止支付本息的贷款；呆账贷款是借款人或担保人依法宣告破产并进行清偿后未能还清的贷款。将不良贷款控制在尽可能低的水平是商业银行及小微金融机构风险控制的首要目标。

由此可知，了解可能造成小微借款人停止履行其贷款义务的原因，是小微信贷风险管理的关键。持续履行合同义务需要借款人同时具备还款意愿和还款能力，二者缺一不可。对于收入较低或处于贫困状态下的小微借款人而言，其还款意愿和还款能力往往相互交织、难以区分。

<small>小微企业信贷违约的驱动因素</small>

对于小微借款人而言，还款能力是个相对概念。因为他们在履行贷款合同规定的本息偿还义务的同时，还需要负担很多其他开支，此外还有生意和家庭层面的应急现金储备需求。没有哪个小微借款人具备绝对的还款能力，即在优先满足了所有经营和家庭开支需求后，仍有足够的现金用于偿还贷款本息。实际上，借款人的还款能力几乎总是取决于还款意愿，即遵循牺牲和权衡原则将偿还贷款本息置于其他竞争性需要和欲望的地位之前。因此，在评估消费信贷以及小微信贷风险时，借款人的道德品质是一个关键要素。良好的道德操守可以确保借款人即便在面对部分个人牺牲的情况下也能坚持还款。

<small>还款能力与还款意愿</small>

在信贷调查和决策过程中，我们通常会尝试通过许多替代指标来评估借款人的还款意愿。这些指标主要集中在衡量借款人的生活环境稳定性和责任担当层面，如婚姻状况、子女、性别、经营或居住所在地年限等。拥有固定资产（土地、住房）、固定电话号码（而不是经常更换）同样也都是负责任、行为自律的表现。在信贷调查过程中，我们经常会问借款人居住的是自有房屋还是租用房屋。我们的主要关注点并不是其房产作为抵押物的变现价值，因为在不同国家和地区，房产作为抵押物受一系列法律和房产质量属性的限制，很多房产是不具备抵押价值的。然而，如果一个贫穷的家庭拥有他们自建的简陋住所，即便该住所没有什么经济价值，至少这也表现了该家庭的勤劳、自律、自尊、责任感和对更美好生活的渴望。这些都是借款人诚实可靠的良好品格与行为的预测指标。

小微信贷的最佳实践不仅限于掌握这些道德品质指标，还包括培养借款人进行自发还款意愿。可以通过对借款人进行金融知识普及教育，向借款人解释自身的权利和义务，使其理解信贷成本以及如何有效利用贷款。金融知识普及教育还应使借款人认识到陷入债务螺旋的危害，以及一个负责任的借款人应当具有的信贷观。此外，培养借款人还款纪律性的一个关键要点，是使其明确未来融资渠道存在可能被切断的威胁，即其逾期及违约行为将被报告给征信部门从而影响其信用记录，而不良的征信记录将使借款人在未来很长一段时间内无法从任何地方获得贷款。

在某些情况下，借款人逾期并不是由于还款能力的问题，而是主观故意甚至从未打算支付——当然这就构成了信贷欺诈行为。当一个急需用钱的人不惜一切代价要获得一笔贷款时,需要特别警惕其是否涉嫌欺诈。有时甚至会出现有组织的信贷欺诈活动(如犯罪团伙安排团伙成员骗贷)或有金融机构中工作人员参与的内外勾结性信贷欺诈行为。由借款人或贷款人工作人员欺诈或故意不遵守金融机构信贷政策和流程的行为而造成贷款损失的风险严格意义上不属于信用风险,而属于操作风险。

2. 信用风险管理

2.1 小微信贷管理流程

我们可将信贷管理流程笼统地分为贷前、贷中和贷后风险管理。

贷前 有效的信用风险管理需从审慎挑选借款人开始,在信贷决策前尽早介入并进行预先干预。贷前风险管理包括借款人调查、财务报表分析、征信报告查询、研究外部和内部评级和评分结果等。这些都是通过评估借款人还款意愿和还款能力从而挑选出良好借款人的常用工具。

在部分发展中及新兴市场国家的小微信贷中,借款人信息的缺失是贷前风险管理面临的主要挑战。其表现形式包括:官方征信记录不存在或不全面;借款人财务报表不可信或不可核实,且通常存在多种版本(即给税务机关的无盈利版本、给银行的夸大盈利版本和给企业所有者自用的真实版本)。

针对这些问题,在过去30余年的小微信贷发展过程中逐渐形成了一系列信贷风险管理流程和措施,它们构成了小微信贷风险管理的第一道防线。这些流程和措施旨在识别并消除欺诈(操作风险),预防冲动性借贷(如为激进的投机活动提供贷款),评估真实财务状况和还款能力,并通过道德操守判断还款意愿。以下是小微金融机构为了从源头上管理信用风险而采取的一些常用贷前措施。

- 先存后贷:在申请贷款前,首先要求未来的借款人先进行一段时间的分期存款。其主要目的是证明未来借款人现金流的稳定性,防止冲动借款,过滤欺诈者。
- 小组联保:将借款人组织成相互了解、相互信任的互助团体,彼此为借款提供担保。这是著名的格莱珉银行模型,我们将在下一单元关于小微信贷技术分类的讨论中对其进行具体介绍。
- 人品调查:要求借款人提供推荐信,通过向其邻里和社区长者询问借款人的声誉和品格,来淘汰不可靠的、有不良嗜好和行为不端的人。
- 家访:对借款人的家访是一个绝佳的机会,可以验证其生活方式是否符合所披露的财务状况,判断被赡养人的数量以及家庭开支是否属实等。
- 经营场所现场调查:检查借款人业务经营活动和场所,包括突访。小微客户经理可利用现场调查的机会,通过查看借款人会计凭证、清点现金、盘点存货等方式检验其实际业务经营和现金流量情况。
- 信用查询:审查借款人(包括联名借款人、担保人)征信报告。如果是重复借款人，检查之前的还款表现和逾期情况。过去的不良还款记录通常是未来问题的有力预测指标。

• **四眼原则**：在进行信贷决策前，由其他同事复审借款人的贷款申请并给出第二意见。

在小微借款人的贷款期内，很少有履行了各项支付义务后仍留下大量现金的月份。即使现金储备充裕，借款人也应严格遵守支付的优先次序。因此，在贷前调查中需特别关注借款人的相对还款能力，即在现金紧缺的情况下，牺牲部分竞争性需求开支而优先偿还贷款本息的意愿。在评估小微贷款人的还款能力时，要求其具备3倍或2.5倍的现金流偿债备付率通常是过于奢侈的。和现金流充裕度相比，我们更关注每月偿还本息的现金流波动程度和脆弱程度。小微企业的现金流总是很紧张的，但其家庭开支预算是否务实？如果市场需求突然变化，其业务经营会不会受到严重影响？如果业务经营遇到问题，借款人是否还有其他收入来源助其渡过难关？这些问题的答案可能会使一个原本还款表现良好的小微借款人，在艰难的处境中逐渐放弃对偿还贷款本息优先级的坚守，最终造成信贷违约。因此，这些问题构成了信贷决策的关键依据。在此基础上，贷中风险管理通常指的是贷款审查职能人员对客户经理提供的资料进行核实评价，并提出审核意见，也包括对拟签订的借款合同和担保合同的完整性、合法性、合规性进行书面审查。小微金融机构的常见贷中风险管理措施还包括：

贷中

• **审批权限**：按照机构（如支行、分行、总行）和职务（如初级、中级、高级、主管等）等级、金额和风险类别分配不同的贷款审批限额。通常，在支、分、总行层面均设立了相应的信贷审批委员会，使审批程序标准化、规范化。而客观的信贷风险分类则可以通过内部或外部的评分或评级来实现。

• **随机抽检**：上级信贷主管经常对下级审批权限内批准的贷款进行随机核查，以规避操作风险。

小微借款人的经营情况往往是相当不稳定的，容易受到突发性事件的影响。因此，发放贷款后的持续监控非常重要。信用风险管理的初学者可能会问："贷款已经发放了，我们还能做什么呢？该做的我们已经都做了。借款人能否按期还款，我们只能拭目以待。监控又能对违约概率产生怎样的影响呢？"

贷后

贷后监控活动的主要目的是：（1）使借款人保持持续的还款意愿；（2）尽早发现可能威胁借款人还款能力的财务状况恶化迹象。大多数人都会马上想到第二个目标，但实际上第一个目标同样甚至更加重要。对借款人的贷后监控活动不应是隐性的（如远程暗中监控），而应是显性的（如通过拨打借款人的电话保持直接联系、定期或不定期的现场拜访）。在此过程中，我们将了解借款人业务经营情况如何，个人生活中是否出现了新的风险因素等。最重要的是，这会让借款人知道我们一直在关注他们的贷后表现。我们需要让借款人认识到，如果贷款出现逾期，不仅会使其客户经理本人失望，影响借款人和贷款人之间的良好合作关系，而且会带来严重后果和额外成本。贷后监控是为了确保借款人即便在资金紧张的情况下，也会将偿还贷款本息排在第一位。

回到第二个监测目标。如果贷后监控拜访中发现了借款人业务经营中不断恶化的财务状况、个人及家庭开支突然激增或过度举债的迹象，我们就要警惕了，不应该再向该借款人提供额外的贷款。这说起来很容易，但要在实践中把握好尺度并不容易。如果这个客户一直以来都是优质借款客户，为其提供一点新的流动性很可能就会帮其渡过危机并使之成为一个永远心存感激的高忠诚度客户。在这种情况下，如果考虑为其提供额外贷款，必须进行最严格的审查并要求其提供额外的优质抵押物以应对日益增加的违约风险。

当发现有风险敞口存在风险后，另一个应对措施是延长贷款还款期限或重新调整还款计划（如暂时减少近期还款金额、提高远期还款金额）。调整还款计划这一行为是存在风险的，如果操作不当，会破坏一直以来精心培养的还款纪律，并可能会使借款人产生一种贷款合同和支付义务可以随意变更的误解。因此，还款计划调整的基本前提是确保借款人真心理解了我们的善意，并保证将忠实地遵守还款计划。同时，还款计划的调整必须严格控制在借款人信贷等级所允许的合理范围之内。

此外，需要警惕调整还款计划这一措施被内部人员滥用。如果相关流程和制度制定得过于宽松，客户经理会倾向于重新调整每一笔逾期贷款的还款计划，从而使其管理的借款客户在系统中重新恢复"健康"状态。显然，在系统中应该自动标识还款计划进行过调整的贷款，此类贷款的客户经理不应获得绩效奖金。

如果借款人同时在多家金融机构均有借款，我们必须格外审慎，防止由于还款计划的调整削弱我们的贷款本息偿付的相对优先地位。在我们调整还款计划降低借款人的近期分期还款额的同时，借款人可能会在我们竞争对手施加的压力下，将挤出来的偿债现金流量用于支付另一笔贷款的本息。我们不想在这里讨论博弈论，但在一个竞争激烈的借贷环境中，很多金融机构恰恰通过此类手段使自己的利益最大化。假如我们采取了卓越的监控措施，比任何其他同行都提前意识到借款人的业务经营的风险，于是我们一边重新调整借款人的还款计划，在降低其近期还款额、提高远期还款额的同时，缩减贷款期限；另一边驱使借款人向另一贷款人申请额外的流动资金贷款。因为该借款人尚无逾期记录，且当前贷款的分期还款额较低，使其看上去具备承担额外贷款的偿债能力，新的贷款申请通常会被贷款人批准。最终，借款人使用其他贷款人的资金偿还了我们的贷款。这就是小微金融机构间"相互残杀"博弈案例。

2.2　小微信贷技术分类

小微信贷技术是针对单笔小微贷款违约风险（即交易风险）的识别、评估、控制、缓释和监控的方法。如图3.3所示，常见的小微信贷技术可分为五个类别，即抵押型信贷模式、小组联保模式、关系型信贷模式、现金流模式和模型化模式。无论哪种模式，它们的最终目的都是通过分析，回答"预期损失＝违约概率×违约风险敞口×违约损失率"的问题，为信贷决策提供建议。

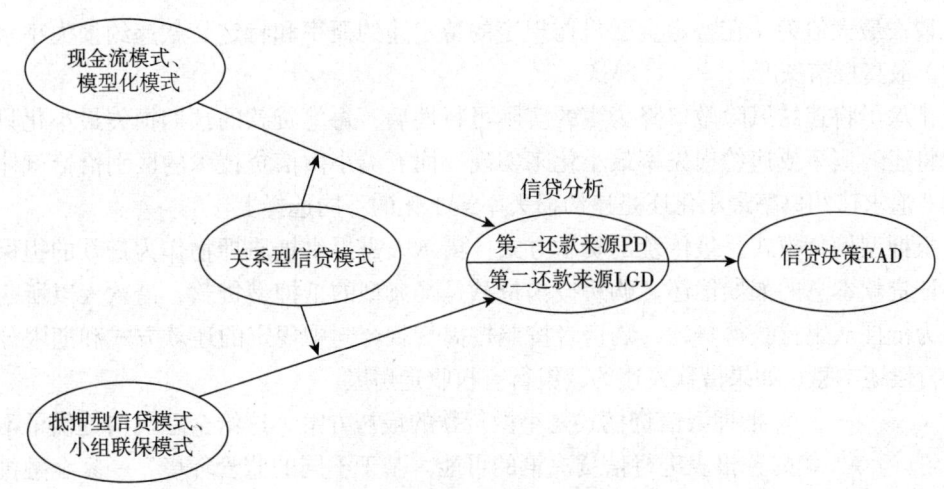

图3.3　小微信贷技术分类模型

在展开分类讨论前，让我们先导入以下3个概念。

> 还款来源是指借款人用于偿还贷款本息的资金来源。
> 第一还款来源指的是借款人的主要生产经营活动，即借款人使用通过生产经营活动产生的现金流量来偿还贷款本息。
> 第二还款来源指的是当借款人贷款违约时可用于偿还贷款本息的资金来源，即通过处置贷款抵押物、质押物或者对贷款担保人进行追索所得到的款项。

根据以上定义，第一还款来源关注的是借款人基于业务经营本身的还款能力和还款意愿，由此决定了贷款违约概率（PD）；第二还款来源考虑的则是在借款人违约发生后，用于保证其贷款的抵质押物的变现能力或担保人的偿债能力以及在此基础之上的违约损失覆盖率，因此第二还款来源决定了贷款违约损失率（LGD）。

信贷决策的目标是将每笔贷款的预期损失（EL）最小化，理论上的最优解是将贷款违约概率、贷款违约损失率和违约分析风险敞口（EAD）均降至零，或至少其中一个要素降为零。其中，违约风险敞口比较微妙，一方面我们希望在发生违约时，该笔贷款的风险敞口越小越好；另一方面由于违约事件本身是不确定的随机变量，我们并不能事先确定某笔贷款的违约情况。如果想事先将违约风险敞口最小化，只能将每笔贷款的风险敞口最小化。这显然与金融机构的展业目标和市场份额最大化的要求是矛盾的，因此在实践中对违约风险敞口的追求目标不是最小化，而是最优化，即在尽可能扩大业务规模（即贷款组合风险敞口）的同时，控制违约风险敞口。这通常是通过限额管理来实现的，即金融机构根据自身风险偏好，在不同违约概率和贷款违约损失率水平下制定最高单笔贷款授信额度限制。由此，在信贷决策中，单笔贷款额度（即风险敞口）实际上是预期违约概率和贷款违约损失率的函数，最小值为零，即拒绝贷款申请；最大值为（在特定金融机构规定的特定违约概率和特定贷款违约损失率水平下的）最高授信额度。

排除了将违约风险敞口降为零的实际可行性后，每笔贷款的预期损失最小化只能通过将违约概率或违约损失率最小化来实现。而五类小微信贷技术的区别恰恰就体现在其对追求违约概率最小化还是违约损失率最小化的不同选择上。

抵押型信贷模式是最传统的贷款方式，借款人需提供抵质押物作为贷款的担保，以保证贷款本息的如期偿还。购房按揭贷款是最典型的抵押型贷款，借款人以所购住房作为抵押从银行获得贷款，购房者按照按揭贷款合同中规定的还款方式和期限分期向银行偿还本息。如果借款人违约，银行有权收走房屋。

抵押型信贷模式：难题的起点

抵押型信贷模式是小微贷款的最初方案，这给金融机构提供了不依赖财务报表进行信贷决策的可能。基于不同的监管环境，一家金融机构可能选择专门基于抵押物（如土地和房产）的信贷业务模式，根据抵押物价值发放贷款。这类金融机构通常也需要检查借款人的财务数据，但这些数据大多被认为是最低的监管合规要求，而不是信贷决策的依据。但在一些发展中和新兴市场国家，由于其司法体系薄弱，抵质押的注册、评估和执行都是非常困难的。

在抵押型信贷模式下，金融机构会确认每笔贷款的抵押率（即抵押贷款本金利息之和与抵押物估价价值之比）要求，抵押率的高低受借款人违约风险、信用记录、抵押物品种和贷款期限的影响。一般抵押率的高低顺序依次为有价证券（不含股票）、流动资产、房地产、其他固定资产和无形资产，其中房地产的抵押率一般为70%左右。

在抵押型信贷模式下，信贷分析和信贷决策关注的重点是第二还款来源及违约损失率，而不是借款人的第一还款来源及违约概率。所以抵押物价值越高（即抵押率越低），贷款的预期损失就越小。如果借款人无法提供抵押物，只能通过降低违约风险敞口来减少贷款预期损失，因而拒贷（即风险敞口为零）就成了最理性的信贷决策。由于大部分传统商业银行习惯抵押型信贷模式，而大多数小微企业无法提供数量足够且质量合格的抵押物，因此造成了小微企业贷款难的困境。所以，抵押型信贷模式并不是解决小微金融难题的合适方案，反而恰恰是造成这一难题的主要原因。

小组联保贷款模式：微型信贷初体验

小组联保贷款起源于20世纪70年代，以孟加拉国格莱珉银行的农村金融模式而闻名，尤其适用于农村和偏远地区的微贷场景。小组联保贷款模式是初步突破抵押型信贷造成的小微金融困境的有益尝试，由在同一村落或社区内多个相互熟识的借款人构成联保小组，相互为彼此的借款提供担保。通过联保贷款或连带责任贷款，金融机构允许借款人在没有抵押物的情况下获得贷款。因为全体小组成员共同为贷款负责，金融机构可以降低违约损失，赢得更多由于抵押物不足而无法从传统商业银行获得贷款的借款客户。在国际小额信贷运动的背景下，小组联保贷款模式于20世纪90年代初由政府部门、社团组织、研究机构及国际组织引入中国。90年代末至2005年前后，在人民银行的推动下，各地农村信用社系统全面试行并推广小组联保贷款模式，标志着传统金融机构开始涉足小额信贷业务。这种信贷模式尤其适用于农村和偏远地区的微贷场景，因为在这些地区为特定的贷款人办理贷款业务并进行贷后管理的人工成本非常高，通过小组联保贷款模式可以降低单笔贷款的管理成本。同时，联保贷款模式也被用于小企业贷款场景，由若干个小企业自愿组成一个联保联贷小组，联保小组成员之间协商确定授信额度，向金融机构联合申请授信，每个借款人均以多户联保形式为联保小组其他借款人向金融机构申请借款，并对产生的全部债务承担连带责任。

其实小组联保贷款模式本质上是沿用抵押型信贷模式的基本思路并在此基础上的创新尝试，其核心在于将小组成员间达成的联保契约作为人为创建的"抵押替代物"来解决个体借款人无法提供贷款所需抵押物的问题。通过小组成员间的相互支持和压力，培养每个借款人的还款纪律性，保持还款意愿。但小组内的压力也会造成意想不到的负面影响，在某个借款人出现还款困难的时候，其他小组成员出于避免承担联代责任的动机，常会出现过度施压甚至更严重的不当催收行为。更严重的情况是，当某个外部突发事件（如自然灾害、宏观经济环境恶化）导致联保小组中多个借款人同时出现还款困难时，小组成员会倾向于选择共同违约。这种情况也常见于仅为获得贷款而组建的形式上的联保小组中，其成员之间并不存在为彼此承担连带责任的实际意愿，当小组内某个借款人违约时，其他成员均会集体拒绝还款。因此，联保小组模式更适用于由社会或亲缘关系紧密的借款人组成的联保小组且单笔额度小、周期短的微贷场景。没有人愿意长期为其他人的贷款承担责任，尤其是当金融机构要求联保小组中还款表现一直良好的借款人替其他违约的小组成员偿还贷款时，这本身就是对良好借款人的逆向激励。

此外，在很多国家的信贷消费者保护法规中，过度的牵扯个人担保人属于信用滥用行为。在没有穷尽对违约借款人的债务追偿尝试的情况下，要求第三方为其承担偿还债务责任被认为是不当的掠夺性担保实践。这在消费者权益保护法中属于被禁止的不公平合同条款。

小组联保贷款模式的局限性和抵押型信贷模式同理，关注的重点仍是第二还款来源及违约损失率，而不是每个借款人的第一还款来源及违约概率。因此，由于没有抵押物，加之作为抵押替代物的成员间联保机制的自身脆弱性，小组内每个借款人的违约损失率的缩减空间有限，金融机构理性的信贷决策是将单笔贷款风险敞口控制在小组联保机制能够发挥正向激励作用的较小额度范围内。这就是小组联保贷款模式单笔额度无法做大的主要原因。

基于现金流的信贷模式也被称为（广义）现金流分析技术或现金流信贷技术。作为目前世界上最常见的小微信贷模式，现金流信贷技术的核心是通过借款人财务信息与非财务信息（也被称为软信息）的收集、整理和交叉验证，形成可信的财务报表，并通过借款人提供信息的真实度和反映出来的其业务经营所产生的预期偿债能力判断其还款意愿和还款能力。可信的财务报表可能是客户经理在借款人提供的报表基础上通过信息交叉检验修正而得或是在借款人无法提供报表情况下的自编报表。用于分析的修正或自编报表——资产负债表、损益表

> 现金流信贷模式：
> 小微信贷技术突破

和现金流量表(即经营现金流、投资现金流和融资现金流)——可进一步分为历史报表和预算报表。其中,预算报表反映了借款人未来特定时间段(通常是未来一年)内的经营稳定性和偿债能力预期。在政府、国际组织和国际咨询机构的支持下,现金流信贷技术于2005年前后被引入中国,并陆续在一系列城市商业银行和农村商业银行试点落地。其中,德国国际项目咨询公司(IPC)是最早进入中国市场的以推广现金流信贷技术为主要业务的咨询机构代表,所以现金流信贷技术在中国也被称为德国IPC技术或IPC模式。现金流信贷技术在中国的普及推广于2015年前后达到顶峰,大多数中国商业银行在其小微信贷业务中均已或多或少地引入、借鉴或参考了现金流信贷模式、思路、技术或具体做法。在此过程中,也涌现出一批在现金流信贷模式基础上形成自己特有的、成熟的小微业务模式的小微金融机构标杆,如台州银行和泰隆银行等。

与之前两种信贷模式相反,现金流信贷技术关注的重点是借款人的第一还款来源及违约概率,而不是第二还款来源及违约损失率。现金流分析的目标是最大限度保证借款人的预期还款意愿和还款能力,从而将违约概率最小化(理论最小值为零)。理论上来讲,当违约概率为零时,第二还款来源和违约损失率已不重要,风险敞口也可无限大,所以现金流信贷模式的设计目标是用于无抵押物的纯信用类小微企业贷款,且没有贷款额度上的限制。但在实践中,由于金融监管合规和金融机构内部风控规则的要求,小微金融机构普遍将无抵押物的信用类贷款局限在特定单笔额度上限之内(通常为微贷或小贷),且会要求借款人提供第二还款来源层面的抵押替代物(如担保人)用于缓释可能的违约损失;对于额度较大的中小企业贷款,通常还是会要求借款人提供传统的抵押物和担保,因此在信贷决策中实际批准的贷款额度(即分析敞口)会受到第一还款来源和第二还款来源的共同影响。

我们将在本书的第四单元展开对现金流信贷技术的详细介绍并进行讨论。

模型化信贷模式:小微信贷技术的效率突破

模型化信贷模式分为信用评分和信用评级。信用评分源自消费金融领域,基本思路是基于统计评分模型对消费者的个人信用信息进行量化分析,并以分值形式描述其违约概率。信用评分系统被广泛应用于个人信贷、信用卡、保险理赔等金融实践中。通常指信用评级机构基于专家评分模型对不同行业的大中型企业评定其信用等级,也被称为企业信用评级。评级的分析维度包括行业特征、企业特征、经营管理能力、财务状况和偿债能力等,评级的结果通常以字母组合表示(如AAA、AA、B、C等),不同的评级等级对应不同的违约风险水平,其中AAA为最高评级,违约风险最低;C为最低评级,违约风险最高。著名的国际评级机构包括标准普尔(Standard & Poor's)、穆迪投资者服务公司(Moody's)和惠誉国际信用评级公司(Fitch)。随着大数据时代的到来以及小微金融机构对历史客户数据的不断积累,信用评分和信用评级越来越多地应用于小微信贷领域。模型化信贷模式可大大提升信贷分析和决策效率,内置于模型中的决策逻辑也可有效规避操作风险。自2015年以来,随着移动互联网、网络金融、金融科技在中国的爆发性增长与快速发展,模型化信贷模式已经逐渐成为中国重要的小微信贷技术模式。

与现金流信贷技术同理，模型化信贷技术关注的重点同样是借款人的第一还款来源及违约概率，而不是第二还款来源及违约损失率。模型化分析的目标也是最大限度地保证借款人的预期还款意愿和还款能力，从而将违约概率最小化。理论上来讲，当违约概率为零时，第二还款来源和违约损失率已不重要，风险敞口也可无限大，所以模型化信贷模式同样适用于无抵押物的纯信用类小微企业贷款，且没有贷款额度上的限制。但在实践中，由于金融监管合规和金融机构内部风控规则的要求，以及模型化信贷模式在小微信贷领域仍处在早期发展阶段，小微金融机构普遍将模型化信贷分析和决策应用于单笔额度较小的无抵押物的信用类贷款，这些贷款通常属于微贷范畴；在更大额度的小贷及中小企业贷款领域，模型化信贷模式主要作为信贷分析和决策的辅助工具，金融机构还是会要求借款人提供传统的抵押物和担保，因此在决策时实际批准的贷款额度（即分析敞口）会受到第一还款来源和第二还款来源的共同影响。

与现金流分析技术相比，模型化分析最大的优点在于灵活性、可量化及决策效率。灵活性表现为可以将违约概率、违约损失率和违约风险敞口分别作为目标变量建立不同的模型；同时也可以根据不同的决策目的建立不同的模型，如获客模型、审批模型、清收模型等。可量化顾名思义，模型的决策结果不是定性的建议，而是表示具体的概率、金额水平等的量化分值。模型化的决策效率优势体现在信贷管理流程（即获客、借款人调查、信贷分析、信贷决策、贷后监控、清收）的每个阶段。同时，模型内置的决策逻辑是金融机构信贷经验和能力积累的反映，这大大提升了对信贷人员的培训效率。

我们将在本书的第五单元展开对模型化信贷技术的详细介绍并深入讨论。

小微金融机构是小微客群金融服务的主要提供者，良好且紧密的关系对双方都有好处，一方面小微客户能够降低交易成本并得到个性化的服务；另一方面金融机构可以更准确、更全面地了解小微客户的经营发展情况从而更准确地判断其信用风险。大量实证表明，在小微信贷领域，"关系型金融机构"比"交易型金融机构"更有效。与仅关注和客户间的实际金融交易的交易型金融机构不同，关系型金融机构通过投入时间和资源与客户建立并维持长期、良好且紧密的关系和信任。一旦建立起这样的关系和信任，金融机构往往能够更好地了解客户的全貌，如企业所在的行业、企业经营者的管理水平等。关系越密切，可以获得的关于企业经营发展现状和前景的信息就越充分，从而有助于金融机构对其做出更可靠的信用评估。由此可见，金融机构与小微借款人之间良好且紧密的关系对减小信息不对称发挥了重要作用。每一次贷款合同展期都是金融机构对该借款人偿债能力的肯定，以往的交易记录在新的贷款申请时可以发挥信息规模效应。

关系型信贷模式虽然增加了客户关系管理成本，但可以有效提高收集到信息的质量和可靠性，同时可增加金融机构交叉销售量并提高客户满意度和客户黏性。在信贷分析中，信息的质量和可靠性是通过准确判断借款人违约概率和违约损失率得到的，是做出正确信贷决策（即风险敞口）的前提条件。因此，与其他四类小微信贷技术不同，关系型信贷模式并不是独

> 关系型信贷模式：其他小微信贷技术的功效放大器

立的信贷分析技术，而是其他小微信贷分析技术的"调节变量"，即通过关系型信贷提高获得信息的质量和可靠性，放大信贷分析技术的功效，提升信贷决策质量。

需要特别指出的是，关系型信贷模式中的客户关系管理是一个广义概念，它不仅限于客户经理与借款客人之间面对面的直接关系。关系型信贷模式强调的是通过建立关系提高信息质量、客户黏性和交叉销售这一链条，而不是关系的具体表现形式。因此，即使在线上银行这样纯粹的场景下——金融机构与其客户之间并不存在甚至永远不会产生线下关系——同样可以遵循关系型信贷模式理念，通过线上手段建立并保持长期、良好且紧密的关系和信任以实现同样的目标（即提高信息质量、客户黏性和交叉销售）。事实上，更多的小微金融机构会同时提供线下网点和线上金融服务，因此在实践中我们可以观察到越来越多的线上与线下相结合的关系型信贷模式。

> **技术不分优劣，关键需适用**

以上介绍的五类小微信贷模式虽然在某种程度上呈现了小微信贷模式的发展和演化进程，但作为适用于不同场景的不同模式，它们互相之间并没有绝对的优劣之分。国际实践证明，金融机构需根据自身定位、使命、愿景、战略、风险偏好、管理能力及所在市场信贷需求、市场成熟度、竞争环境等诸多因素选择最恰当的小微信贷技术，根据需要灵活调整并混合使用不同的信贷技术。作为当今最主流、最核心的小微信贷技术，现金流信贷模式和模型化信贷模式将作为本书后续讨论的重点。

就现金流分析技术和模型化分析而言，它们的相对适用性受其分析对象（即借款企业）规模和贷款额度的影响。图3.4中展示的各信贷分析技术在不同的借款企业规模和贷款额度情况下的相对适用性曲线并不是精确的函数表述，而是为了便于直观理解的笼统表述。

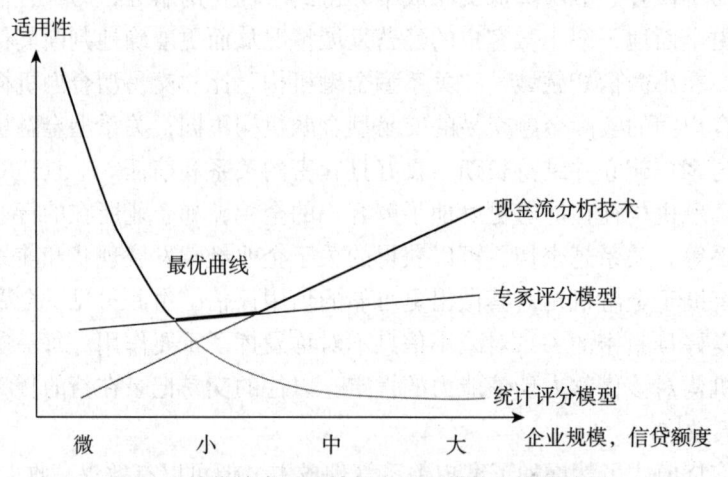

图3.4　信贷技术适用性与企业和贷款规模的关系

> **适用性与规模**

总体而言，现金流分析技术和专家评分模型的适用性随着借款企业规模和贷款额度的增大而提高，统计评分模型的适用性随着借款企业规模和贷款额度的增大而减低。为了实现自身盈利，金融机构在信贷分析和决策过程中需考虑投入产出比,即为分析单笔贷款信用风险而投入的时间和资源与单笔贷款对金融机构的利润贡献之比。如果单笔贷款金额(及借款企业规模)太小,金融机构显然不值得在该信贷的分析和决策上投入过多的时间和资源,相比将单笔信贷分析和决策质量最大化,提高单笔信贷分析和决策效率反而更为重要。相反,当单笔贷款金额(及贷款企业规模)特别大时,金融机构对提高单笔信贷分析和决策质量的时间和资源投入就非常必要了,效率就成了次要目标。因此,在微贷领域,统计评分模型的适用性优势尤其明显,现金流分析技术适用性最低,专家评分模型适用性居于二者之间。在小贷领域,统计评分模型的相对适用性最低,专家评分模型适用性稍高于现金流分析技术适用性,且二者常被结合使用。在中小企业贷款领域,现金流分析技术的适用性最高,专家评分模型次之,统计评分模型最低,现金流分析技术和专家评分模型同样常被结合使用。

此外,信贷技术的相对适用性还取决于金融机构在进行信贷分析和决策时所能获取的信息及数据的数量和质量。数据的数量和质量既包括单笔贷款层面的信息维度,也包括贷款组合层面的机构内历史交易数据和机构外数据。同时,在数据数量和质量一定的情况下,自动化信息收集和处理手段(如线上系统和App等)可以提高信贷分析技术的适用性。图3.5中展示的各信贷分析技术在不同的数据数量和质量情况下的相对适用性曲线仍旧是为了便于直观理解的笼统表述。

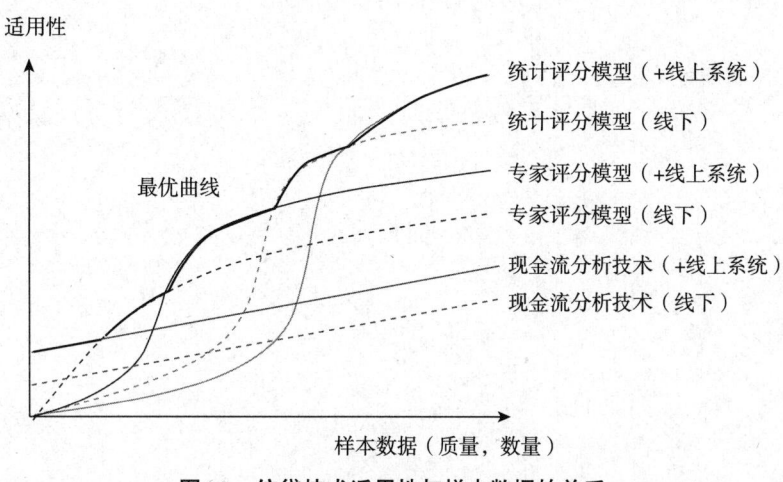

图3.5　信贷技术适用性与样本数据的关系

当可用样本数据极少(或数据质量极低)时,根本无法使用统计评分模型。由于缺少数据支持,专家评分模型的可靠性也会很低。此时,基于自编报表的现金流分析具有最高的适用性。在可用样本数据的数量和质量有所提高后,金融机构可考虑通过自动化信息收集和处理的方法提高现金流信贷模式的效率。当可用样本数据的数量和质量提高到一定程度时,虽然数据仍无法达到建立统计评分模型的要求,但专家评分模型可以发挥模型化的效率优势,通过不断校验积累数据,其可靠性可以达到甚至超过现金流分析技术的水平。在可用样本数据的数量和质量继续提高时，金融机构可考虑通过自动化信息收集和处理的方法提高专家评分模型的效率。当可用样本数据的数量和质量继续提高到一定程度时，便可建立统计评分模型。在统计评分模型的可靠性达到或超过专家评分模型后，自动化信息收集和处理的方法可以使其效率优势更突出，它将凭此成为最适用的信贷分析技术。

综上所述，现金流和模型化分析技术分别适用于不同的场景。作为核心的小微信贷技术，它们是每个小微信贷从业人员必须掌握的基础性工具。我们将在接下来的两个单元逐一展开介绍和讨论。

广义现金流分析技术 | 第四单元 | Chapter Four

1. 广义现金流分析技术的基本原理

好的信贷技术应该以平衡的视角去审视借款人的财务状况，充分考虑影响其业务经营的特定内部和外部因素，并据此判断其信贷风险水平。

由于非财务信息和财务信息的范围太广，而且通常互不相关，只进行一两次现场调查无法识别出所有的风险因素。毫无疑问，不会有两家完全相同的借款企业。在不同的市场，企业的资源配备和运作模式不尽相同，其经营管理者的能力也有所差异。小微金融机构必须接受现实——从小微企业获得的信息会出现失真，而这会增加对企业进行可靠评估的难度。对此，小微金融机构通常借助关系型信贷模式来缓解，即客户经理通过与借款企业建立密切的关系来得到更高质量的企业信息。

获得生存发展所需的必要资金是企业——特别是那些无法提供抵押物或自有资金的小微企业面临的一个主要问题。对于初创公司和那些需要大量贷款的、处于快速上升期的小微企业而言，资金问题则更为突出。

就信贷风险而言，企业的破产无疑是最大的风险引爆点，这既可以是非财务方面的问题导致的，也可以是财务方面的问题导致的。非财务方面的风险可进一步分为企业内部因素和外部因素两大方面。其中，内部因素主要是管理能力的欠缺，如缺乏销售和财务的计划与控制方面的能力。外部因素则指所有可能影响企业经营发展的外在条件，如经济环境的变化、政府干涉、税率水平和利率水平。财务方面的风险是指资金不足引起的各种问题，如缺乏资本（特别是流动资金和不恰当的高债务率）。

企业的规模也会影响自身的生存概率。特别是小微企业，由于在市场上的影响力不足，其抵抗风险的能力非常薄弱。企业的规模问题还表现在有限的产品种类和市场份额方面，它们都会在对企业收入造成负面影响的同时引发一系列问题。

首先，小微企业可能由于无法实现"规模经济"而遭受损失。在小微企业所处的行业内，由于缺乏资本投资以及较小规模的目标市场，它们不太可能实现规模经济。与可发挥规模经济优势的大中型企业相比，规模是小微企业天然的竞争劣势。但如果能够找到一个不存在规模经济的细分市场，或者抓住一个大中型企业还未形成或有效利用其规模经济优势的市场时机，小微企业同样能够取得成功。

其次，小微企业可能会因为没有实现"范围经济"，即缺乏提供产品组合或在各种市场平行运营的能力而遭受损失。范围经济带来的效益来自资本利用率的提高和产能过剩的减少，如通过同样的机器上生产不同的产品，对运输工具的共享或对相似的市场知识的应用等。

此外，雇员规模的限制则会导致企业缺少专业的管理人员，进而缺乏识别与把握机会以及在困境中做出正确决策的能力。雇员规模限制的另一种表现形式是缺少客观可信的财务信息。面对各式各样的内外部影响因素，拥有一个能够制定长远企业战略的经营管理团队对企业来说非常重要。管理能力是问题的关键所在，在管理团队能力配备不平衡的企业中，管理层通常缺乏一些关键能力，尤其是财务管理能力。所以这些企业经常在它们财务能力的范围之外进行经营活动，往往过度举债。除此之外，小微企业管理层缺乏的管理能力还包括在信贷融资规划、流动资金管理、税务管理、营销规划和人力资源管理等方面的能力。同时，企业的经营年限也与破产风险高度相关，企业生存的年限越长，规模往往会越大，能够积累更多的经验去应对突发事件，从而为进一步的生存发展带来更多的正面影响。国际实践表明，大多数小微企业的倒闭发生在经营的前3年内。这意味着在对小微企业进行风险分析时，应该仔细考虑企业的经营年限以及（与其竞争者相比的）规模，并判断它们是否具备竞争所必需的规模、范围和能力。

对于小微金融机构而言，大多数的小微借款企业的经营管理不太规范，可用的财务信息很少甚至没有，企业的软信息以及借款人的品行在有效信息中占主导地位。因此，小微信贷评估的两个基本维度就是客户的还款意愿和还款能力。

<u>还款意愿</u>

在分析小微企业时，往往需要将其还款意愿放在第一位，它与道德风险及品行风险密切相关。很多情况下，还款意愿往往比还款能力更重要。既然首先关注的是信贷风险的评估以确定贷款偿还的可能性，而不是依赖于第二还款来源，我们就应把贷款发放给那些愿意偿还贷款的借款人。

评价借款人还款意愿的首要依据是其在整个金融系统中有据可查的信息。例如，在国内，金融机构一般需要查询来自人民银行系统的个人及企业征信报告。此外，为了解借款人一贯的付款态度和习惯，金融机构还应询问第三方，如来自其供应商或同行的评价。对于微型企业或个体经营者，建议向其邻居询问其个人和家庭情况。还款意愿更进一步的分析指标还包括其他公开性信息以及借款人所提供的第二还款来源的情况（企业或个人担保、抵押物等）。关于真实性检验（也通常被称为交叉检验）的部分（本单元第3节）则将进一步介绍如何判断借款人的还款意愿并还原能够反映其实际状况的真实信息。

<u>还款能力</u>

为了评判借款人的还款能力，我们需要掌握可靠的财务数据。由于很多小微企业可能不会或无法提供公开及内部的财务报表，这些财务报表通常需要由客户经理准备并核实。此外，即使小微企业可以提供财务报表，也往往同时存在多个版本——有的是给工商部门的，有的是给税务机构的，有的是给金融机构的，有的则是用于企业内部管理的。获得能够反映企业实际情况的最真实有效的财务报表是评价其还款能力的重点。不仅是财务信息需要反复审查，我们更应注意收集与研判对借款人企业成败起决定性作用的内外部因素信息，并将其作为判断还款能力的进一步依据。

我们把需要检查的信息分为财务信息和非财务信息。这两个维度的信息是存在某些内在联系的，可以对这些内在关系进行分析。非财务信息可以帮助我们解释所有无法在财务报表中明确体现的真实财务信息。非财务信息在分析非财务风险以及财务报表方面均发挥着非常重要的作用。财务信息指的是所有财务报表中呈现出来的信息，包括资产负债表、损益表和现金流量表（的历史数据以及预测数据）。当我们评估某个具体借款人的信贷风险时，需根据这两类信息得出最终决策结论。此外，无论是非财务信息还是财务信息，都需要对其进行交叉检验，分析并评估其可信度。

如图4.1所示，我们把非财务信息分成5个子维度（图4.1的上半部分），即借款人的历史和品行、业务周期和动态、市场及行业、组织管理、政策及监管环境。

非财务信息

由于在新兴市场获取可靠的信贷历史数据通常有一定难度，小微金融机构需要依据对借款人品行的评价来确定其还款意愿。此外，了解借款企业是如何从初创期成长起来的也非常重要。这不仅能够帮助我们通过理解企业成长的模式及态势来解释其当前的资金需求，而且可以为之后对企业财务信息的真实性检验提供进一步的信息支持。

如果我们了解企业内在的业务经营动态，包括生产周期的长度、资产结构、仓储能力和供应链管理等，就可以识别潜在风险，并判断其信贷需求是否合理。

此外，一家企业的健康发展不仅取决于自身能力和优势，还受其所在市场大环境的影响。在这个大环境下，可能存在众多企业争夺稀有资源的情况。因此，我们需要剖析企业所处的环境以及所在市场的参与者，以判断企业的当前状况和前景。

检查企业的所有权结构同样非常重要，它可以帮助我们了解该借款企业与其他企业之间的关联关系。股东是进一步融资的潜在来源，但是在很多小微企业中，股东同样也可能使企业陷入危险。如果多个股东对企业的发展没有达成一致意见，就会给企业带来潜在风险。如果股东为了支持其他生意而突然撤资，这可能会使企业陷入经营危机。随着企业的发展，企业的内部控制需相应增强，组织架构也需要进一步规范。

同样需要注意的是，企业必须遵守的相关法律法规也可能出现变化和调整。法律法规环境为企业经营提供了基本的外部框架，这一外部框架的变化可能会给企业带来新的机遇或风险。所以，在小微信贷风险评估中，需充分考虑借款人所处法律法规环境的稳定性。

财务分析可划分成对资产负债表、损益表以及现金流量表三个方面的分析。在分析小微企业信贷风险的时候，我们不仅必须考虑和分析每一个独立的报表，而且要将三个表结合起来进行交叉检验及研判，把控信贷风险。

资产负债表左边显示了一家企业的流动资产和固定资产，右边显示了企业的融资来源（短期负债和长期负债）和所有者权益。损益表展现了一家企业在一个特定时间段内（通常为一年）的营业额、销货成本和各项费用（包括利息、缴纳的税款）及净利润。现金流量表则分成三个部分：经营现金流、投资现金流和融资现金流。需要特别注意的是，产生营业额并不一定意味着有现金流流入企业（如应收账款），而产生销货成本也不一定意味着有流出企业的现金流（如应付账款）。因为现金流量表的编制原则是收付实现制，而损益表则是权责发生制，所以销售日期与付款日期之间产生的时间差就产生了融资需求，如果这一需求没有得到满足，就会导致企业的流动性不足。

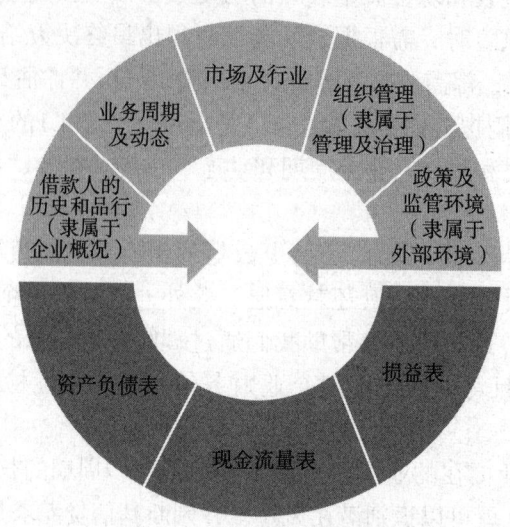

图4.1 小微企业信用风险评估信息维度

与传统财务分析相比，在采取广义现金流分析技术对财务信息进行分析的过程中，小微企业提供的财务信息很可能是不够的、不完整的或不能被直接采信的，我们需要自己去获取有效的财务信息，并据此自建或重塑财务报表。由此，基于广义现金流分析技术的信贷评估流程主要可分为以下三个阶段，分别对应本单元接下来的三节内容。

<small>与传统财务分析的区别</small>

阶段1（信息的收集和理解，即非财务信息分析）：该阶段聚焦对非财务信息的搜集、检查和评估。图4.2中两个面对面的箭头的含义是，对于任何一个关键事实，我们均需要通过比较两个以上的不同信息源来进行验证。

阶段2（信息的验证，即一级与二级交叉检验）：通过对非财务信息和财务信息进行交叉检验来确定财务信息的可信度。我们可以通过非财务信息检验某个特定的会计科目，例如，一个特定时间段内的（损益表及现金流表中的）总销售额可以由该时间段内的总出货量乘以平均销售价格得出。同时，两个会计科目之间的关系也可以通过非财务信息得到验证，例如，我们可以验证一个特定时间段中总销售额（财务信息）和当前应收账款（财务信息）之间的关系是否符合其贸易条件（非财务信息）。

阶段3（报表重塑与财务分析）：通过前面两个阶段搜集到的财务及非财务信息来核实财务报表的真实性，并对财务报表开展财务分析及预测，据此给出信贷风险评估意见及信贷决策建议。

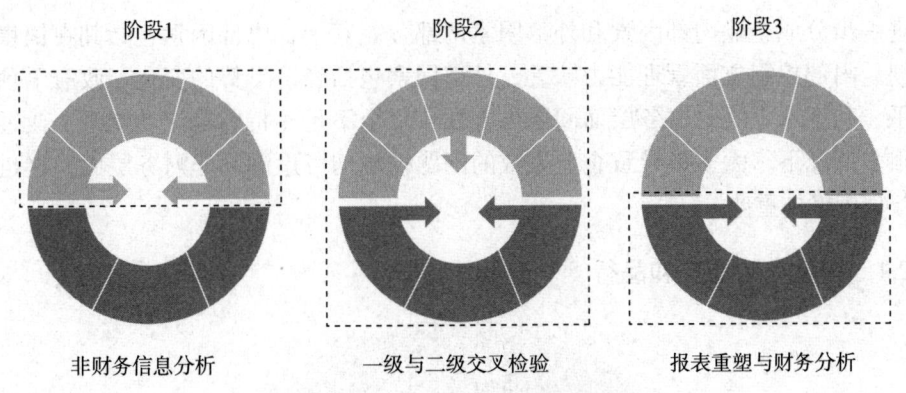

图4.2 广义现金流分析三步法

2. 信息的搜集和理解

本节的目的是强调非财务分析的重要性,就小微信贷评估而言,非财务分析至少与财务分析同等重要。由于小微企业提供的财务信息往往不可被直接采信,因此非财务分析对理解其实际经营情况和潜在风险具有重大意义。如图4.3所示,随着企业规模的扩大,财务信息的可信性不断提高,进而可以更少地依赖非财务信息。在实践中,很多小微金融机构在信贷评估过程中对非财务信息分析的投入不足。大多数人即使知道小微企业的财务报表不够可信,却还是将多数时间用在财务分析上。

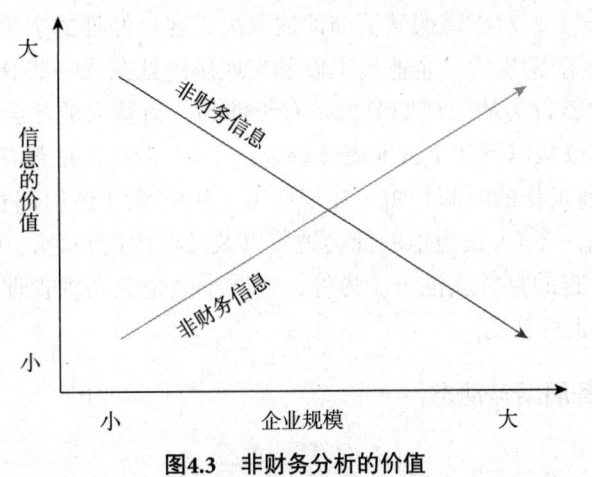

图4.3 非财务分析的价值

我们将介绍一系列企业分析框架,并讨论什么样的方法更适用于分析小微企业。可能导致企业破产并留下坏账的原因多种多样,其中最重要的是运营和战略管理方面的失败。运营管理方面的问题主要包括成本核算、定价、规划和融资管理等,而战略管理方面的问题包括产品是否有市场、竞争力如何、是否过度依赖少数关键客户等。从更广的角度看,宏观经济因素也非常重要。宏观经济问题包括利率水平、政治经济环境的改变等。

小微企业失败的诱因多种多样,也可分为非财务和财务两个层面。非财务层面可以进一步分成企业内部因素和外部因素两部分。其中，内部因素包括其在销售、财务计划、内部控制方面管理能力缺乏，外部因素包括经济形势的变化、政府干预、税率水平、利率水平等。财务层面问题可能源自资金不足（特别是流动资金）或过度举债。很多情况下，大多数导致企业失败的问题根源均可追溯到非财务层面，这也使得非财务分析格外重要。

2.1 借款人的历史和品行

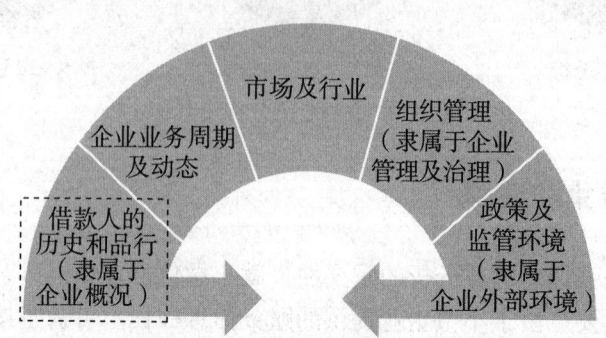

图4.4　非财务信息维度1

小微企业贷款会面临一系列的风险，而这些风险可以影响或者削弱小微企业的还款能力。

诚信风险　诚信风险是反映借款人意图和信誉情况的最基本风险维度。在某种程度上，对于道德诚信的评估取决于客户经理的主观判断。除了从供应商、金融机构、企业员工以及当地居民处获取一些有价值的信息外，了解小微企业以往付款行为的习惯细节也是有帮助的。借款人的社会稳定性也会影响其违约概率。具体可以从以下几个方面展开调查：（1）借款人是否有很好的家庭责任意识；（2）从事当前工作的时间长短、在现址（工作/经营）的时间长短；（3）是否具备一定的从业资质；（4）在当地的社会地位以及社区内的角色；（5）在本机构或其他金融机构有据可查的存贷款记录。另外，查看小微企业高级管理者的教育背景和从业经历等相关信息也有帮助。

2.2 企业业务周期与动态

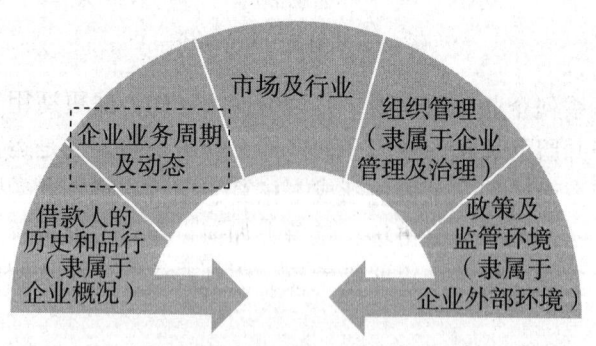

图4.5　非财务信息维度2

任何一项新的产品或服务基本上都有其结构清晰的生命周期（见图4.6），它由五个阶段组成，即发展期、增长期、震荡成熟期、饱和期和衰落期。

发展期指的是产品（或服务）的开发、测试并且在市场上进行试点的过程。这是新的产品（或服务）的引入阶段，通常选择有限的测试市场来获得市场反馈并积累经验，再对产品进行必要的调整，以更好地适应市场需求。这个阶段的风险在于企业开发该产品（或服务）的决定可能是错误的，该产品（或服务）没有（足够的）市场，或者该产品（或服务）的某些方面（如价格、属性、可靠性）不符合市场需求。

发展期

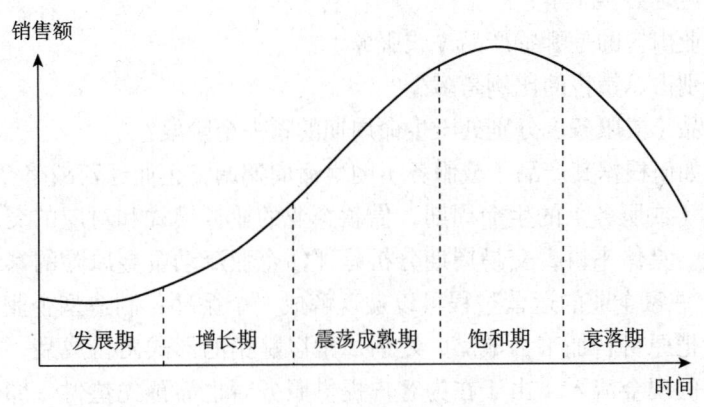

图4.6 产品（服务）生命周期

一旦产品（或服务）成功进入了市场，它通常会占据相对较小的市场份额。此时销售量虽然不高，但可能增长得非常快。为了占领新市场，企业必须在研发、宣传等方面投入更多的资金。在这个阶段，因为新引入产品（或服务）的收益很低，亏损是很正常的。风险集中在对市场需求的判断和额外开发生产能力的决策上。如果企业过度提高生产能力，可能会出现昂贵的设备没有得到有效使用的问题；如果企业的生产能力不足，又可能出现无法满足客户需求的问题，从而失去业务机会。

当产品（或服务）研发成功后，它们就进入（快速）增长阶段。在这个阶段，销售所产生的收入以及市场份额都开始大幅增加，企业必须将赢得额外的市场份额放在战略首位。因此，资金必须大量投入广告和市场营销等方面，所以即使存在利润也不会太高。成功的产品（或服务）也可能会引起那些想要进入该市场并提供替代产品（或服务）的竞争对手的注意。

增长期

在震荡成熟期，产品（或服务）可能已经赢得了相对较大的市场份额，市场增长速度已经开始下降。然而，由于这些具有较高销量和较大名气的产品（或服务）几乎不需要任何新的投资便可以为企业带来较高的利润，因此这些利润应被投入后续产品的开发上。管理上的挑战是如何优化产品（或服务）特性，以及如何严格控制该产品（或服务）的成本。成熟的产品（或服务）也通常能为企业带来很多现金。

震荡成熟期

饱和期

在饱和阶段，多数或全部潜在客户已经购买过该产品（或服务），未来的销售依赖于产品（或服务）的更新迭代。虽然现有产品（或服务）的销货成本较低，但其销售数量也开始下降。只有当升级产品（或服务）的新附加特性足以说服现有客户去购买时，才有可能增加销售量。

衰落期

最后，市场份额和增长率都下降了。随着市场逐渐饱和，产品（或服务）的吸引力也逐渐降低。新的产品（或服务）开始受到人们的注意。销售不断下降甚至可能停滞，直到产品（或服务）完全消失。企业管理层应该将精力和资源投入后续产品（或服务）的开发。

小微客户经理必须了解：

- 借款企业出售的是哪些产品（或服务）？
- 它们分别占总销售的比例是多少？
- 这些产品（或服务）分别处于生命周期的哪一个阶段？
- 管理层如何根据其产品（或服务）的生命周期调整企业经营战略？

除了产品（或服务）的生命周期，借款企业的业务模式和对应的交易周期也会影响其信贷风险。具体来讲，交易周期分析是评估企业流动资金风险的系统性的工具。如图4.7所示，一家企业的运营过程可以被理解成一个循环：制造型企业支出现金购买原材料，然后把原材料加工为成品，之后通常以赊销的形式出售成品，最终客户支付账单并产生新的现金流入。由于在为客户提供服务时也需预先垫付一部分要素投入，这个交易循环对于服务型企业也是类似的。

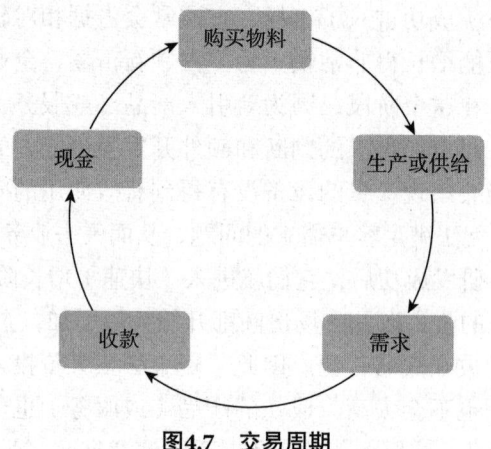

图4.7 交易周期

小微客户经理可以尽量收集借款企业交易周期中每个环节的信息，用于判断其是否存在优势或弱势。

需求环节：

- 客户集中度如何？对主要销售客户以及地理区域的划分可以帮助识别影响未来持续性销售的风险。

- 如何证明该企业的产品或服务有足够的市场需求？有市场分析报告或订单记录吗？销售计划不应基于过于乐观的估计。

生产环节：
- 该企业的效率怎么样？
- 有哪些衡量生产力的要素？在过去的几年里，这些要素是否以及怎样得到提高？
- 对未来生产能力的规划是什么样的？

供给环节：
- 该企业的供应商的实力和竞争性怎么样？
- 该企业是否依赖单个主要供应商？如果现在的供应商停止供货，是否有其他供应商可替代？
- 企业的物流效率怎么样？

回款环节：
- 可以通过检查票据判断企业短期应收账款的回收率情况。
- 财务风险：主要问题是企业是否有能力兑现其财务承诺。

综上所述，交易周期对流动资金管理至关重要。虽然基于现金现货交易模式的企业没有回款风险，但更多小微企业的采购都是基于赊销交易模式。因此，小微客户经理在调查借款企业业务周期风险时需考虑以下方面：
- 谁是该企业的客户？这些客户的可信度如何？
- 企业提供了何种赊销条件？使用了何种赊销管理和现金回收流程？
- 哪些因素可能会导致其客户不付款？
- 销售和会计部门能有效地控制应收账款吗？成本如何？他们有处理账款清收所需的资源吗？
- 这些应收账款是否有投保以应对可能的损失？
- 一旦出现坏账，企业可用的准备金水平如何？
- 企业现金流的可持续性怎么样？

企业可以通过保付代理的方式将应收账款折价出售并立即转化为现金，但保付代理业务也有其规模、行业等门槛限制，并不适用于所有小微企业。

2.3 市场及行业

哈佛商学院的教授迈克尔·波特创立了一种企业分析模式，即波特五力模型。一家企业创造资本收益的能力受到五种市场力量相对强度的影响，这些力量结合起来越强，企业的资本收益率就越低。如图4.9所示，这些来自市场的外部力量分别为既有同业竞争程度、新入同业的威胁、供应商的议价能力、客户的议价能力、替代品的威胁程度。这些力量的相对强度决定了一个行业的利润潜力。每个行业都有其基本结构、技术、经济的特征，因而产生行业特有的竞争作用力组合。

> 波特五力模型

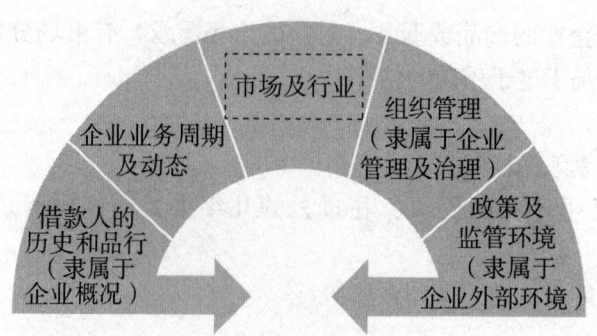

图4.8 非财务信息维度3

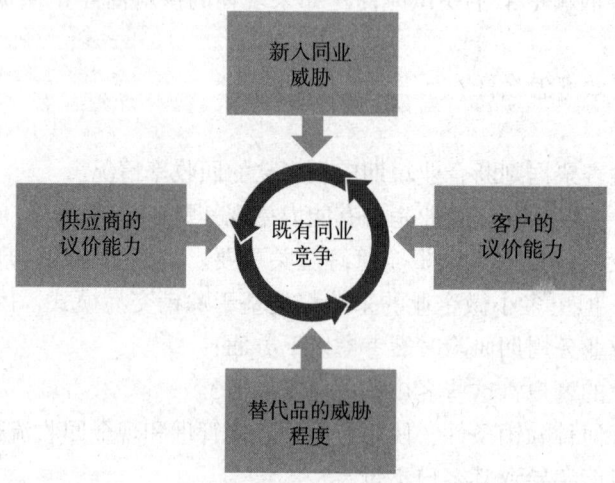

图4.9 波特五力模型

既有同业竞争　　小微企业所在行业的竞争环境可以呈现风险或者提供机会。谁是该企业的主要竞争者，它们的比较优势是什么？该市场正在成长还是在萎缩？该行业内成本的变动情况怎样？在该行业内提升市场份额的可能性如何？在一个受到严格监管并且同业竞争较强的市场中，生产的商品或提供的服务的价格有被相互压低的可能性。小微客户经理应该了解借款企业现有竞争者的数量、所在行业的增长率以及一些业内常用指标（如固定成本占比）。

新入同业威胁　　新的竞争者进入市场可能对小微企业构成威胁，但这个可能性取决于该市场的进入壁垒。一方面，进入一个复杂行业（如化工行业）的障碍是相对较高的，考虑进入该行业并且取得成功需要一定的专业技术知识水平和先进的加工设备。此外，建立这样的企业通常需要特殊许可证。另一方面，一些简单行业的准入门槛较低，成立企业也相对容易（如理发店、杂货店）。对于这类企业，获取必要的技能和设备也是相对容易的。

在某些行业中，只有在大中型企业形成规模经济甚至进入该行业之前，小微企业才可能取得成功。一旦大中型企业纷纷进入该行业，小微企业的发展机会及市场空间就会被大量挤压。在亚马逊图书网进入英国市场前，所有的线下私人书店一直拥有相对不错的利润。而基于电子购物的全新销售及物流配送模式大幅度降低了销售价格，带来了行业革命，大大挤压了线下书店的生存和利润空间。

新进入者可能需要解决客户对于既有品牌的忠诚度问题。对于一些行业（如饮料、化妆品、汽车等）而言，品牌认知可能是最大的进入障碍。除非可以让客户确信新的产品或服务能更好地满足他们的需求，否则客户不太可能转向一个新的品牌或供应商。因此，企业需要投入大量的资源来提高新产品或服务的竞争力，这也是一种行业进入障碍。

行业既有企业还可能具备一些新进入者没有的其他优势——经验（学习曲线）、技术、专利、有利的地理位置、政府补贴等。行业的进入障碍还包括物流和销售渠道。一个新进入者必须确保产品的分销渠道，新的清洁剂品牌即使足够物美价廉，想要进入连锁超市也是非常困难的。物流和销售渠道越有限，现有同业对其控制能力就越强，进入该行业就越困难。为了克服这种障碍，新进入者有时甚至需要建立自己的分销网络。

同时，某些政府相关规定也会限制新的竞争者进入特定行业。尽管许多国家已经大幅减少了这种限制，但对于新进入者来说，想要进入某些由政府资助和扶持的行业（如农业、钢铁和矿业）仍然有一定困难。

此外，强大的供应商对行业的成本结构有非常大的影响。供应商可以通过提高产品（或服务）的价格，或者降低其数量或质量给市场参与者施加议价压力，使得该行业的收益无法覆盖增加的成本，从而达到压榨行业利润、控制整个行业的目的。

小微企业的规模通常太小，缺乏必要的议价能力，面对大型供应商给出的不利贸易条件的风险格外大，这会影响其盈利能力（不利的价格）、现金流（不利的贸易条件）以及材料的可得性（供应商可能以损害小微企业为代价优先给大中型顾客供货）。所以，小微客户经理需要在调查借款企业时了解：

- 该企业与供应商关系如何？
- 该企业能通过谈判得到有利的贸易条件吗？
- 供应商是否可靠？
- 是否有可以提供相同品质货物的其他替代供应商？该市场是被一个主要供应商垄断的吗？

另外，客户也可以压低价格或者对产品（或服务）提出更多、更高的要求。他们可以以牺牲销售方利润为代价来满足自身诉求。客户通常在购买量大时具备更强的议价能力。如果购买的产品是标准化的商品，客户很容易找到其他供应商，更换供应商的成本较低，此时客户的议价能力相对更强（如转向一个新的电视机品牌是很容易的）。相反，如果客户依赖供应商提供持续的售后服务和技术支持（如航空公司采购特定制造商的飞机并需要其提供机组培训及其他定制的后续服务），转向另一个供应商的成本可能会很高昂。当产品或服务的利润空间很低时，客户可能对价格很敏感，愿意转向价格更低的供应商。客户对产品或服务的黏性及相应的议价能力也可能受时尚、声誉甚至环境等其他因素的影响。

替代品的威胁程度 最后，替代品的出现可以淘汰一种既有产品或服务，例如，DVD淘汰了磁带，随后DVD又被储存芯片技术淘汰。替代品的出现将限制现有产品或服务的收入。因此，小微客户经理在调查借款企业时也需考虑其产品或服务的替代品威胁。

安索夫增长矩阵 另一个常用于分析企业在特定行业和市场中发展战略的工具是安索夫增长矩阵（Ansoff Matrix，见图4.10）。一家企业的增长战略应取决于它是否能够在新的或既有市场中销售新的或既有产品（或服务），最大限度地实现销售增长，降低销售风险。

	既有产品（或服务）	新的产品（或服务）
既有市场	市场渗透	产品延伸
新的市场	市场开发	多元化经营

图4.10 安索夫矩阵

市场渗透 当企业聚焦于既有市场并力图销售更多现有产品（或服务）时，应采用市场渗透策略。市场渗透是指通过有竞争力的市场定价战略、广告、销售和促销活动等措施设法维持或增长现有产品的市场份额。设法增加现有顾客对现有产品（或服务）的使用量（如通过客户忠诚度激励方案）也属于此类措施。

市场开发 市场开发是指企业试图在新的市场销售现有产品（或服务）。这种战略的使用途径有很多，包括市场的地理拓展（如出口产品到一个新的国家）、新的产品规格或包装、新的分销渠道、不同的定价策略（以吸引不同的顾客或者创建新的市场细分）等。市场开发策略的风险在于，企业由于不完全了解市场而产生误判并为此付出的高昂代价。

产品延伸 产品延伸指的是企业计划在现有市场引入新的产品（或服务）。这个战略不仅要求企业开发新的技能，同时还要求企业开发能够吸引现有市场的改良产品（或服务）。此处的风险是企业不完全了解新产品（或服务）或者市场对该新产品（或服务）的实际需求情况。

多元化经营 多元（样）化指的是企业以新的产品（或服务）进入新的市场。由于企业在该市场具有较少甚至完全没有经验，该战略本身将具有较大的风险。因此，采用多元（样）化战略的企业必须明确希望通过该战略达到的目标，并且需要对自身能力以及该战略所涉及的风险具有切合实际的认知。

大多数情况下，市场渗透是这四种战略中风险最低的。企业聚焦于熟悉的市场及产品（或服务），也很可能了解竞争者情况和顾客需求。因此，这种战略不需要在市场调研上投入过多。反之，多元（样）化经营通常是风险最大的。在新市场中，企业往往缺少通过新产品（或服务）取得成功所必需的知识和技能。安索夫矩阵是评估新业务发展战略时非常实用的工具，可以帮助我们分析小微企业采用的业务发展战略是否与其提供的产品（或服务）以及所在市场的客观属性相符，由此判断其可能的业务风险水平。

另一个相似的分析工具是迈克尔·波特的一般战略模型。如图4.11所示，它可以帮助企业根据自身优势来定位适合其发展的细分市场。产品（或服务）的低成本或者差异化均可构成竞争优势。该模型考虑了企业的竞争范畴。理解借款企业的战略对小微金融机构来说是至关重要的。受自身规模所限，小微企业不可能具有占领整个市场所必需的资源，通常会聚焦于特定的细分市场（通常是小众市场）。而大众市场通常是被那些能利用规模经济竞争优势的大中型企业所控制的。正如之前提到的新入同业威胁那样，在特定行业中的小微企业通常更可能在大中型企业形成并发挥其规模经济优势前取得成功。

波特一般战略模型

	产品或服务属性	
市场范围	同质化	差异化
大众市场	成本领先战略	差别化战略
小众市场	低成本聚焦战略	差别化聚焦战略

图4.11　波特一般竞争战略模型

综上所述，小微客户经理在调查借款企业时需获取以下市场及行业风险相关信息：
- 企业所在行业的前景如何（包括国际市场）？行业前景将如何影响企业产出和销售？
- 市场分析结果怎么样，竞争强度如何？
- 影响生产及经营的因素，如原材料的可获取性、供应情况、具备必要技术的员工等。
- 客户满意度数据如何？
- 该企业是否使用了恰当的技术工艺？是否使用了新的技术工艺？新技术工艺的出现会对企业的地位造成什么影响？

小微企业在提供产品或服务时应该以其客户需求为导向。企业可以通过优良的品质、更好的客户服务、新产品或服务创新等措施增强其竞争力。核心竞争力是企业可持续发展必不可少的关键要素。

竞争和需求情况决定了一家企业是否可以在可盈利的价格下具有足够多的销量。

与依赖于单个主要客户（集中性风险）的企业相比，拥有大量来自各行各业客户的企业的需求风险要小得多。因此，小微金融机构需了解借款企业的客户基础，以及哪些因素会影响这些客户的购买决定：是质量、品牌、价格，还是及时交货等其他原因？企业使用什么样的分销模式，从而确保其产品（或服务）的及时交付？决定企业所在市场的力量是什么？谁是主要的竞争者？竞争者在市场上的竞争策略是什么？企业管理层采取哪些措施以应对竞争威胁？

2.4 企业管理与治理

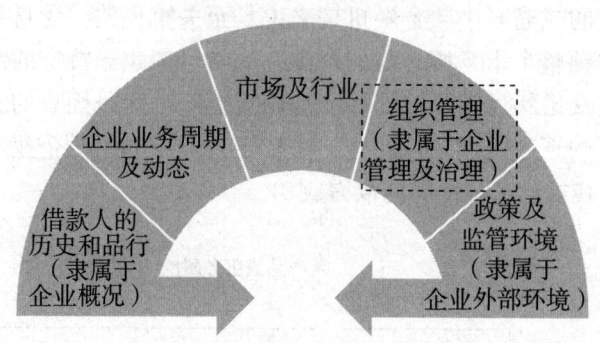

图4.12 非财务信息维度4

任何企业成功的关键因素都是管理层或所有者掌握的技能和知识。小微企业受规模和收入的限制，很少雇得起经验丰富的专业管理人员。一位成功的企业管理者需要具备一系列技能和知识，如图4.13所示，威克汉姆（Wickham）模型指出了小微客户经理在考察借款企业管理能力领域需要关注的关键点。

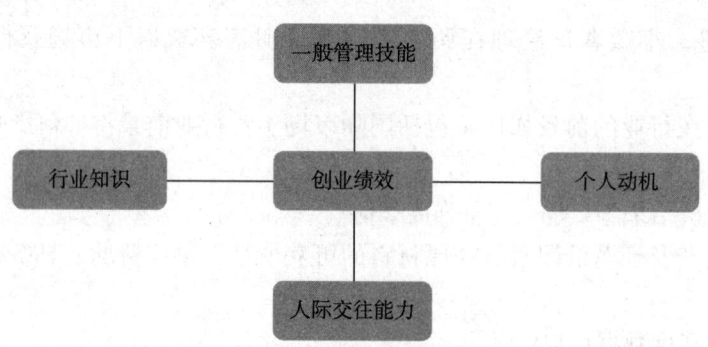

图4.13 威克汉姆创业绩效模型

基本管理能力　　首先，一个成功的企业管理者需具备基本管理能力，这包括个人能力、销售和市场营销能力、运营能力、财务管理能力以及人力资源管理能力。其中，个人能力包括团队激励及领导力、学习能力、决策能力、适应能力、时间管理能力、谈判能力、问题解决能力、组织能力和情商等。销售和市场营销能力则包括开展市场、营销调研和分析，理解市场需求，设计营销策略、营销计划，识别营销7P组合（即价格、产品、渠道、推广、人员、有形展现和过程）等。小微客户经理需要判断借款人对市场及其客户需求的了解情况、是否具备开拓市场必需的能力、如何实现销售、目前经营的成功程度。运营能力决定了一个企业能否交付具有必要品质的产品或服务（必要品质指的是至少与市场平均水平相当甚至更高的品质）。企业的技术工艺和物流管理水准都体现了其运营能力。财务管理能力是对运营企业所必要的资源的理解和控制能力，特别是现金流、流动资金以及预算管理方面的知识和经验。实际中，很多小微企业的破产是由于缺乏财务管理能力。人力资源管理能力包括员工的招聘、选拔、培训、绩效管理以及员工激励，完善的人力资源管理体系有助于企业效率提升和可持续发展。如果想要确保客户获得高质量的产品和服务，从而具有长期的满意度，对员工的激励和有效管理是必不可少的。

企业管理者的人际交往能力体现在他们对外能否与供应商、客户、金融机构以及其他利益相关方建立持久稳定的良好关系，对内能否激励员工形成团队凝聚力。对小微企业来说，所有关键的社会资源和人脉关系基本都掌握在少数几个甚至单个管理者手中。因此，这些个体的人际交往能力直接影响着企业对生存发展所需的社会及关系资源的获取和维护能力。 人际交往能力

此外，小微企业的管理者往往也是企业的所有者（或实际控制人），其个人的动机（动力）对企业经营的成败也是至关重要的。在经营管理过程中，他们缺乏支持和指导，经常会遇到严峻挑战，需要工作很长时间。他们的行事风格（是积极主动还是要等事态恶化时才有所反应）将在很大程度上影响企业的绩效表现。 个人动机

小微企业需要对其所在行业，特别是一些可能给企业带来机会或威胁的趋势和变化具有深刻的认知和敏锐的洞察力。企业目前对于自身所在行业的看法，以及企业如何了解所在行业的最新情况（如关系网、商会、研究机构和供应商等），都应列入小微客户经理评估借款人行业知识水平的问题清单。 行业知识

综上所述，小微客户经理在现场调查时需对企业管理者及实际控制人提出以下涉及企业管理的问题：

- 企业在接下来1~3年的发展计划是什么？
- 人力资源的激励和薪酬政策是什么？
- 企业的会计和内部控制政策是什么？
- 有没有储备管理人员？
- 如果某个高级管理者长期缺席，对企业造成的影响是什么？
- 科技手段的使用和流程效率管理办法是什么？
- 与竞争者相比，该企业的状况如何？
- 员工满意程度怎么样？员工是否接受了良好的培训？管理层在保持员工的专业技能上做了什么？企业在熟练员工的保留方面做了什么？
- 如果某个关键的合作方取消了合同或者破产了，对企业造成的影响是什么？

- 企业与其供应商、客户以及员工谈判的议价能力如何？

虽然小微企业的股权及治理结构与大中型企业相比较为简单，但其治理层面可能出现的问题及风险同样不容忽视。企业治理层面的问题包括：

- 谁实际控制这家企业？企业所有者及实际控制人是否拥有其他关联企业？若关联企业出现了问题，借款企业的贷款偿还是否会出现问题？
- 治理不当导致企业破产的可能性有多大？
- 主要的股东是谁？决策过程是怎么样的？股东是否拥有其他企业？如果有，需要评估其他企业吗？需要考虑资金是否会转移到关联企业，以及关联企业破产引发借款企业出现问题甚至破产的风险。
- 管理层的薪资水平和分红机制怎么样？
- 企业控制权移交的步骤是怎么样的？
- 是否实施年度财务审计？审计师的资质和可信度如何？
- 其他相关方，例如，可能需借款企业财务支持的企业所有者或实际控制人的家庭成员或社会关系人。

2.5 企业外部环境

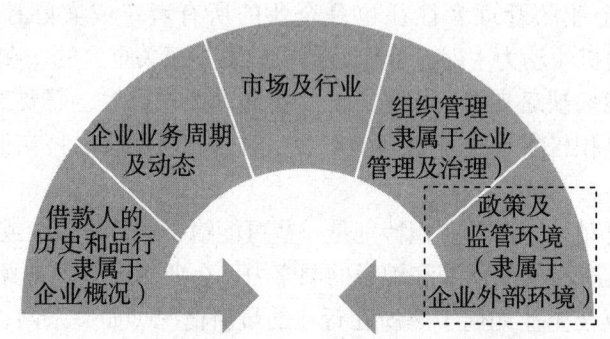

图4.14 非财务信息维度5

法律合规风险　　如果企业不具备必要的文件和资质（如企业注册、营业执照和纳税证明等），可能会产生法律合规问题。同时，政策、法律或法规的改变也可能会影响企业的经营状况。因此，小微客户经理在对借款企业法律风险/合规风险进行评估时，需收集并核查企业的相关文件和资质（如企业登记、营业执照、合规证书、行业准入和纳税证明等），从而判断该企业是否符合法律法规，并预估政府出台对该企业未来发展不利的新法规的可能性（如税费调整）。

环境（声誉）风险　　如果企业经营活动造成了负面的社会或环境影响，就会损害企业声誉和销售状况，甚至导致无法正常经营（如营业执照被吊销）。所有企业都可能因不当言行而使自身声誉受损，但这一风险在制造型企业中尤为明显。常会造成负面生态影响的制造型企业（如化学药品制造、皮革生产加工、水泥和冶金等）需要采取一切适当措施来减少可能产生的负面影响，并且取得相关环境合规性资质。

在调查借款企业时，小微客户经理需了解其业务经营的过程是否会产生环境污染。如果产生，企业对污染的处理是否符合国家相关标准，以及是否具备相关许可及资质认证。

此外，小微企业也可能由于不当的业务经营活动——特定限制类商品的生产和贸易、（涉黑、涉黄、涉赌、涉毒等）不良行为、强迫员工从事伤害性工作、涉及童工的生产或经营行为以及其他非法或涉嫌违法活动等，而造成负面社会影响。所有非法或涉嫌违法活动甚至是某些负面的社会影响都可能会导致企业破产、信贷违约。

2.6 非财务分析的风险评估框架

综合前面章节中介绍的非财务信息维度（见图4.15），小微金融机构需形成系统的、基于非财务分析的风险评估框架。在日常信贷业务处理过程中，小微金融机构需要根据评估框架判断借款企业的综合风险程度、风险缓释措施以及这些风险是否在本金融机构的风险容忍度之内。表4.1总结了此类基于非财务分析的风险评估框架中应包含的关键信息维度以及如何获取这些信息的方法建议。参考指标一栏对一些方向性指标的解读进行了举例说明。

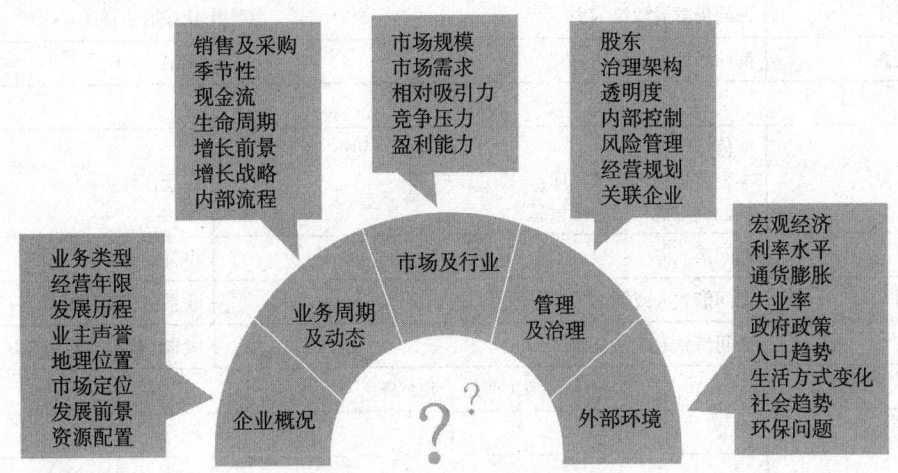

图4.15 非财务信息维度汇总

表4.1 基于非财务分析的风险评估包含的关键信息维度及获取方法

信息维度	信息获取方法	参考指标
（1）借款人（企业所有者或实际控制人）特征		
a. 个人信息		
年龄	身份证；外貌（观察判断）	相对年长（+）
教育程度	询问借款人（根据借款人年龄及工作经验进行检验）	教育程度高（+）
在该企业的经验	询问借款人或第三方	经验比较丰富（+）

续表

信息维度	信息获取方法	参考指标
工作经历	询问借款人或第三方	变动少（+）
个人品格	询问借款人或第三方	稳重，谨慎（+）
事业专注度	询问借款人或第三方	专注度较高（+）
声誉（个人）	询问借款人或第三方	好（+）
声誉（财务）	检查账本； 信贷记录数据库； 之前的贷款； 信用卡； 避税； 工资拖欠； 工商局、法院、公众、税务局、抵押代理人、海关等	好（+）
声誉（企业）	询问借款人或第三方	好（+）
b. 家庭情况		
婚姻状况	相关证明，询问借款人或第三方	已婚（+）
子女	相关证明，询问借款人或第三方	有子女（+）
家庭责任	询问借款人或第三方	比较有责任（+）
家庭关系	询问借款人或第三方	和谐（+）
c. 社会关系		
信贷记录	征信 本金融机构内部数据库 其他金融机构的参考信息	记录良好（+）
声誉	询问第三方	声誉良好（+）
社交圈	询问借款人或第三方	联系密切的朋友圈（+）
爱好	询问借款人或第三方	吸毒/赌博等不良嗜好（−）
（2）产品（或服务）		
a. 行业		
行业的生命周期	询问借款人 收集宏观经济的信息	扩张/达到顶点（+） 下降/周期底端（−）
相关政策		支持（+）/限制（−）
竞争者		较少的竞争者（+）
b. 竞争力		
品牌熟悉度	来自市场的反馈/市场份额	知名度较高（+）
产品质量	参考产品说明； 与其他产品进行比较	好（+）
成本/价格	询问借款人并计算	低（+）
供应商	可信的； 达成一致的贸易条件； 供应商集中度，有其他可替代的供应商吗？	可信（+） 贸易条件一致（+） 集中度低（+）

续表

信息维度	信息获取方法	参考指标
利润	计算并参考财务报表	较高的（+）
c. 市场		
市场需求	企业对市场需求的调研和市场营销计划	供应短缺（+）
销售渠道	询问借款人的经营模式； 分析应收账款列表	多样的（+）
客户基础	要求提供主要的客户列表； 客户集中度统计报表	数量多（+） 单个客户的销售额大于总销售额的25%（-）
销售量	询问借款人； 要求提供销售合同； 检查库存的货物； 去生产场所查看； 检查账目，找出进货量和出货量	较高的销售量（+）
d. 能力		
企业	经营年限； 资源：机器/设备情况（实地拜访/财务记录）	小于1年（-）/ 大于5年（+） 足够企业运营（+）
管理层需要掌握的技能（如营销、采购、运营、人力资源、财务等）	实地拜访； 询问借款人； 商业计划； 员工风貌和积极性； 财务表现（如预算/银行账户的管理）； 是否借高利贷； 营运资本管理； 资产负债比率	强（+） 负债/资产 >70%（-）
资源	企业有足够的资源实现商业计划吗？ 机器/设备/有技术的员工	充足（+）
（3）贷款要素		
a. 贷款用途		
商业计划	贷款用途与企业需求相匹配吗？ 融资渠道多样化潜力如何？ 贷款用途与国家政策相符吗？	正面的证据（+）
增长战略	销售计划 市场增长（渗透）； 市场开发； 产品延伸； 多样化经营	市场增长（+） 市场开发（？） 产品开发（？） 多样化（-）
法规与政策限制	检查贷款目的是否与国家政策相符	相符（+）

续表

信息维度	信息获取方法	参考指标
法规与政策限制	特殊行业（如黑、黄、赌高发行业）； 参与非法集资、传销； 从事外汇、期货、股票等金融投机活动； 生产经营不符合国家产业政策和环保政策标准； 涉嫌强迫工人从事伤害性工作，或者涉及雇佣童工的生产或经营行为	禁止或有不良记录的借款人（−）
	企业主业在其他城市； 从多个不同的金融机构融资； 过度多元化运营； 过多的民间借贷或过多地为他人提供担保； 同时存在不同金融机构的多笔贷款	风险预警信号（−）
申请的信贷额度	营业额与信贷额度不匹配	现金不匹配（−）

b. 贷款条件

贷款条件	贷款能在其投资的机器设备更新之前还清吗？	否（−）
	现金流足够偿还期内贷款吗？ 如果不够，可以延长贷款期限或宽限期吗？	否（−）

c. 还款能力

c1. 资产负债层面

借款人资产		
现金	向借款人索要账户明细和存款证明	
应收账款	向借款人索要主要借款人的应收账款列表以及相关的销售合同用于分析	
仓库的货物	查看仓库，评估仓库的货物，检查库存状况和质量	
固定资产	向借款人索要房产、土地、车辆、机器的所有权证明并且仔细检查，评估它们的现值	
其他	递延资产、无形资产、其他投资等	
借款人负债		
金融机构的贷款	询问借款人； 查询信贷记录； 检查由借款人担保的他人贷款数量，如果超过3笔，需要特别关注	
非正规融资	询问第三方； 检查账户变动，看是否有与企业正常业务不匹配的大额款项流入	
预收款 应付账款	向借款人索要相关销售合同	
其他债务	应付工资、应付福利、应付税金等	
借款人净资产（权益）		
净资产 = 资产 − 负债	净资产应该至少是贷款额度的两倍	

续表

信息维度	信息获取方法	参考指标
c2. 现金流层面		
测试现金流量还款能力	现金流量分析	月可支配现金＞月还款额的1.5倍（+）
d. 抵押物及担保		
抵押物性质、数量和质量	抵押物作为第二还款来源起到风险缓释和心理施压作用	
担保人	对担保人的信用调查原则上与上述流程一致，但可酌情简化	

抵（质）押物包括借款人拥有的有价证券及其他可用于贷款偿还的其他有价值物品。在传统信贷模式下，金融机构往往把抵（质）押物看作是首要的、最重要的审贷标准，并将抵（质）押物的价值作为信贷决策的依据。小微企业往往无法提供（数量和质量上均符合金融机构合规要求的）抵（质）押物，这一标准直接导致"小微贷款难"这一难题的产生。在小微信贷中，最重要的关注点是借款人的还款能力，抵（质）押物作为缓释风险的第二还款来源，对借款人在心理层面的履约压力（或激励）作用十分重要。

因此，抵（质）押物的风险也应该被纳入非财务分析的风险评估框架。可能的抵（质）押物风险包括以下几种。

- 估值风险：获取可信的估值的难度，特别是由于市场低迷造成的资产价格下跌。
- 执行风险：抵（质）押物因手续不全或没有正确地登记而无法强制执行。
- 变现风险：客观属性导致抵（质）押物变卖困难，使贷款清偿延期，进一步累积拖欠利息，最终可能导致坏账或部分核销。

3. 信息的验证

3.1 验证信息的基本原理

为了有效降低单个借款人的信贷风险，检查财务和非财务两类信息是非常有必要的。本节的重点是通过检验财务信息和非财务信息的关联性来达成两者的一致。

很多小微企业是在不规范或次规范的管理环境中运营的，其市场信息（如市场份额、销售产品的价格及利润水平）很多时候无法以结构化和系统化的报表形式呈现出来。因此，我们需要运用一定的技术手段去验证所得信息的可信度，甚至在分析客户信息时自己动手编制财务报表。不过，这些验证工作可以通过稍后介绍的一级和二级交叉检验来完成。一级交叉检验（一般称为单项真实性检验）是依据借款人提供的信息编制财务报表，同时通过多种信息渠道评估财务报表每个科目的可信度。二级交叉检验是通过分析财务报表中两个不同科目之间的关系进一步验证财务报表。如果两个会计科目的关系以及对比结果一致（如销售额和存货），那么就说明它们是可信的。通过逐项验证建立起的财务报表具有极高的可信度，我们可以以此为依据进行财务分析。

由于贷款的偿还取决于借款人的还款意愿和还款能力，交叉检验旨在实现两个目标：一方面，帮助我们建立可信的财务报表，从而判断借款人的还款能力；另一方面，通过检查借款人提供的信息，评估借款人的诚实度，进而判断其还款意愿。"借款人提供的信息可信吗？是否存在提供虚假信息的意图？"对这些问题的解答有助于初步了解借款人的意图和还款意愿。如果借款人有意提供不真实的信息，他的还款意愿可能比较低，我们需要进一步了解其提供虚假信息的具体原因。

当然，这也取决于借款人的具体情况。我们要谨防对借款人的信誉做出草率判断。在交流过程中，借款人也可能由于对客户经理所提问题的误解，而提供了并非客户经理需要的或者有所偏离的信息。因此，客户经理需要再次确认借款人给出的答复，以确保双方的理解一致。

好的信贷决策需要以掌握借款人的可靠信息为前提。在充分考虑借款人的整体状况后，我们才能做出其是否会履约还款的预判。很多时候，获得借款人真实经营及财务状况等必要信息的渠道是很有限的。市场信息或者行业基准通常也不易获得。很多小微企业无法或不愿提供可以帮助我们建立或分析财务报表的精确内部文件，这无疑是金融机构面对的一大难题。在没有弄清借款企业的背景及真实情况下，发放贷款具有极高的风险。但要注意到，人们对于分享私人和职业信息的意愿是不同的。在同一座城市里，某个小微借款人可能不愿意公开分享其企业信息，但是其还款记录却非常好，邻居们、供应商们、客户们甚至竞争者对他的评价都非常高。而在几公里之外的另一个小微借款人可能非常愿意分享他的所有信息，但是他在自己的社交圈和职业圈里的名声却非常差。所以，小微客户经理往往要根据实际情况来调整调查及分析的方法。

同样的，我们不能仅从单一方面去判断借款人的好坏，而是要考虑到借款人所在国家或地区的文化背景和区域特色。然而，即使是最直接的查访信息和对借款人行为举止的观察，也不一定可以让我们了解借款人的真实全貌。一个非常有能力的小微客户经理如果在贷前可以了解到借款人80%的真实信息，就已经做得非常出色了。对于调查及分析本身，最重要的是了解借款人是否可能存在重大的风险点而影响到其还款能力及意愿。在很多情况下，小微客户经理和借款企业一起编制财务报表的过程对评估其还款能力起着关键作用。

还款意愿

另外一个非常重要的方面是借款人提供信息的一致性。一级和二级交叉检验能够检验信息的一致性，从而帮助我们建立可信的财务报表。同时，交叉检验的情况还可以暗示借款人的还款意愿。在大多数情况下，借款人提供信息的匹配度越高，信息自身的一致性越强，其还款意愿也相应越强。

还款能力

另外，借款人的还款能力决定了金融机构可能批准的贷款条件。还款能力是通过对现金流量的分析确定的，取决于一段时间内产生的净现金流。现金流预测通常分为三个部分：经营活动现金流、投资活动现金流和融资活动现金流。为了增强现金流量分析的准确性,通常选择月度而非年度作为现金流量分析的周期。

很多企业的销售和经营活动会呈现周期性的变化,这就是所谓的季节性变化或季节性波动(周期性变化或周期性波动)。这些变化通常是有一定规律的。很多行业面临着季节性的变化,如农业、汽车销售和时装行业等。季节性变化可能引起销售、生产、劳动力需求和存货需求等的暂时增长或下降。季节性波动会对净现金流产生比较大的影响,可能影响企业在一段时期内的还款能力。同理,企业的经营周期也可以影响其现金流和还款能力。

> 假设,有这样一个小农场,有30头产奶的奶牛,20亩用于种植小麦的耕地,一年收获收割一次。牛奶销售给某乳业公司,乳业公司每天都来收奶;小麦经过加工(即打谷,从植物上分离出谷粒),然后销售给粮食采购商,付款账期为30天。
>
> 该农场在播种和收获的时候费用支付可能最高。在这期间,农场频繁地使用兼职工人并付给工人现金作为工资,虽然牛奶的生产能带来稳定的收入,但小麦销售的款项需等交货30天后才能收到。同时,牛奶的生产能带来稳定的收入。因此,金融机构需要调整用于种植小麦的贷款的还款计划,从而避免给借款人的经营造成不必要的压力。在收获后的一到两个月一次性偿还贷款可能是一个比较合适的选择。

> 假设借款人是一家校园书籍出版社,有零售和批发业务。这家出版社的经营范围是印刷和装订书籍,有6家零售店铺专门面向终端消费者(学生及家长),同时也直接批发给小学和中学。
>
> 由于零售(零售一般是现金交易)与批发交易条件的不同(一般有赊账期),如果该借款人的销售主要以批发给学校的业务为主,那么其在一年中可能有两个阶段(学校每年两个学期的开学前)的净现金流是负的,因为在这时间段里他要为每学期的新生印刷大量的书籍,而在开学之后才会迎来现金流入的高峰回款期。因此对应的贷款条件(即贷款额度及期限)需要做出相应调整。

贷款条件的调整不仅取决于借款人的还款能力,贷款目的也同样重要。投资项目产生的额外现金流,以及待购买资产的生命周期,这些都需要考虑进来。因此,对借款人的经营情况以及财务报表的充分理解是做出合理风险决策的关键。

清楚地理解借款人的真实情况是合理信贷决策和负责任贷款的基础。错误的信贷决策会对小微金融业务的盈利性直接造成不利影响。如果小微金融机构希望做出合理的信贷决策,就必须克服信息不对称的问题(即借款人不愿意提供可靠的信息或者因为对问题的误解而提供了并非金融机构所

信息不对称与负责任的小微信贷

需要的信息)。我们可以通过交叉检验来核实借款人提供的信息,在判断其还款意愿的同时也为基于财务分析的还款能力评估奠定基础。小微金融机构负责地为借款企业提供恰当的融资,不仅有助于借款企业自身的发展,而且能够提高其对金融机构的忠诚度。

非财务信息之间、财务信息之间以及非财务信息和财务信息之间都存在很多关联。这些关联可以在借款人的个人背景、家庭背景、经营历史、业务特性、企业周期和动态、市场和行业、管理和组织、监管或法律环境等方面找到。例如,很多小微企业的老板往往受教育程度不高却有着长期的经营历史。如果客户经理接触到一个有着较高教育背景但经营时间非常短的借款人,就需要非常仔细地分析该借款人放弃一份稳定工作而从事个体经营的动机以及其经营能力了。

如果能够将借款人的财务信息与行业标准进行比较(见图4.16),我们对借款人信息的理解会更准确。当然我们还可以结合其他同行的表现去评估该借款企业的表现。如果借款人所提供的信息与行业标准差别太大,我们可能会对信息的可靠性或者企业的实际能力产生怀疑。理解多方面的信息(财务及非财务方面)有助于评估财务报表中的不同科目。

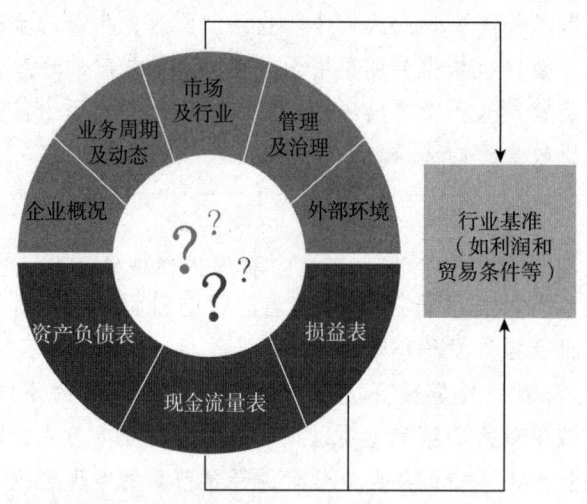

图4.16 财务信息和财务信息之间的关联(行业基准与借款人财务情况)

同理,通过比较企业发展历史概况与其当前规模和架构(见图4.17),我们可以理解企业的发展动态,如企业是什么时候创立的以及企业是如何成长的。这些信息可以与其信贷历史数据相比较,例如,确定过去购置机器是如何融资的,从而进一步理解企业的生产力是什么时候增加的或者产品范围是什么时候扩展的。这样便可能判断借款人所描述的发展历史与其当前的经营规模是否一致。这种检验方法也可以用于权益的交叉检验。

通过理解企业的生产流程来验证当前流动资金的需求水平也是可行的(见图4.18)。还可以通过比较销售和采购的贸易条件来证实存货水平(原材料、在产品和成品)与其所述的销售额是否相一致。

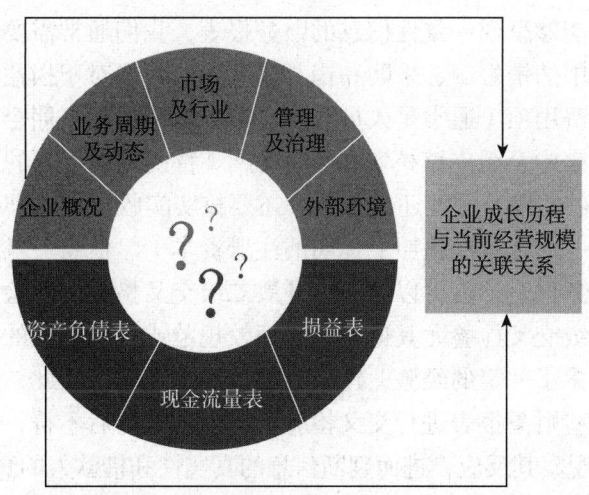

图4.17 非财务信息和财务信息之间的关联（经营历史与资产负债表）

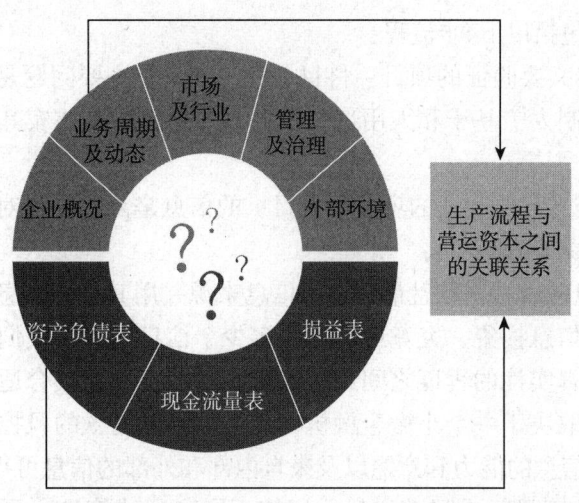

图4.18 非财务信息和财务信息之间的关联（行业周期与资产负债表）

同理，也可以在实地调查时判断当前的生产规模及动态。如果借款人告诉我们一条生产线能够在规定的时间内加工一定数量的成品（如每条生产线每天加工15件成品），我们可以通过计算现场的产品数量来验证企业总的生产能力，而总的生产能力限制了潜在的产量和销售量。这一点也可以验证借款人描述的投资计划的逻辑合理性。如果借款人目前的销售水平只使用产能的50%便可完成，那么他为什么需要投资购买新的机器？

为了正确地开展这些检验，有必要使用体系化和基于常识的方法来确认信息的合理性，保证借款人真实地提供单个科目的信息。只有确保了这一点，才能进一步分析多个科目之间的相互联系，从而确定信息的总体可信度。

综上所述，验证借款人信息的真实性方法以交叉检验为基础，并分为一级和二级交叉检验。一级交叉检验通过比较来自不同渠道的信息对财务报表中的单项科目进行验证。为了建立能够呈现一致性信息的财务报表,我们通常需要检查其中最重要的科目,包括损益表中的销售额、采购和销货成本(这两者对于损益表和现金流量表都非常重要)、主要费用项(通常是人员开支、市场营销费用、佣金、公共事业费、关税等)。资产负债表中至少应该核实70%的资产(特别是最重要的资产),同时至少应该核实70%未偿还的以及已偿还的负债,还要核实实收资本(即企业成立初期真实投入生意中的资本,不是营业执照上标明的注册资本)。信息一旦通过了一级交叉检验,并建立起了财务报表,就可以进一步开展二级交叉检验(即验证两个财务科目之间是否一致)。二级交叉检验尤其适用于管理较规范或规模较大的小微借款人,他们在财务管理方面积累了一定的经验,往往有能力操纵报表。因此,我们需要根据收集的非财务信息对这些财务报表进行交叉检验,一旦出现前后不符,则需在向借款人寻求验证的同时仔细观察其反应,进而判断信息的真实性和借款人的真实意图。

3.2 一级交叉检验

一级交叉检验包括以下4步流程:

- 第1步——定义要验证的项目(科目)。其中一个主要问题是如何评估小微企业所有者(或实际控制人)基于私人用途的投资,如是否需要核实其私人所有的房产、土地以及车辆。

- 第2步——定义需要验证的项目(科目)的信息来源。通过对这些信息来源的评估,验证该项目的具体情况。

- 第3步——识别最易获取且最可靠的信息来源并用其进行信息搜集。并非所有信息渠道都适合进行信息搜集,究竟应该检查多少个信息来源,我们必须在检查信息来源所花费的时间与真实性的程度之间进行权衡,并最终选定最合适的、性价比最高的信息渠道。这不仅取决于一个小微金融机构愿意在单笔贷款的风控上投入的时间,而且受到借款人提供信息的能力和意愿以及来自内部和外部的信息可得性的限制。

- 第4步——基于目标项目(科目)比较不同来源的信息。可以通过一个时间段(日、周、月)的销售额去推测整个阶段(年)的销售额;可以通过店员了解销售额,还可以对比借款企业对下游的主要合同以及进销存单等。这些检验方法都是非常有必要的。

> **了解企业组织架构是必要的**

一个企业的组织架构可以帮助我们勾勒该企业的内部信息流,锁定其中重要的信息来源,了解企业的实际情况。每个企业内部信息流的组织形态不尽相同,可获取的信息通常包括一些有助于调查和了解企业真实情况的文件。

> 例如,一位企业主拥有三家面向当地居民的小面包店,以及一个离这三家店都比较近的面包工厂。面包的生产从凌晨开始(1点到5点半),由一位专业

的面包师和一个助手负责。企业主在早晨6点左右用一辆小厢式货车给这些面包店送货。用于下午至晚上销售的面包在上午9点到下午1点这个时间段进行生产，这批面包的制作由老板本人和另一个助手负责。企业主在下午2点左右开始送出这批货，然后在其中的一两家店待上一两个小时协助销售。他的妻子是当地一所高中的老师，负责监督这些店的打烊、清点营业款以及盘点存货。

大多数类似这样的借款人往往没有使用实时电子销售管理系统。但是企业主会非常清楚需要多少面粉去生产这些产品。他应该对每天生产的这些产品以及每班需要的面粉总量有一定的记录（至少是粗略的记录）。同理，企业主很可能懂得如何有效控制他需要的员工，因为他需要把钱和产品留给这些员工。而他交付给这些店的货物，很可能是有手写记录的。他把这些记录交给他的妻子，以便在清点营业款和盘存的时候核对。一旦了解了此类内部结构，我们就能够验证这些信息的准确性。我们可以向他的妻子和这三家店的员工询问关于每天和每周的销售额，并且向其同事或同行询问不同产品的合理价格和利润率。

在适当的情况下，我们应该检查并分析借款企业的内部文件。企业规模越大，就有越多的内部流程需要协调与控制。内部报表是一个常见的协调与控制工具。随着企业规模越来越大，可提供的资料也越来越多（见图4.19）。这引出的问题是对于不同规模的借款人，我们应该查看多少资料才比较合适？当然，这取决于金融机构的内部要求和贷款的额度，难以一概而论。一个基本的建议是，根据贷款额度或者不同行业的企业类型定义所需收集的文件资料的数量下限。

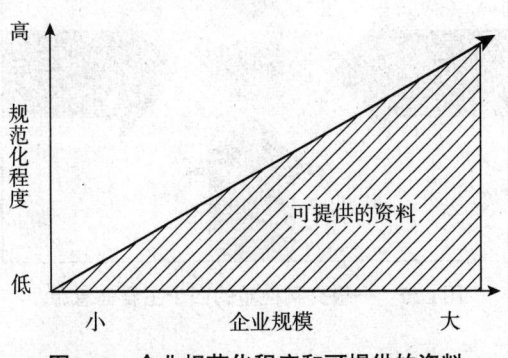

图4.19 企业规范化程度和可提供的资料

在进行交叉检验的过程中，当小微客户经理需要使用内部文件时，往往根据企业的实际模式进行文件的选择。这些可供检查的资料通常包括：

• 销售类文件，例如，每日/每周/每月的销售额，淡旺季的销售额或者每处销售网点的销售额。因为销售水平是建立现金流量表以及损益表的基本出发点，所以销售类文件特别重要。
- 应收账款和应付账款的详细记录。
- 主要资产的所有权证明文件,如土地、房屋、车辆和机器等。

如果能够从文件上证实销货成本、采购或者主要费用水平,则可以降低资料的整体检查强度。当存在可供参考的行业基准数据时,可以用这些数据检验企业提供的信息的可靠性。

> 一位经营多种家用塑料产品(勺子、杯子、壶和盘子等)的分销商申请流动资金贷款。这类快销品的交易周转非常快,竞争也很激烈。对于这样规模的分销商,当地市场的产品利润率通常为8%~12%。该经销商有4个销售点,20位员工(每个销售点5位)。所有的仓库和销售点都是租用的。他自己有5辆卡车,车辆的平均车龄为8年。

在上面的例子中,应该可以获得借款人的内部销售文件以及关于存货的信息(包括采购和销售价格)。在获得借款人关于利润率、员工工资和总体的销售水平等口述信息后,我们可以根据行业基准检验这些信息,从而还原真实可信的财务报表。

交叉检验的基本思路是,根据借款人的行业特点和自身情况,选择更为准确的渠道获取并验证信息,以此测算客户的还款能力。做好交叉检验并不需要检验所有的渠道信息。如图4.20所示,用于一级交叉检验的信息可以通过四个主要信息源获得。

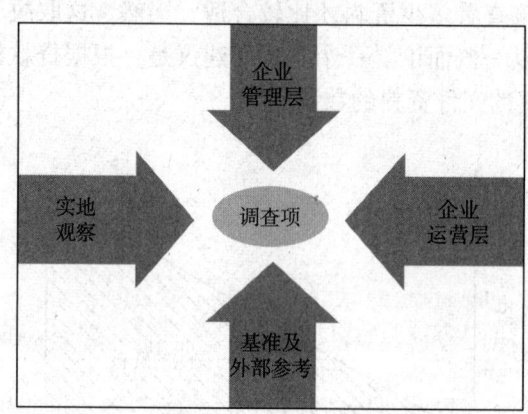

图4.20　一级交叉检验的四个主要信息源

企业管理层提供的信息指的是企业所有人(包括法人及实际控制人)或主要(高级)管理者提供的信息。管理层提供的信息往往是我们分析工作的起点。通常情况下,小微企业的贷款申请是由企业所有人提交的。因此,利用和企业所有人会面的过程与其建立信任关系并收集其他相关风险信息是非常重要的。此外,管理层可以帮助我们开展交叉检验。他们提供的信息对于我们理解企业计划以及企业内部控制等方面的情况是非常有价值的。我们需要厘清从企业管理层获得的信息和信息出处,进一步追踪和锁定这些内部信息入口。

> 某借款人经营一家分销糕点类商品的小微企业。他每天早上用小货车进货，然后把它们交付给分销商。这些分销商根据每天的销售额收取销售酬金。每天，该借款人都在自己的笔记本上记录交货数量和当天结束时的余货数量。在这种情况下，为了解其实际销售水平，我们可以利用其笔记本上每天的记录去核实他口述的信息。

运营层面反映了企业的规模和能力，如生产能力。有关生产能力的信息可以从企业内部的多个来源获取，如生产经理、仓库经理和机器操作人员等。

实地观察可以由小微客户经理在实地拜访期间完成。观察的重点包括资产的数量和价值（固定资产和存货等）、组织管理规范程度、员工风貌等。

基准及外部参考是指可能得到的行业信息及外部信息，如行业标准、上下游情况、政府机构数据等。在得到这些信息后，小微客户经理可将该企业的表现与行业基准及外部信息相比较。如果出现较大差异，应该仔细调查造成较大差异的原因。

由于大多数小微企业是以家庭式管理风格运营的，其贷款申请往往是由企业所有人或他最亲近的管理人员（通常是家庭成员）提交的。小微客户经理核实企业的实际情况的第一交谈对象便是作为贷款申请人的企业所有人（见图4.21），之后才是对企业其他人员的访谈。所有非财务信息都应该在谈话期间涉及，如企业的发展历史。搜集到的信息一方面可以用于验证财务科目，另一方面可以用在本单元第2节中介绍的非财务分析中。

信息来源：企业管理层

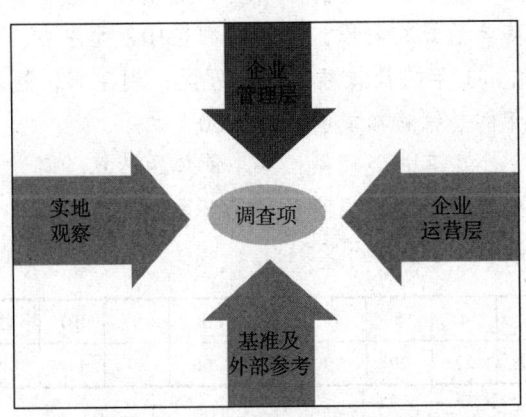

图4.21　企业管理层作为信息来源

与企业管理层面谈的问题结构和提问的技巧是非常重要的。参加谈话的人是企业的老板或管理者，他们通常事务繁忙而不愿意花时间来配合提供信息。为了快速做出有效决策，小微客户经理需要在短时间内进行有效面谈来搜集足够多的关键信息。

在面谈中，有一个原则是非常重要的，小微企业管理层的自豪感和创业精神有可能会影响到他们给出的回答。小微企业管理层通常会高估未来的增长，且只会提供过去几个月而不是全年或者过去几年的准确数据。他们通常对自己的企业和事业感到自豪。对未来，他们急切地期待更高的增长。他们常常愿意冒险，实际承担的风险通常比他们想象的要高。这种精神对企业自身发展、他们的员工和合作伙伴都是非常重要的，正是这种精神帮助他们成功创建了企业，取得了现有的成就。然而，这也会影响他们所提供的信息的质量。

有一个方法可以验证小微企业管理层提供的信息的内部一致性，就是在面谈的后期从不同的角度提出类似的问题。例如，我们首先可以询问企业增长率预期（甚至细分到不同的业务单元或产品线的增长），之后再询问如何落实未来一年对于新设备的投资计划以实现多少产能和销售额的增长。当然，我们也可以从不同的信息来源分析信息的客观性和一致性。如果企业所有人告诉我们未来一年计划增长20%，但从生产经理处我们了解到企业在未来一年没有采购新设备、招聘新员工的计划，同时目前的生产规模已经达到了产能瓶颈。而我们又看到仓库里已经没有地方存放更多的商品。综合以上信息，我们基本可以判断：企业所有人口中的20%的未来预期增长只是他对企业发展非常乐观的判断，而这个增长并不一定切合实际。

> 某小微客户经理1月拜访了一位小微借款人。在谈话刚开始的时候，他询问借款人未来的发展计划。借款人计划通过增加产品的种类来开拓新市场，计划在现有的两条生产线的基础上，引入一条新的生产线。企业销售非常稳定（即没有季节性变化）。他期待现有的两条生产线在接下来的2~3年里达到每年10%左右的匀速增长。当前每条生产线带来的总年销售额为1000万元。在新的生产线安装后最初阶段，月销售额在10万元左右，他预计到年末增长至每月200万元。上年的销售额为2000万元，到年末，随着新的生产线的安装，他期望当年的总销售额能够达到3500万元。
>
> 利用这些信息，小微客户经理做了一个简单的计算。假设新的生产线实现的月销售额是呈线性增长的，很明显3500万元的期望销售额太高了。新生产线可能实现的总销售额预测如下。
>
> | 1 | 2 | 3 | 4 | 5 | 6 | 7 | 8 | 9 | 10 | 11 | 12 | 总计 |
> |---|---|---|---|---|---|---|---|---|---|---|---|---|
> | 10 | 13 | 17 | 22 | 29 | 39 | 51 | 66 | 87 | 114 | 149 | 200 | 797 |
>
> 加上在上年2000万元销售额的基础上增加的10%的销售额，总销售额大约在3000万元（2200万+800万）。

在上面的例子中，基于同一信息源给出的不同信息，我们得到了明显不一致的销售额预测信息。在这种情况下，我们有必要搜集更多的信息，如不同层面的非财务信息，进一步核实准确的销售额数字。

与企业管理层谈话的目的是深入了解该企业的发展历程、现状和前景。需要了解的企业发展历程包括：当时选择该经营活动的出发点、在本行业经营前的其他从业或工作经验和企业融资需求史等。对企业现状和前景的了解则主要集中在销售、采购、成本结构、资产、负债和所有权方面。

首先需要讨论的是企业销售情况，例如，前期（上年）的总销售额，当期总销售额（年初至今）以及未来的发展。这些信息可以帮助我们了解该企业是如何达到当前经营规模的，是进一步讨论企业发展很好的出发点。我们还可以询问每个主要客户或者客户群的销售情况。如果企业的客户数量很多，可将该企业的客户按照区域或者业务类型分成不同的子客户群，分别了解其在销售额中的占比。

销售情况

> 企业管理层访谈中针对销售额的提问示例：
> 问题：您最重要的客户有哪些？
> 回答：我们有超过100个客户，每月向每个客户的发货量差不多。由于我们所有客户的销售额比较平均，他们对我们同等重要。
> 问题：如果把销售额根据城市和地区划分，其分布情况是什么样的？
> 回答：大多数销售是面向A市的零售商的（区域范围），但是我们还为其他地区的客户供货，只是给他们的供货量相对较小（全国范围）。
> 问题：您在A市有多少销售额？您在全国又有多少销售额？
> 回答：我们对A市零售商的销售额大概为2000万元。对其他地区批发商的销售额大约为1000万元。

此外，我们也可以提出关于销售团队的问题，例如，总共有几位销售员？销售团队的构成怎么样？销售团队是否分成多个子团队，每个子团队是否都配备了主管？如何管理这些销售员工或主管？销售提成是如何计算的？此类问题的主要的目的是，在充分理解该企业销售组织方式的基础上，判断其总销售额水平是否合理。其他典型的问题还包括：上年的销售额是多少？年初至目前的销售额是多少？计划未来增加多少销售额？主要的增长是来自现有客户还是新客户？企业是基于哪些基本假设做出这些预测的？达成预计增长的条件是什么？销售状况是否存在季节性变化？淡旺平季分别是什么时候？销售是如何组织的？有销售代理或者内部销售团队吗？如何控制销售团队或者销售代理？销售团队或销售代理有绩效工资或提成吗？如何对客户进行分类（如本地客户/外地客户，批发客户/零售客户）？向各类客户群体的销售量分别是多少？哪些是最重要的客户？如果客户数目众多，最重要的客户群体是哪一类？

类似上面了解企业销售的方法也可以用于获取采购方面的信息。需要核实的问题与上述的举例类似，不过是聚焦上游供应商，而非下游客户。

采购情况

企业管理层应该了解产品/服务的整体利润率，特别是其核心产品/服务的整体利润率。他们还应该知道最重要的固定开支/费用项以及在具

成本结构

体时间段内的总额。值得注意的是，我们应当特别询问企业所有人是否给自己支付工资。如果支付了工资，但是这部分工资没有包含在企业的月支出（固定成本）中，那么这部分工资必须重新加回企业费用（固定成本）中。如果没有支付工资，那么企业所有人的一切家庭开销都应算入企业费用（固定成本）。相对规模较小的小微企业通常是不区分企业开支和个人开支的。

资产　　在企业管理层访谈中，我们还应该询问总资产水平，并核实核心资产（至少是总资产的70%）的状况。应该获得的关键信息包括以下几点。

- 现金管理：企业有多少现金？是放在家/店里还是存在银行？企业多长时间去银行存一次钱？如果不存在银行，现金发生意外损失的风险高吗？
- 应收账款：企业有应收账款吗？应收账款的条件怎么样，例如，对于大客户/老客户是否存在更长的账期（仔细检查之前关于主要客户的销售问题）？平均账期是多久？
- 固定资产：固定资产是哪一年购置？当时如何融资的？当时的总成本是多少？现值是多少？

总之，资产的信息应该与企业的整体发展历程相匹配。成功的小微企业往往经历了一件或几件能够决定企业发展的关键事件。这些关键事件通常与企业经营规模或经营范围的变化相关，它们成功利用了市场上的某些突发事件，使企业获得了优势或规避了不利影响。但大多数小微企业在它们的发展过程中都会遇到关键的转折点，但很多企业没有那么幸运，只能被迫倒闭，如有些企业过量使用现金流进行高风险投资。下面是一个比较极端的例子。

> 一位小微企业主经营着几个家禽养殖场和一个家禽屠宰场。他使用自己的冷冻车队把鸡肉输送给全国范围内的几个冷库，然后再通过那些仓库分销给各地的一些超市以及小零售商。
>
> 由于禽流感疫情的暴发，鸡肉的价格快速下跌。他刚建造好一个同时配备了几个大冷库的新屠宰场。由于鸡肉价格的下降，他能够以极低的进价采购更多的成鸡进行加工，并将肉品储藏在冷库。此外，他及时低价收购了几个农场，然后进行消毒，扩大家禽养殖。至此，他成为了当地最大的鸡肉供应商。

对未偿还负债和已偿还负债的询问深度取决于企业及其所有人信贷历史数据的获取难度。获取的可用的信息越少（在与企业管理层交谈的时候没有获得这些信息），我们就更应该关注其融资模式。了解企业的实际负债情况对二级交叉检验尤为重要。我们可以提出的问题包括：供应商的贸易条件是什么？应付账款主要是欠哪个供应商的账款（结合之前关于采购的问题相互检验）？哪些金融机构为企业提供了贷款，目前贷款余额是多少？来自亲友和民间的借款有多少？借款人和出借人分别都是谁？这些借款有利息吗？这些借款的还款方式和期限是什么？过去获得的最大贷款额度是多少？目前的分期还款额是多少？

所有者权益一般分为4部分：实收资本、资本公积、盈余公积和未分配利润。当前的所有者权益是这样计算的：所有者权益=总资产−总负债。大多数小微企业无法区别实收资本和留存收益的概念，但企业管理层会知道最初投资是多少。在企业管理层访谈中，他们可能对自己现在究竟有多少权益没有一个清晰精确的概念。因此，了解企业最初创立的具体情况以及其发展历史是非常必要的。有助于了解企业当前权益水平的信息包括：最初实际投入的资本、至今是否部分回收了初始投入资本、是否分发红/股利、是否收到过其他私人投资。为了获取这些信息，我们可以提出以下问题：企业的最初投资是多少？企业的股东是谁？是否欠股东任何款项？已实现的利润中有多少是再投资到企业经营中去的？有多少企业资金用于私人投资了？公款私用的典型例子是使用企业的资金或者以企业的名义贷款购置私人所有的地产或车辆。

在运营层面的调查中（见图4.22），我们需要就上述管理层会谈中讨论的话题（如总产能、各关键生成要素）向运营的相关人员（即企业各职能部门员工及基层管理者）提出更详细、更具体和更直接的问题，以验证之前管理层口述信息的真实性及合理性。整体的数据应该被分解成若干部分，如总销售数量应该被分解为每种产品的销售数量或者每条产品线的销售数量（并通过销售数量乘以平均产品价格得出销售额）。同理，对于服务型企业而言，可以比较企业提供的服务及其客户的数量。

信息来源：运营层

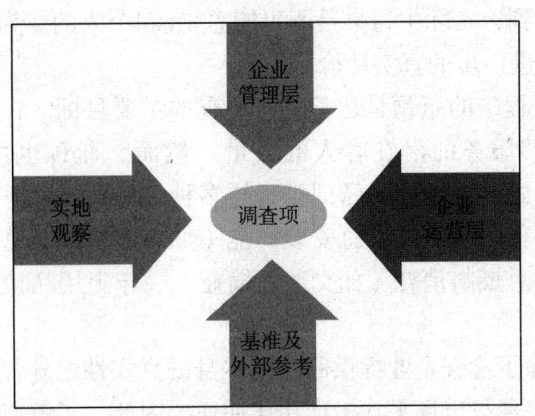

图4.22　运营层作为信息来源

> 我们拜访了一家位于工业区的食堂。食堂有50张桌子，每张桌子可坐4人，食堂里有30位员工（15个在厨房里工作，12个服务客人，3个负责送餐）。承包食堂的经理的妻子和一位助手负责现金的管理。食堂主要向附近工厂的工人提供午餐，提供了90%的营业额。主食的平均售价是每份10元。此外，软饮每份4元，水果每份3.5元。超值套餐包括一份主食、一份软饮和一份水果，售价为15元，也是工人们的主要选择。工人每顿午餐的补贴标准为

> 10元。
> 经理声称每周工作6天，一个月的营业额超过20万元（管理层信息）。据他口述，他主要在11点至13点期间销售午饭，而这个时间段的食堂通常是很满的。根据一位服务员口述，客人平均就餐时间为30~45分钟（操作层面信息）。我们在中午12点走访了这家餐厅，看到有消费者不断地进出食堂，鲜有空位（我们的观察）。客人反映该餐厅非常好，大多数工人更喜欢点套餐（外部参考信息）。

在运营层面的调查中分析企业主要的限制因素是非常重要的，特别是已配备和使用的总生产力（产能）情况。在上面这个例子中，我们可以根据收集到的信息进行如下计算：50张桌子，每张4个人，一次性可以有200个人就餐。如果主要产品是15元的套餐，那么"一轮"就餐（45分钟）的收入为3000元。如果一周工作6天，那么一个月的营业总天数为26天〔每个月平均有30.4天÷7天（一周）×6天〕。当然，更精确的天数应该询问企业管理层。因此，午餐时每张桌子翻台一次（45分钟），就可以达到7.8万元（3000元×26=7.8万元）的月营业额了。正如之前提到的，这些收入占了每天营业额的90%，那么服务一轮就会产生每月8.6万元（7.8万/90%=8.6万元）的营业额，两轮就能有17.3万元的营业额，如果每天三轮（大概2.25小时，50桌，100%上座率）就能达到26万元的最高营业额。总的营业额和接待能力似乎能证实食堂老板所述的销售水平。但我们还要考虑到，实际中每桌是不可能总坐满4个人的。为了判断所述营业额的真实性，有必要进行进一步的真实性检验。

确定价值创造过程中的瓶颈是运营层面调查的主要目标。在上述例子中，瓶颈是桌子的总数，即能够服务的潜在客人的数量。然而，瓶颈也可能是厨房的总"产能"。交叉检验的方式与企业的经营门类一样多种多样。同理，我们也可以通过计算以下项目来检验销售额的真实性：总安装产能（如制造业）、总能耗（如制造业）、运行某条线路所需的总燃料消耗（如交通运输业）、床上用品换洗的总费用（如酒店业）等。

信息来源：外部参考和基准

除了检查企业提供的信息本身的真实性之外，我们还需要考虑该企业的表现与市场平均标准相比如何。因此，了解市场基准信息同样非常重要（见图4.23）。可以直接通过熟悉该企业的外部信息源，如其主要客户、供应商，甚至是竞争者等，对企业提供的一些信息进行验证。我们通常依赖外部服务商提供的信息或者同事的经验作为市场或行业基准。可以进行核实的方面通常包括：

- 行业的季节性——这与该企业所述情况相匹配吗？
- 价格——该企业的产品价格与其所在行业的平均水平相匹配吗？
- 毛利润与净利润——该企业毛利及净利率接近行业基准吗？
- 技术——相比竞争者，该企业使用的是类似的技术吗？
- 工资——该企业提供的工资待遇在同行业或者同区域内有竞争力吗？

- 资产价值——该企业资产价值与同地区内的类似企业的情况一致吗?

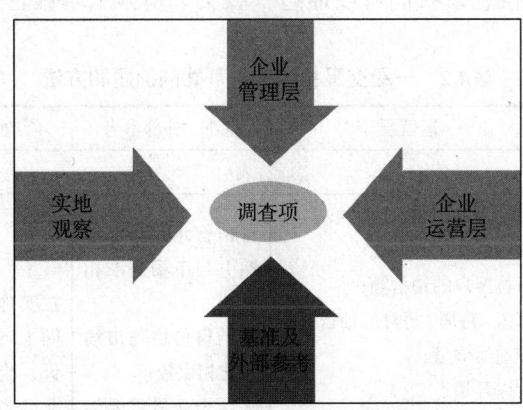

图4.23 基准和外部参考作为信息来源

小微客户经理可以直接对企业的部分口述信息进行检验,如通过联系其主要客户和供应商验证每月销售额以及采购量。直接检验信息的渠道取决于当地习俗及行业惯例,即企业的商业伙伴是否愿意与金融机构分享信息。当然,这也取决于金融机构获取这些"机密"信息的能力。

最后,对企业的实地观察也是非常重要的(见图4.24)。如果需要10台机器才能实现每月生产100000件成品的目标,但我们实际上只观察到了5台机器在生产,这说明该企业不是以最大能力进行生产。同理,也可以根据实现10台机器最大能力生产所需的工人数量(假设每台机器需要2个人同时操作)与现场看到的在生产的工人数量相比较,检验其产能负荷程度。如果企业声称他们实行的是"两班倒"的生产机制(这样就需要40个工人),但是一共只雇佣了30个流水线工人,我们即可合理质疑企业提供的相关信息的真实性。很明显,这取决于我们在对企业展开实地考察的过程中所观察到的情况以及企业对我们提出质疑的具体回应。实地观察可以帮助我们检验企业提供的具体信息。

> 信息来源:实现地观察

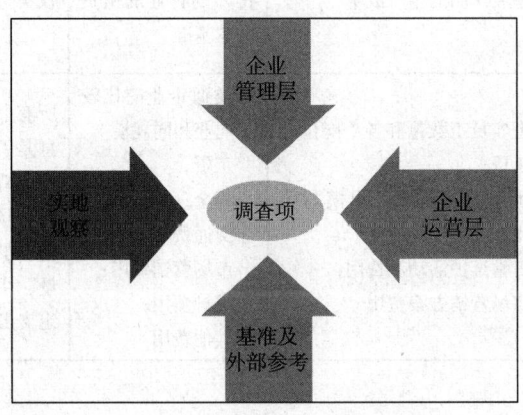

图4.24 实地观察作为信息来源

一级交叉检验问题汇总

表4.2总结了围绕4个信息来源可以提出的主要问题，根据这些问题收集的信息，我们可以通过一级交叉检验来掌握企业的真实全貌。

表4.2　一级交叉检验——可能的问题和方法

科目	管理层	运营层	基准/外部参考	实地观察	相关文件
损益表					
销售额	总计：过去的、当前的（年初至今）和预期的销售额；季节性/每月销售额；销售组织和文件存档；企业的重要客户；员工的销售提成	每种产品（每条生产线）的销售额；每位客户的销售额；每天/每周/每月的销售额；交通运输量；仓库容量；生产力 按每台机器/每条生产线/每位员工/每个单元；能源消耗（制造/服务业）；耗水量（农业）；验证主要员工/代理商的提成	将销售水平（季节性）与市场基准相比较；将销售价格与市场基准相比较；联系企业最重要的客户（需要非常慎重）；提成是否是根据市场标准制定的；已配置的产能（技术）是否符合行业标准	在实地考察期间（当时、当天、当月）企业的生产及销售活动是否符合企业的规模和经营性质；已配置的产能能否得到核实	内部财务报告；内部销售记录（笔记、Excel电子表格）；发票；客户的订单；海关报告；内部统计；银行对账单
采购	总计：过去的、当前的采购额；季节性/每月采购额；采购/仓储的组织、存档、管控；最重要的供应商	对主要原材料的采购；来自每一家供应商（供应商团）的采购；交通运输能力；仓储能力	将企业的采购水平（季节性）与市场基准相比较；将原材料的销售价格与市场基准相比较；联系最重要的供应商（一定要慎重）	在实地考察期间（当时、当天、当月）企业的采购活动（季节性）是否符合企业的规模和经营性质	内部财务报表；内部采购记录（笔记、Excel电子表格）；发票；进货单；海关报告；内部统计；银行账户对账单
销售成本	过去、当前、预期的销货成本；整体毛利率；主要产品毛利率	主要产品的生产成本	从同业或者企业处得知的行业的销货成本基准	是否能在现场核实生产成本	正式会计记录；存货明细，包括采购和销售价格
固定成本	固定成本总计；三项最主要的固定支出（工资、房租、水电费）；企业所有者是否领取工资	证实员工数量和各个岗位的工资；租用的经营场所规模与费用；日常维护活动和费用；市场营销方案费用	与类似企业的比较（同业和同规模）：工资；租金；交通费用；市场营销费用；维护费用；其他费用	所有其他的信息是否符合现场的观察，如经营场所的规模、员工的数量、主要的固定支出	工资单；公共事业费用账单；供应商的发票；市场营销材料

续表

科目	管理层	运营层	基准/外部参考	实地观察	相关文件
净利润	过去的、当前的、未来的净利润额或净利润率	询问净利润额或净利润率	行业的净利润水平	分析后计算的净利润	内部财务报表
资产					
现金	如何对现金进行管理	检查银行账户的余额（私人账户/企业账户）；清点现金（对于规模相对较小的小微企业）	行业内一贯的操作准则及惯例	实际看到的现金及银行账户余额	银行账户流水及余额
应收账款	销售的贸易条款	销售的贸易条款	同业的交易条件；联系企业最重要的客户（一定要慎重）		客户的记录；正式的会计记录；银行账户流水
预付款项	采购的贸易条款	采购的贸易条款	同业的贸易条款；联系最重要的供应商（一定要慎重）		企业内部记录；正式的会计记录
存货	一般的存货政策（通常需要多少存货）	根据不同标准确定的存货数量（冬天和夏天、淡旺季、产品类型、客户群体、原材料/在产品/成品）	行业的一般情况，如何管理存货	观察到的库存水平和生产水平	企业内部记录；正式的会计记录
固定资产	资产购置（建造）时间以及融资方式（企业的发展史）	购置日期	根据电子信息平台查询固定资产当前的市场价值（如机器、车辆、房地产等）	核查最重要的资产，检查他们存在与否	所有权凭证
负债					
欠供应商的货款	采购的贸易条款	可供下次付款的现金有多少；采购的贸易条款	同业的贸易条款；联系最重要的供应商（一定要慎重）		企业内部记录；正式的会计记录
收到的预付款	销售的贸易条款	销售的贸易条款	同业的贸易条款；联系最重要的客户（一定要慎重）		企业内部记录；正式的会计记录
贷款	总计：过去的、当前的和预期的贷款额；出于投资目的的当前贷款；最重要的/全部的资金来源		同业及类似规模企业的负债规模	是否与民间借贷有关联	征信系统信息；金融机构内部文件；贷款合同

续表

科目	管理层	运营层	基准/外部参考	实地观察	相关文件
权益					
权益	初始实收资本；初始和当前股东；股利收益；企业外投资		联系初始股东从而证实从企业管理层处获得的信息		注册资本和资本筹集
家庭（若适用）					
家庭开支	家庭成员的数量；为孩子提供的教育条件；家庭平均开支		社会上类似家庭的平均开支	如拜访住所，观察企业所有人的居所布置、衣服摆设、生活方式/生活标准、社交和生活水平	
其他家庭收入	总的额外家庭收入		收入类型的市场基准	从其他企业或者雇主处获得参考信息	工资证明；收入证明

3.3 二级交叉检验

完成对财务报表上重点科目的一级交叉检验后，我们就可以检查任意两个科目之间的相关关系，并通过非财务信息验证此关系是否合理。其中，销售额和所有者权益是二级交叉检验的核心。

销售与存货的交叉检验

销售是通过现有存货实现的。存货的持有时间取决于组织和市场效率，存货在仓库存放的时间越短，效率就越高。快速的存货周转意味着更高的销售频率和生产力，因为这需要稳定的生产流程和可靠的交通运输系统。因此，企业的内部组织越科学，物流网络越发达，生产和销售的流程整合就会越高效，从而有利于降低存货量并减少资金的积压。

想要达到特定的销售量，存货水平、交通运输能力以及产量之间必须相互匹配。同时也要充分考虑季节性变化。根据给定的销售水平和存货水平，我们很容易计算存货周转天数。对于生产制造业，我们必须考虑到成品、半成品和原材料之间的区别。对于贸易行业，由于只有成品在交易，计算通常简单得多。对于服务提供商，我们要考虑其业务经营是否需要一定的物资投入（如替换的零件）。由于企业口述的销售频率、生产流程和产能应该与其存货水平是匹配的，我们可以通过评估（损益表中）销售额与（资产负债表中）存货间的关系来验证销售水平是否合理（见图4.25）。

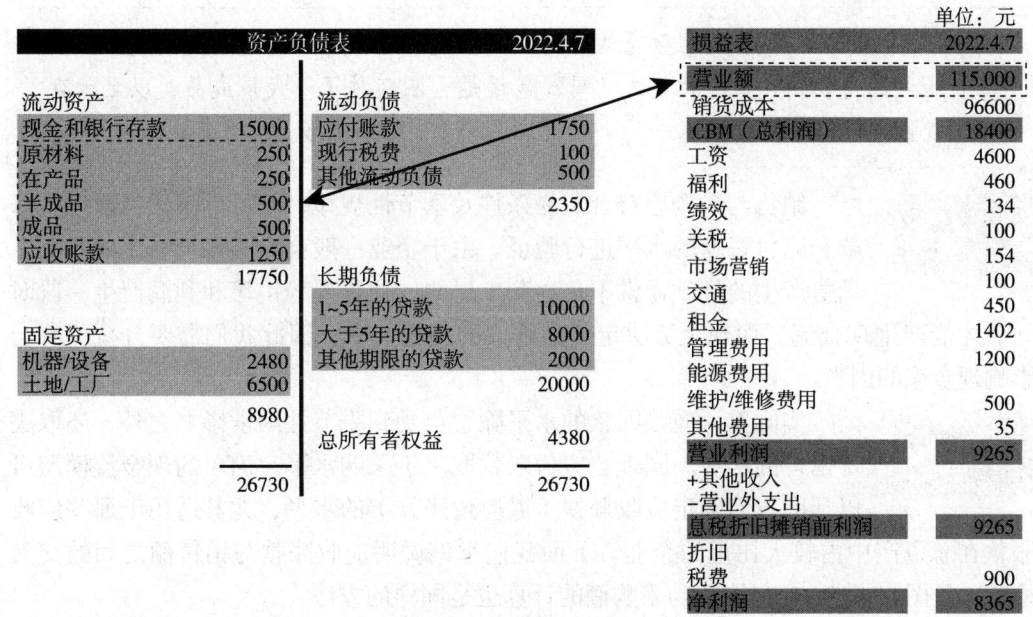

图4.25 存货与营业额

> 一个小微企业的信息如下：

每月销售额（元）	1000000
销货成本：75%:	750000
总存货（元）	170000
其中：	
成品	20000
半成品	50000
原材料	100000

该企业总共有170000元的存货，考虑到销货成本为75%，这可以使其实现的销售额为226667元（170000÷75%）。这相当于6.8天的销售周期，计算如下：存货周转天数 = 30÷存货周转次数 = 30÷（销货成本÷存货）= 存货÷销货成本 × 30 = 170000÷750000 × 30 = 6.8（天）。如果一个月中的实际销售天数不是30天，应在上面的计算公式中用实际销售天数替换上述公式中的30天。

关键问题是，企业的生产流程是否足够高效，能够足够高效、足够快地将作为存货主要构成部分的原材料和半成品及时转换为成品，以满足销售的需求。此外，我们还需要分析原材料的交付模式，以及下一批原材料的预定情况及到货时间。

如果仅限于成品，存货周转天数差不多是一天，计算如下：存货（成品）的周转天数 = 成品÷月度销货成本× 30 = 20000 ÷ 75000 × 30 = 0.8（天）。这意味着，如果每天的销售比较稳定，该企业就需要在一天之内生产出不少于至少等同于现有成品数量的新的成品。这就引出了一系列新的问题：该企业近期将收到大批原材料进货吗？最近是否刚交付了一大批成品，以至于存货量大幅降至目前的水平？下一批成品需要什么时候交付？

销售与采购的交叉检验

销售与采购应符合贸易条件及季节性规律，并可以根据当前应收账款和应付账款的水平进行验证。由于企业一般会允诺客户一定的账期，销售产生的货款通常不是立刻支付的，往往要等销售和利润产生一段时间后才能产生现金流。而现金流决定了借款人的还款能力，因此我们需要分析所有会影响现金流的因素。

验证方法一：应收账款与销售额

实际上，应收账款的水平除了会受到季节性因素影响之外，还取决于销售的水平。同理，应付账款取决于采购水平。简单的现金流模型可以帮助我们确定应收账款（或应付账款）的水平，尤其适用于那些应收账款在总资产中占较大比重的企业。下面我们举例说明应收账款与销售额之间的交叉检验（见图4.26）。应付账款与采购额的计算也是同样的方法。

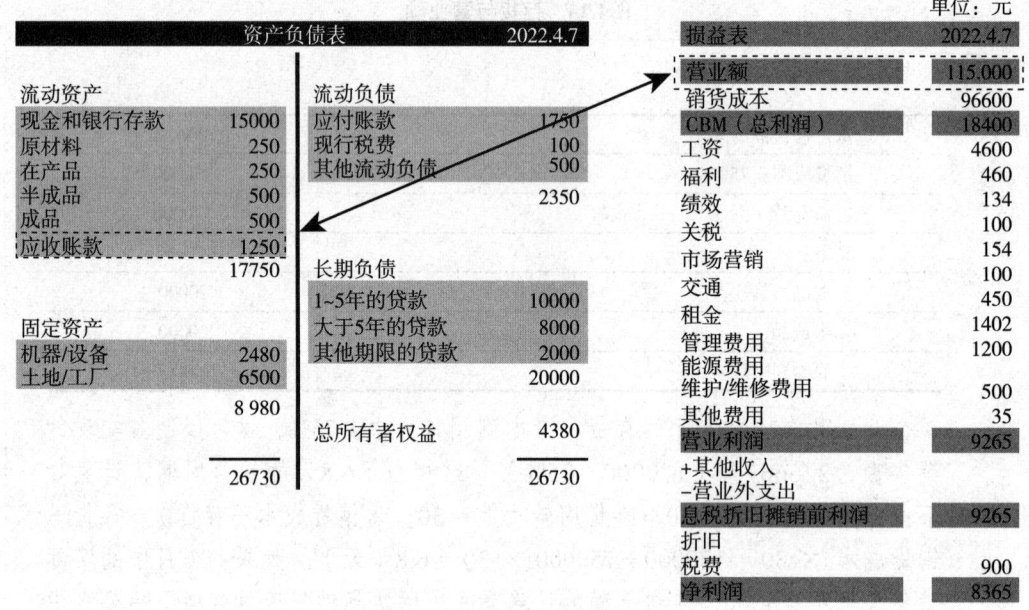

图4.26 应收账款与营业额

为了判断应收账款水平是否与销售水平相符，我们首先建立一个简单的现金流量分析模型。

🐦 一个小微企业，月销售额为100万元。30%是现金，70%为赊账。应收账款的情况如下：

期限	<30天	31~60天	61~90天	91~120天	121~150天
比重	20%	20%	20%	20%	20%

为了便于理解，我们假设这个企业刚刚开始业务经营，销售额从0开始。在实践中，我们调查的企业大多已经在市场上经营一段时间了，因此销售和应收账款通常不是从0开始的。

根据例子中给出的信息，我们为该企业应收账款的回收建立了现金流量分析模型（见表4.3），用于分析每个月应收账款回收额及总现金流情况。如果销售不存在季节性变化，应收账款的总体水平应该与贸易条件相匹配。

表4.3　基于贸易条件的现金流测算

单位：元

贸易条件	现金	30%	赊账	70%									
期限	<30天		31~60天		61~90天		91~120天		121~150天		151~180天		>180天
占比	20%		20%		20%		20%		20%				
	1	2	3	4	5	6	7	8	9	10	11	12	总计
销售	100	100	100	100	100	100	100	100	100	100	100	100	1200
现金	30	30	30	30	30	30	30	30	30	30	30	30	360
赊账	70	70	70	70	70	70	70	70	70	70	70	70	840
回收款													
30天		14	14	14	14	14	14	14	14	14	14	14	154
31~60天			14	14	14	14	14	14	14	14	14	14	140
61~90天				14	14	14	14	14	14	14	14	14	126
91~120天					14	14	14	14	14	14	14	14	112
121~150天						14	14	14	14	14	14	14	98
回收款	0	14	28	42	56	70	70	70	70	70	70	70	630
总现金流	30	44	58	72	86	100	100	100	100	100	100	100	990

在我们计算无误的前提下，如果企业提供的信息与计算得出的应收账款水平不一致，可能是以下三个方面出现了问题：

- 实际销售额与企业提供的信息之间存在差异；
- 实际贸易条件与企业提供的信息之间存在差异；
- 应收账款的质量与企业提供的信息之间存在差异。

因此，我们需要继续分析差异出现的具体原因。如果计算得出的应收账款比企业提供的数字高，需进一步询问：

- 实际销售额比企业提供的要高吗？小微企业在申请贷款的时候通常倾向于夸大销售额。偶尔也存在少报收入的情况，例如，借款人担心金融机构可能会把企业的利润情况汇报给税务机关。
- 企业的销售有季节性吗？这通常会导致我们错误地测算应收账款水平。此外，我们调查应收账款的具体日期也会对结果造成影响。应收账款只是一个时点的数据，我们需要了解某个时点的数据是否能够代表整体的平均水平。在调查日期前，如果企业刚回收了大笔应收账款，会直接影响应收账款的水平。通常，应收账款的支付会特别集中在某个特定的时间段内，如接近会计年度末尾的时候。在国内，小微企业的部分应收账款通常在年底或者春节前回收。

- 实际应收账款的质量要比企业提供的情况差吗？应收账款中有坏账吗？需询问最近应收账款的质量是否变差了，或者账期是否延长了。理解行业中这样的趋势对早期预警系统来说也非常重要。如果企业的坏账比较严重，势必会影响到现金流和利润。
- 企业是在等待某位客户的大额付款吗？企业的客户通常不会准时支付全款，而是在到期日之前支付一定比例的欠款，其余的部分在付款到期日之后再支付。因此，我们应该检查企业主要客户（如最重要的5位客户）的平均欠款天数并且分析他们的付款行为。

当销售存在季节性时，分析就变得更加复杂，我们要考虑到应收账款的水平随对应时间区间的不同而发生的变化。

在下面这个例子中（见表4.4），根据前几个月的销售情况，应收账款（即"赊账"行数字）在前6个月（销售淡季）中均稳定增加。从第7个月开始的销售旺季使每月的销售额和应收账款增加到淡季月均水平的3倍。

表4.4 季节性现金流测算

单位：元

贸易条件	现金	30%	赊账	70%								
期限	<30天		31~60天		61~90天		91~120天		121~150天		151~180天	>180天
占比	20%		20%		20%		20%		20%			
	1	2	3	4	5	6	7	8	9	10	11	12	总计
销售	100	100	100	100	100	100	300	300	300	300	300	300	2400
现金	30	30	30	30	30	30	90	90	90	90	90	90	720
赊账	70	70	70	70	70	70	210	210	210	210	210	210	1680
回收款													
30天		14	14	14	14	14	14	42	42	42	42	42	294
31~60天			14	14	14	14	14	14	42	42	42	42	252
61~90天				14	14	14	14	14	14	42	42	42	210
91~120天					14	14	14	14	14	14	42	42	168
121~150天						14	14	14	14	14	14	14	126
回收款	0	14	28	42	56	70	70	98	126	154	182	210	1050
总现金流	30	44	58	72	86	100	160	188	216	244	272	300	1770

如果在接下来的一年中维持这个销售水平，并假设所有其他条件不变，我们会得到以下计算结果（见表4.5）。

表4.5 第二年现金流测算

单位：元

贸易条件	现金	30%	赊账	70%								
期限	<30天		31~60天		61~90天		91~120天		121~150天		151~180天	>180天
占比	20%		20%		20%		20%		20%			
	1	2	3	4	5	6	7	8	9	10	11	12	总计
销售	100	100	100	100	100	100	300	300	300	300	300	300	2400
现金	30	30	30	30	30	30	90	90	90	90	90	90	720
赊账	70	70	70	70	70	70	210	210	210	210	210	210	1680
回收款													
30 天		42	14	14	14	14	14	42	42	42	42	42	336
31~60 天	42	42	14	14	14	14	14	14	42	42	42	42	336
61~90 天	42	42	42	14	14	14	14	14	14	42	42	42	336
91~120 天	42	42	42	42	14	14	14	14	14	14	42	42	336
121~150 天	42	42	42	42	42	14	14	14	14	14	14	42	336
回收款	210	182	154	126	98	70	70	98	126	154	182	210	1680
总现金流	240	212	184	156	128	100	160	188	216	244	272	300	2400

我们可以观察到，第二年1—5月的总现金流要高于同期的实际总销售额，这是前几个月延期付款造成的影响。然而，在12个月内的总现金流入等于总销售额。换言之，在总销售额和总现金流不变的情况下，销售的季节性变化会影响期内现金流的分布，并影响我们对企业期内阶段性现金充足度和还款能力的判断。当宏观经济处于上升期时，大多数小微企业的营业额是逐年递增的；相反在宏观经济的下行期，小微企业的营业额会停滞甚至降低。因此，由宏观经济带动的企业年度总销售额的变化也会影响企业期内阶段性现金充足度和其还款能力。

销售和采购之间的关系也可以通过销货成本和当前的存货水平来验证。实际采购与某时间段内销售的销货成本间的差额应该与当前存货水平的变动相匹配。

验证方法二：销货成本与销售额

理解采购额与销货成本之间的区别是非常重要的。采购是以现金支付或赊账的形式实现的，会体现在现金流量表中。销货成本是销售了的货物的成本，是损益表中的科目。销货成本与现金流无关。有了期初存货和期末存货，再结合期间采购就可以计算期间销货成本。如果企业的采购额超过了实际销售所需，存货就会增加。如果采购少于销售所需，存货就会减少。

通常，销货成本还包括一些可变成本，如劳动力和其他生产成本。这些成本的计算方式是较为灵活的，既可以随产品成本一起计入销货成本，也可以在损益表的费用栏中体现。

如果我们掌握了能够反映企业一段时间内采购水平的报表或内部文件，并确认了销售额，就可以比较这段时间内的采购量与期内销售额对应的销货成本。在任何一个特定的时间段内，采购和销货成本之间的差异应该反映在存货中。

根据销货成本证实采购量的最好的方法是比较期初存货与期末存货的差额。一段时间内，实现实际销售所需的采购量与实际采购量的差别应该反映在存货的变化中。存货的增加应该是实际采购量大于实际所需导致的结果；存货的减少应该是期内采购量低于期内销量造成的。存货的变化与销货成本和实际采购量之间的差额应该是匹配的。

> 一位个体商户的业务是在市场上卖鸡汤。他每天销售300碗鸡汤，每碗500毫升，售价8元一碗。他每天支付500元摊位费，没有其他固定成本。
>
> 要生产150升的鸡汤，他需要投入以下配料以及相应的费用：
> - 水200升，价值为10元（水费包含在摊位费用之内）；
> - 鸡40只，价值为800元；
> - 胡萝卜80千克，价值为320元；
> - 洋葱80千克，价值为160元。
>
> 他每天的销售额为2400元，销货成本为1280元，对应成本率为53%。他每两天在同一个市场上采购80只鸡，然后他把这些鸡冷藏在冰箱里以备两天之用。所有其他配料都是当天采购的。
>
> 每天的损益表大致如下。
>
> | 项目 | 元 |
> | --- | --- |
> | 销售额 | 2400 |
> | 销货成本 | 1280 |
> | 毛利润 | 1120 |
> | 租金 | 500 |
> | 净利润 | 620 |
>
> 因为鸡是每两天以现金方式采购一次，所以现金流在连续的两天里是不同的：
>
> | 项目 | 第一天的现金流/元 | 第2天的现金流/元 |
> | --- | --- | --- |
> | 销售收入 | 2400 | 2400 |
> | 支出： | | |
> | 鸡 | 1600 | 0 |
> | 其他配料 | 480 | 480 |
> | 租金 | 500 | 500 |
> | 现金流 | （180） | 1420 |
> | 期末存货 | 800 | 0 |

> 第一天，该个体商户购买了80只鸡，价值为1600元，其中一半当天使用，另一半则作为存货。此外，他花费480元购买了其他配料并支付500元的租金。采购额（1600+480 = 2080元）与销货成本（1280元）的差额即为新增存货（2080-1280 = 800元）。
>
> 第二天，他没有鸡购入，而是用前一天的40只鸡存货，因此存货降为零。他同样购买了480元的其他配料并支付了500元的租金。采购额（480元）与销货成本（1280元）的差额即为存货的减少（400-1280=-800元）。

即使我们没有期初存货余额，这种交叉检验方法仍然有效。一旦确认了可信的销售水平、采购水平以及销货成本，我们便可将它与当前的存货水平相比较。同理，我们可以检验总产量与销售之间的关系，二者之间的差额也应反映在存货上。如果存货的变化与计算出的销货成本和采购量间的差额不匹配，可能的原因包括：

- 销售额、销货成本、采购额或存货量的计算错误或者验证错误。
- 存货会计原则的变化，例如，从后进先出法（LIFO）变为先进先出法（FIFO）或者平均法。
- 没有记录的存货提取——通常是带有欺诈性质的。现实中不乏这样的案例：在信贷调查过程中，小微客户经理帮助企业发现了其员工的内部欺诈行为。
- 易腐物的储存问题，例如，食品杂货店可能需定期丢弃一部分库存，但没有记录也没有做账。

如果发现有任何的不一致，都应该进一步更详细地检查以确定原因。

净收益/利润与企业积累的权益直接相关（见图4.27）。一段特定时间内积累的权益应该与其起始日期和结束日期权益的差额相匹配。权益由实收资本、资本公积、盈余公积和留存收益组成。对于小微企业而言，企业权益的计算式为：权益 = 资产−负债。净收益一般体现在留存收益中。在进行权益检验时，我们还要考虑市场价格或评估方法的变化造成的资产价值的变化。通常这些资产价值的变化一般会以折旧的形式体现在损益表中，进而影响企业的权益。 `权益交叉检验`

权益交叉检验有助于评估企业所提供信息的可靠性。如果企业声称在过去一段时间内（通常是过去的12个月里）实现了一定的净利润水平，并且透露了初始投资金额，我们就有可能评估企业自创立以来所积累的权益。 `企业权益的首次评估`

> 当前总权益应该是：
> 初始投资+累积利润（留存收益）−投资提取（如投资到其他企业）+资产价值的增加−资产价值的减少 = 当前总权益

显然，计算结果的精确性取决于不同组成部分的数据的精确性：

- 权益检验有助于我们了解初始投资的具体用途。如果初始投资中包含了没有计入资产负债表的部分，就应该将这部分减去，例如，并购一家现有企业时的手续费或者装修费用（在小微企业融资领域，这部分费用金额往往很小，可以忽略不计）。了解初始投资是如何融资的（即自有资金还是贷款）也是非常重要的。

资产负债表		2022.4.7		损益表	单位：元 2022.4.7
流动资产			流动负债	营业额	115.000
现金和银行存款	15000		应付账款 1750	销货成本	96600
原材料	250		现行税费 100	CBM（总利润）	18400
在产品	250		其他流动负债 500	工资	4600
半成品	500		2350	福利	460
成品	500			绩效	134
应收账款	1250			关税	100
	17750		长期负债	市场营销	154
			1~5年的贷款 10000	交通	100
固定资产			大于5年的贷款 8000	租金	450
机器/设备	2480		其他期限的贷款 2000	管理费用	1402
土地/工厂	6500		20000	能源费用	1200
	8 980			维护/维修费用	500
			总所有者权益 4380	其他费用	35
				营业利润	9265
	26730		26730	+其他收入	
				-营业外支出	
				息税折旧摊销前利润	9265
				折旧	
				税费	900
				净利润	8365

图4.27 权益与净利润

获得企业自创立以来的累积利润记录是非常困难的，因为这个时间跨度往往很长，甚至企业所有人自己也不太可能记得这些年中具体赚了多少钱。因此，更重要的是了解企业是如何成长的，这可以为估算累积利润提供依据，如通过假设利润是线性增长的来估算平均净利润。或者可以选择若干关键变化点来将企业的发展历程分为几个阶段。可以多问企业几个问题，例如，在经营的8年中，是不是每年都盈利？是从哪年开始盈利的？盈利的第一年大概赚了多少？中间利润是逐年上升还是出现过波动？每年净利润中多大份额会留存在企业用于持续经营？这些问题基本上可以帮助我们了解该企业的权益积累模式，并获得估算基础。

- 无论是出于私人目的还是企业商业行为的企业资金提取（投资提取），只要没有反映在当前的资产负债表中，就应将其计入投资提取。
- 需要考虑资产价值的变化——这也是为什么必须评估资产的初始价值。如果企业在20年前花15万元买了一块地，而这块地今天值200万元，权益增加了185万元，但这不是基于企业经营活动产生的。在规范的会计账目中，这应以资本公积的形式体现出来。同时，资本公积是不可以直接向股东分配的。

> 某借款人7年前开了一家小型贸易公司。据其口述，他当时总共投资了200万元，其中100万元是自有资金，另外100万元是从他叔叔那里借的钱，他在第

> 二年从部分生意资金中抽出钱来还清了这笔借款。
> 今天调查中核实其公司的总资产为2000万元，未偿还负债为500万元。我们的分析显示，其业务经营全年无淡旺季，每月净利润是20万元。借款人声称企业在稳步增长。
> 该公司今日总权益是1500万元（资产−负债），初始权益是100万元（初始自有资金投资）。因此，权益在7年之间的增加部分是1400万元。根据目前每月20万元的净利润，我们估算其一年的总净利润为240万元。假设公司利润随着经营年限稳步增长，过去几年的净利润应该比现在低很多。我们假设每年平均年净利润为240万元的50%可能是合理的，即120万元是合理的。公司运营了7年，假设期间净利润是线性增长的，其累积利润应该为840万元（7×120万 = 840万元）。就此，我们发现了560万元（1400万−840万=560万元）的差额，这需要被进一步解释。

像上面例子中这种偏差产生的原因通常是：
- 计算错误。
- 企业的净利润不是呈线性增长的。用近期净利润的50%代替期间平均净利润可能是不合理的。

实际上借款人还有其他贷款但没有告诉我们——这意味着其实际权益应该更低。贷款是需要支付利息的，未披露的贷款还会对净利润造成影响，即减少净利润。这会进一步扩大计算出的权益与当前实际权益的差距。
- 没有考虑到资产价值的变化。资产的重新估价会引起权益的增加。如果借款人的仓库6年前买的时候是200万元，今天的价值是500万元，这就可以解释560万元总差额中的300万元。
- 借款人还有其他收入没有考虑进来。
- 资产以不同于资产负债表中的价格出售了，并且资产转让产生的差价计入了留存利润。如果出售价格高于最初价值，实际权益应该比计算出的数值高；如果出售价格低于最初价值，实际权益应该比计算出的数值低。
- 在并购企业的时候产生了一次性费用，但是这部分费用没有影响资产负债表的价值，如租赁的店铺的重新装修不会增加资产的价值。

交叉检验是真实性检验，而不是精确的计算。在实际应用中，如果企业应有权益和实际权益的差异率在5%以内，都是可以接受的。如果差异率超过5%，我们就要具体分析产生的原因——是借款人口述信息的准确性不够，还是我们遗漏了某些项目？交叉检验的重点是要排除借款人通过故意隐瞒或者夸大实际情况来骗取金融机构贷款的可能。

就信贷风险评估中所有的分析问题而言，一旦我们了解了借款人并且可以对他进行持续追踪（见图4.28），事情就变得简单多了。权益交

企业权益的跟踪

叉检验分析的方法是一样的，权益的变动应该和期内净利润的变动以及固定资产的价值变动相对应。其中，净利润水平的降低不仅对权益有影响，还可能意味着企业由于竞争加剧或者其他不利的市场条件已经陷入困境中了。

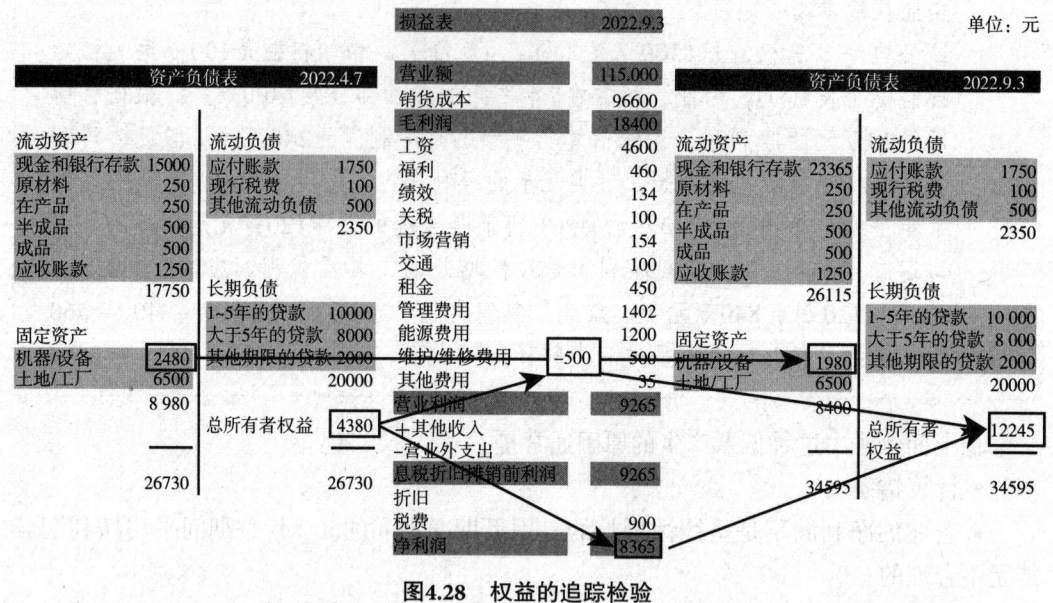

图4.28　权益的追踪检验

现金流的交叉检验基于对净现金流量表的情况与实际银行账户流水和余额的比较，是另一种非常强大的交叉检验技术。如果现金流量表可信，那么净现金流、现金流入（销售和应收账款的回款）和现金流出（采购和应付账款的付款）应该与相应交易和银行账户的平均余额相匹配。其中的差异可以通过企业外投资或投资提取来解释，例如，私人轿车出售款存入企业账户，或企业账户现金被用于偿还私人贷款或其他私人开支。

如果我们所在的金融机构是某小微企业主要企业账户的开户行，那就很容易获得其账户的全部记录，检验起来也比较容易。如果企业不只在一家金融机构有账户，由于不同银行的对账单需要被整合在一起，这种交叉检验可能会比较耗费时间。在企业持有多个账户的情况下，关联账户之间的转账不应被重复计算。很多小微企业没有清楚地区分私人账户和企业账户，这些账户往往会包含私人投资和开支，这使得对企业现金流水平的评估更加困难。

现金流出现差异的原因包括以下几点。

- 实际销售或采购水平与口述情况不符。
- 实际开支水平与口述情况不符。
- 存在没有被披露的其他经营活动，故而造成漏算。
- 未披露的非正式贷款的分期还款（如民间借贷）。
- 负债的变化：借款人刚获得新的贷款或者刚偿还现有贷款。

- 资产的变化：借款人出售了私人或企业的资产（如车辆或者房地产）但是没有记录。

很多金融机构会把对账单，特别是短期流动资金授信额度作为贷款决策的关键信息。同样的，对账单也可以用来检验企业的发展动态，对账单中的异常流水可以被看作早期预警信号。此外，现金流交叉检验有助于发现企业没有披露的债务。这些债务通常需要被分期偿还，这会对企业净现金流和还款能力造成长期的直接影响。

3.4 交叉检验的作用与局限性

交叉检验技术是验证借款人提供信息的真实性的有效工具。但在开展工作之前，我们面临的主要问题是应该将交叉检验进行到什么程度。这个决定基于时间成本、贷款额度以及对金融机构与借款人之间议价能力的权衡。

如果借款人提供了不可信的信息，金融机构还应该为他提供服务吗？金融机构应该在信任的基础上提供服务。一些小微客户经理认为，对于任何企图误导金融机构的借款人，都应该终止对其的服务。另一些人则认为，提供误导信息不应直接导致服务终止，只要保证未来所有信息的可信度即可。对于这种情况，我们建议去了解借款人提供不可信信息的真实原因。如果仅是稍微夸大了某些信息，或者记不清真实准确的信息，那么这样的借款人还是可以考虑的；如果借款人是为了从金融机构骗取贷款而编造信息，那就应该立刻中止合作。这实际上是一个取决于欺诈程度以及当时环境场景的判断过程。

对借款人和小微客户经理而言，开展交叉检验可能都是比较耗费时间的。不过，将这个流程自动化或者半自动化也是可能的。这取决于贷款产品的整体成本收益率情况以及可以从系统或线上获取哪些信息，例如，成熟的征信系统通常使我们不必去检验负债的真实性。在验证还款意愿时，我们还应特别留意借款人的邻里和合作伙伴对其的评价。

在检验搜集到的信息时，结果永远不会完美匹配，我们也永远不会得到100%准确的答案。因此，交叉检验应该用于判断信息整体的可信度，而不是某条信息的准确度。可能有不同的原因会导致交叉检验的差异率变化，这取决于市场、法规以及社会环境。因此，在使用这种方法的时候，我们必须理解交叉检验可以达到的信息匹配度水平并对此保持合理预期。真实性检验和交叉检验不是一门精确的科学。主要问题是：借款人口述的故事与其发展现状相符吗？与他的个人或家庭情况相符吗？对于小微客户经理来说，提问是需要掌握的关键技能之一。我们提出的问题的质量往往决定了得到的答案的质量。

4. 财务分析

4.1 财务分析的基本原理

如图4.29所示，前节中通过二级交叉检验的各财务科目为财务报表（即资产负债表、损益表、现金流量表)的编制(或重塑)及分析奠定了基础。接下来,我们将使用一系列定量财务分析方法,进一步剖析借款企业的业务经营风险,通过识别其财务状况的变化趋势判断其未来还款能力及相应的信贷风险。财务分析涉及小微企业的运营表现(效率)、流动资本管理(现金流及流动性管理)、现金创造能力、经营业绩(盈利能力)、投资回报(资本回报率)和财务稳定性(安全性或者偿债能力)。

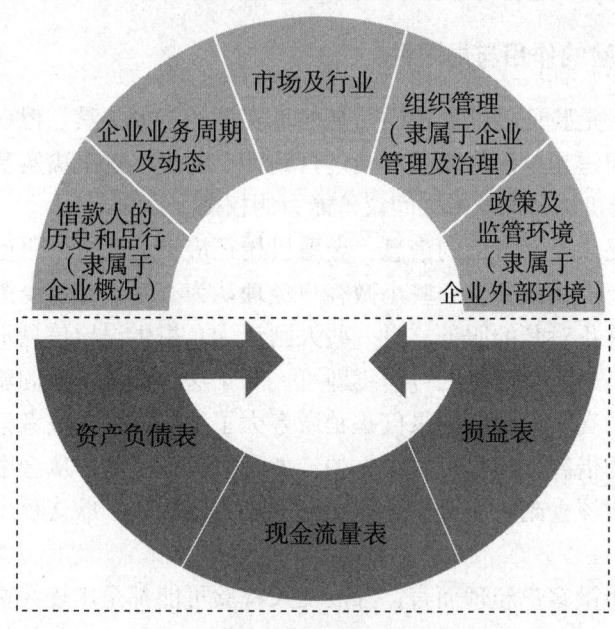

图4.29　基于重塑报表的财务分析

对小微企业的财务分析面临着一系列挑战。通常情况下,小微企业无法提供财务报表,或提供的报表有部分甚至全部都无法直接采信。小微企业的信息不透明增加了小微金融机构对其做出准确评估的难度。小微企业提供的财务资料可能会出现以下问题:

• 少报资产和利润——这样做的目的可能是减少税费。偷税漏税行为会招致非常严重的惩罚,甚至影响企业的生存。

• 夸大资产及利润——这样做可能是为了误导内外部资金提供者,以便获得更多资金。

• 不能提供准确的或完整的财务记录——这既可能是故意的,也可能是缺乏财务管理能力导致的。

小微企业能够并且愿意配合提供准确的财务报表是检验其还款意愿的基本前提。在对企业信息进行交叉检验时,如果小微金融机构发现其提供的信息不正确——这是一个非常严重的预警信号,这可能表示企业管理者品德方面存在问题,或企业的财务管理存在问题。总之,诚信的行为方式是企业与金融机构之间建立良好信贷关系的最基本前提。

其实，很多小微企业面临的难题是它们不具备足够的财务知识和财务管理能力。有经验的小微客户经理可以在这方面为企业提供指导建议，这可以帮助客户经理与小微企业建立起互信关系。同时，良好的互信关系还可以激励企业提供准确的信息并积极加强自身财务管理技能建设。

大多数小微企业的主要经营目标是通过投入企业的资本获得一个满意的经济收益。经济收益是否令人满意取决于其是否符合股东的期望，是否允许企业进一步发展，能否使企业对其他投资者具有吸引力以及能否确保初始投资价值。可信的财务报表是反映企业健康状况的重要信息来源。对小微企业进行财务分析有助于评价其过去和当前的经营状况、融资情况及未来发展前景。

在进行财务分析时，首先需要定义企业当前的状态是"持续经营"还是"停止经营"，这一点非常重要。在持续经营状态下，我们认为企业是可以持续发展并取得令人满意的经营业绩从而实现盈利，此时应关注其损益表和投资情况。在停止经营状态下，我们则认为企业即将停止经营，此时企业资产的变卖价值通常远低于在正常情况下的市场价值。

> 趋势分析与行业分析

在小微信贷场景下，我们接触的通常是持续经营的企业。通过比较历史财务数据，我们可以判断企业的业务经营是在进步还是在退步。受销售水平、利润水平以及其他诸如新设备采购等变化的影响，每年的数据都不尽相同，这就使不同年份数据间的比较变得困难。但我们可以通过财务比率分析解决这一问题。盈亏平衡分析是另一种财务分析方法，它可以帮助我们理解企业运营成本结构、销售水平与利润水平之间的关系，并由此判断企业的偿债能力。此外，即使企业在经营过程中产生了利润，也可能出现现金持续性短缺。同理，企业也可能在通过经营产生大量现金流的同时出现亏损。因此，理解并掌握企业现金流的分析方法也是非常重要的。接下来，我们将分别介绍和讨论财务比率分析、盈亏平衡分析以及现金流量分析三种财务分析方法。

4.2 财务比率分析

在小微企业财务分析中，财务比率分析是最常用的分析方法之一，它既可以基于目标企业发展趋势的相关信息进行趋势（纵向比较）分析，也可以通过同行业企业间的差异信息进行行业（横向比较）分析。比率分析通常被应用于同一行业内不同企业间的比较，不同行业企业的比率往往不具有可比性，例如，非常高的负债权益比率在公共事业部门企业是十分普遍的，而同样负债权益比率的科技公司就会被认为是不可持续的公司。

财务比率分析是基于财务报表（资产负债表、损益表或现金流量表）中一项（组）科目与另一项（组）科目之间的算数关系进行的分析。比率分析用于评估企业运营和财务表现的各个方面，如效率、流动性、盈利能力、偿付能力等。通过观察这些比率随时间的变化趋势，判断它们是正在改善还是在恶化。比率分析可以发出企业财务或业绩状况变化的预警信号。定期对小微企业进行的财务数据跟踪（如每季度一次）也可以发挥此功效。

成功的企业往往各个方面的比率都比较稳健，因此，任何相对波动的比率指标都应该得到我们的充分重视。受企业所在行业的影响，我们也会格外重视某些特定比率，如零售业的库存周转率。一旦确定了趋势，了解造成趋势改变的原因就变得至关重要，无法判断原因的趋势变化是没有意义的。

财务比率可以使财务分析变得简单且并有据可依。财务比率的趋势分析有助于识别企业财务状况的变化，并回答以下问题：

- 企业有应对不必要风险的保护措施吗（如过度贸易或现金流问题）？
- 企业在成长吗，在变得更有效率吗？
- 企业是否达到了其设定的目标（如销售额翻倍、利润率增加50%）？
- 与上年或上个月相比，企业经营状况如何（业绩是否处于增长趋势）？
- 与同业竞争对手、类似企业以及所在行业标准相比，企业经营表现如何？

当然，财务比率分析也具有一些局限性：

- 财务比率主要着眼于过去，而不是未来。但是利用比率分析对未来进行合理假设也是可能的。
- 不一定能得到有可比性的企业以及行业信息。
- 不同的库存估值方法和折旧计算方法会导致企业间的比较结果失真。

财务比率聚焦于数字，比率分析应该与一些合理的非财务信息分析相结合，如对宏观经济状况、行业竞争程度、产品质量、客户服务、员工士气等方面的分析。

- 财务数据可以被人为"操纵或修饰"，虽然比率更难被操纵，但也同样具有财务数据固有的缺陷。企业可以在会计年度结束前通过某种交易来影响财务报表（使其看起来更好），但随后在新会计年度的一开始便进行相应的反向交易，从而达到操纵或修饰财务数据的目的。

在财务比率分析中，总共存在超过300种不同的比率指标，但很多并不适用于小微企业。本书介绍的比率足以均衡地分析大多数小微企业。在进行小微企业财务分析时，最重要的是获得能够反映企业真实全貌的信息，而不是执著于某一条具体信息。

基本原则

在进行财务比率分析时，需注意以下基本原则：

- 计算财务比率的方法多种多样，理解如何计算财务比率（及比率的构成要素）非常重要。
- 有些情况下，尤其是在受季节性影响较强的行业和企业中，财务比率可能被低估或高估。如果企业的财务报表是在销售淡季的时候建立的，那么存货及应收账款等数据可能比正常水平要低。
- 需考虑企业的业务经营类型以及现金循环周期的类型，即企业的业务经营模式是正现金流型还是负现金流型。这在很大程度上受到授信额度以及存货水平的影响。
- 考虑比率计算基准的改变。某企业的年销售额从1000万元上升到1500万元，增加了50%；该企业下一年的销售额从1500万元下降到了1000万元，减少了33%。销售额下降的部分与增加的部分完全相同,但是以百分比形式表示的销售额下降似乎看起来并不严重。计算基数的变化会影响人们对计算结果的感知。

- 如果趋势分析的数据基础少于3年,可能会得出误导性的结论。客观上来讲,数据点过少无法有效分辨趋势和随机波动性变化;主观上讲,借款人可能会向金融机构隐瞒不理想的财务信息而故意不提供某年度的财务报表,由此造成可用数据的"自我选择偏差"。
- 特定比率在不同行业企业间的表现水平不同是非常正常的。例如,比较便利店与水泥厂的资产负债率是没有意义的。因此,在比较财务比率时应该使用同业基准。
- 过去的财务比率表现及企业运营趋势并不能保证未来情况不变。理解导致企业财务比率变化的因素(非财务信息部分)比发现趋势本身更为重要。

为了便于理解,我们将小微企业财务分析中常用的财务比率按照衡量目标分为以下几类:衡量运营表现、衡量流动性、衡量营运资本、衡量现金流表现、衡量经营情况(盈利性)、衡量回报(资本回报率)、衡量风险(偿债能力)。接下来,我们将对这几类财务比率逐一展开讨论。

财务比率类别

运营表现分析关注的是小微企业在销售和提升企业价值过程中的效率。一般而言,效率越高,说明企业运营得越好。

运营表现类财务比率

(1)销售额增长率:销售额增长率指的是销售额较上年同期的增长率,以百分比的形式表示。在评价该增长率的时候,需要考虑当前宏观经济环境、通货膨胀及行业整体的增长水平。

$$销售增长率 = \frac{当年的销售额 - 上年的销售额}{上年的销售额} \times 100\%$$

(2)净利润增长率:净利润增长率指的是税后净利润较上年同期的增长率,以百分比的形式表示。在评价净利润增长率的时候,要考虑销售业绩及企业成长、分红、贷款偿付等因素对利润提出的要求。

$$净利润增长率 = \frac{当年的税后净利 - 上年的税后净利}{上年的税后净利} \times 100\%$$

(3)员工人数增长率:员工人数增长率指的是全职或相当于全职的员工人数较上年同期的增长率,以百分比的形式表示。企业如果雇佣了更多的员工,成本也将增加。员工的增加是否提高了企业的运营效率?该比率应与下述的(4)(5)(6)项比率参照解读。

$$员工人数增长率 = \frac{当年的员工人数 - 上年的员工人数}{上年的员工人数} \times 100\%$$

（4）人均销售额：人均销售额指的是每个员工平均实现的销售收入。

$$人均销售额 = \frac{销售额}{员工人数}$$

（5）人均利润：人均利润指的是每个员工平均实现的利润，人均利润可说明增加员工数量是否有助于企业增加盈利。

$$人均利润 = \frac{税后净利}{员工人数}$$

（6）人均附加值：指的是每个员工的毛利贡献，它通常用于衡量企业人力资本投入的产出效率。

$$人均附加值 = \frac{销售额 - 销货成本（包括投入的原材料及服务）}{员工人数}$$

（7）固定资产周转率：固定资产周转率评估的是企业使用其固定资产创造销售收入的效率。一般情况下，固定资产投资是总资产最大的组成部分。固定资产周转率越高，越能体现固定资产的经济贡献。这个比率没有通用的标准水平，在分析时可以将目标企业的固定资产周转率与其历史同期水平、同业企业或行业平均水平相比较。

$$固定资产周转率 = \frac{销售额}{固定资产（包括产房、机器、设备等）} \times 100\%$$

（8）单位营业面积的毛利润：衡量的是每平方米经营面积所产生的毛利润总量，尤其适用于线下零售业（如超市、店铺）。如果每平方米经营面积的毛利润低于预期，就应该及时采取相应的纠正措施（如加强市场推广或调整销售产品线）。

$$单位营业面积的毛利润 = \frac{销售额 - 销货成本}{经营场所平方米面积}$$

（9）平均入住率：尤其适用于酒店、医院住院部、购物广场招商等以服务设施数量作为总营业额瓶颈的行业和企业。入住率的理论最小值和最大值通常为0和100%。

$$平均入住率 = \frac{已使用服务设施数量}{总服务设施数量}$$

（10）每个机器每小时产生的销售额或毛利润：加工制造类企业通常使用此类指标衡量每台机器的使用效率。如果一台机器产生的经济贡献低于预期，就应该及时采取相应的纠正措施（如优化生产流程或者用效率更高的机器落后产能）。

$$\text{每个机器每小时产生的销售额或毛利润} = \frac{\text{销售额}}{\text{机器运行小时总数}}$$

$$= \frac{\text{销售额} - \text{销货成本（包括投入的原材料及服务）}}{\text{机器运行小时总数}}$$

企业需要持有足够的现金和可用于支付短期到期负债义务的预期现金流。无法按期支付账单、工资、税单或者利息都有可能导致企业经营失败。流动性指的是资产转换成现金的速度，用于衡量时间维度（资产变现需要多长时间）与价格维度（资产变现的价格）之间的关系。可以通过比较流动资产与短期负债来判断企业的流动性水平，流动资产超过流动负债的部分越多，企业的流动性就越强。如果企业有足够的可以快速转变成现金的流动资产，该企业就更有可能按时支付短期债务并为下一步的贸易提供资金。相反，过低的流动性则可能是企业出现资金困难的信号。

流动性类财务比率

（1）流动比率：流动比率是流动资产与流动负债的比值，通常用来衡量企业的流动性。一般我们认为，如果企业的流动比率大于2，该企业的流动性强；如果企业的流动比率小于1，该企业的流动性弱。

$$\text{流动比率} = \frac{\text{流动资产}}{\text{流动负债}}$$

流动性很重要，但它不等同于现金。大多数小微企业并不会持有大量的现金，它们的资产流动更依赖于应收账款、存货以及其他能够快速变现的短期资产。小微企业的流动性风险主要出现在宏观经济萧条时期，其下游客户的延迟付款或产品市场需求的下降，都可能造成企业在上游应付款或者金融机构欠款到期时出现支付困难。因此，现金、存货及应收账款的有效控制至关重要。流动资产的变现能力（现金循环周期）和流动负债的结构均需要进一步仔细分析。

（2）现金循环周期：现金循环周期或流动性周期是一项营运资本管理指标，是指企业在经营中从付出现金到收到现金所需的平均时间。对于只从事现金交易的企业来说，现金流的速率可能非常快，如快销零售业；但对于必须保持较高存货水平且业务交易都有一定账期的企业来说，现金流动的速度可能非常慢，如工业机械制造企业。

$$\text{现金循环周期} = \text{应收账款天数} + \text{存货天数} - \text{应付账款天数}$$

图4.30呈现了由现金通过购买转换成原材料，原材料转换成存货，存货再转换成销

售，最终转换成用于支付供应商货物和服务的现金的一个完整的现金循环周期。企业持有存货和应收账款的时间越长，就越需要流动性资产以确保到期能够支付供应商货款或偿付金融机构贷款。现金循环周期是企业从向供应商支付现金到从客户处收到现金之间的时间，意味着过渡资金缺口。资金缺口的大小取决于存货生产和持有的时间以及与客户及供应商达成的贸易条件。

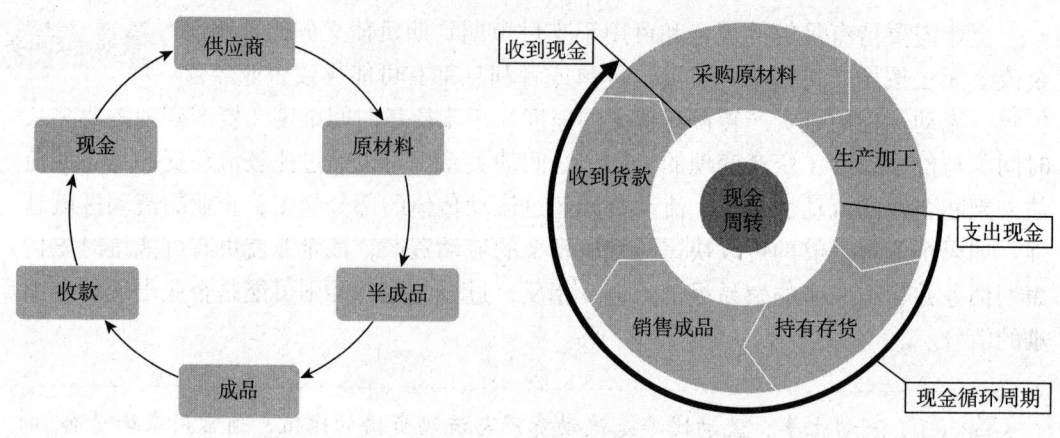

图4.30　现金循环周期

> 某小微制造企业由于存货（包括原材料、半成品和成品），现金循环周期较长，具体信息如下：

	天数
原材料：	25
半成品	30
成品	19
应收账期	69
应付账期	（62）
现金循环周期	81

在上面这个例子中，供应商期望于交货的62天后收到货款（见图4.31）。换言之，在将成品交付给客户的12天之前（25+30+19−62=12），该企业就需要结清应付账款。库存时间共计74天（25+30+19=74），而客户在收货的69天后才支付应收账款，即该企业在收到供应商供货的143天后才能收到客户支付的货款。因此，企业必须向供应商付款的时间与收到客户销售款的时间之间存在一个81天（143−62=81）的时间间隔，即过渡性资金缺口。在这个例子中，我们假设所有参与方均严格遵守贸易条款，但实际情

况通常并非如此——存货的停留时间可能比预期的更长,客户经常会延迟付款等。这些都会进一步加剧小微企业的现金问题。

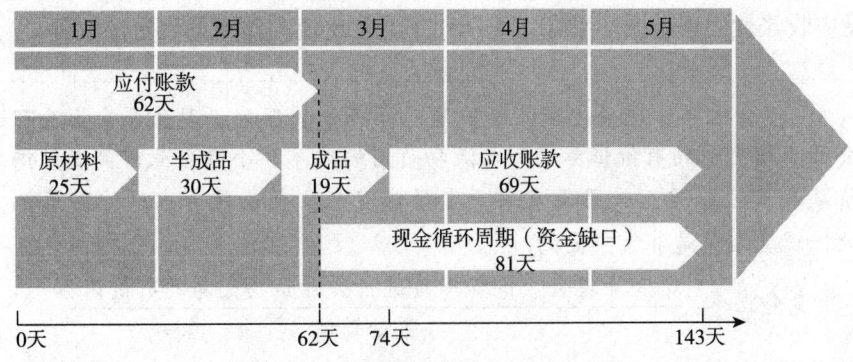

图4.31 现金循环周期资金缺口举例

通常,更短的现金循环周期意味着更高的流动性(即更小的流动资金借款需求),更多使用现金购买原材料来获得价格折扣的机会,以及更强的拓展产品线所需的流动性潜力。相应的,较长的现金循环周期增加了中小企业的现金需求。企业流动性在很大程度上受所在行业的影响。通常,生产制造业的现金循环周期较长,对流动资金的需求较高,其流动比率在1.3~1.7都很正常。批发业虽然没有原材料和半成品,但可能有很多应收账款,其现金循环周期相对较短,正常流动比率在1~1.3;零售业所有的存货都是成品,几乎没有应收账款,其现金循环周期往往最短,正常流动比率在0.9~1.1。但是也有一些例外情况,例如,酒类生产企业虽然也属于生产制造业,但由于需要保有一定年份的存货,使其可能需要维持4左右的流动比率。相反,食品生产企业虽然也同属于生产制造业,但由于存货流转较快,可流动资金更少。零售业也有这样的反例,餐馆应收账款可能很少甚至没有。古董珠宝店由于存货流转比较慢则可能需要更多的流动资金。

此外,还可以通过一系列其他比率对企业的流动性状况进行监控,如速动比率或现金比率。这些比率会排除一些比较难变现的流动资产,如存货、预付款、其他应收账款等。

(3)速动比率:速动比率(也称酸性测验比率)排除了存货和其他比较难转换成现金的流动资产,比流动比率更加保守。速动资产是指能够快速转换成现金的资产。速动资产排除了存货和预付款,由现金、可公开进行市场交易的有价证券和应收账款组成。

$$速动比率 = \frac{速动资产}{流动负债}$$

速动比率衡量的是企业以现金或准现金资产支付流动负债的能力,即是否有必要出售存货以满足即将到期的应付账款账单的支付要求。速动比率应该与流动比率相互比较，如果流动比率比速动比率高出很多，说明该企业很大一部分流动资产是存货，可能存在流动性问题。考虑近几年来的变化趋势也很重要。在评价这些比率的时候，也应考虑应收账款的现金循环周期，速动比率通常比流动比率得到更快改善。

> （4）现金比率：现金比率指的是流动资产中的现金、现金等价物及可进行公开市场交易的有价证券之和与流动负债的比率。小微企业需要支付供应商货款和其他账单，如果没有用于支付的现金，企业就会出现信用危机。因此，现金比率是非常重要的。
>
> $$现金比率=\frac{现金+现金等价物+可进行公开市场交易的有价证券}{流动负债}$$

为了管理好现金比率，小微企业需要监控当前的现金流以及银行存款的余额状况。企业需要以现金的形式持有一部分资产，主要原因如下。

- 日常交易目的：如支付租金、工资、燃料费、税费和利息等。
- 作为现金流出现问题的"保险"手段：企业可能需要现金储备，以确保企业在偿还短期贷款时有备用资金保障。
- 捕捉市场机会：供应商有时会提供折价商品（如提早付款情况下的折扣优惠），或者企业可能希望抓住某个具有高盈利性的短期投资机会。

所以，营运资本的现金部分至关重要。如果银行存款余额太多，虽然可能会有一定的利息收入，但小微企业更应该通过将资金投入业务经营中来获得更高的自有资本回报。如果银行存款余额太少，可能会出现无法及时支付账单的风险（如工资、水电费和税费的拖欠），招致更严重的后果。企业在决定持有的现金水平时，应该考虑到一系列因素，例如：

- 企业的类型：如像煤气、电力供应商这样的企业，通常有稳定且可预测的现金流；而烟花爆竹生产商的现金流则是季节性的且较难预测。
- 持有现金和借款的成本：包括一系列因素，如当前的利率、短期借款条件等。
- 总体的宏观经济环境：在萧条时期，很多领域都呈衰退趋势，不同行业的企业需要持有更多或更少的现金来应对。

> （5）流动性盈余与销售比率：流动性盈余与销售比率是流动性盈余（流动资产减去流动负债）与销售额的比率。随着销售额的增加，流动性盈余也应该相应地增长，这个比率理论上应该是保持不变的，否则意味着随着销售的增长，企业可能需要更多借款。
>
> $$流动性盈余与销售比率=\frac{流动资金-流动负债}{销售额}$$

管理营运资本各构成要素的方式可以对小微企业现金循环周期和现金流量产生巨大影响。企业与客户和供应商达成的贸易条件会在很大程度上影响库存的持有时间。例如,如果客户要求将撤销期限从30天增加到90天,由于竞争对手均提供了类似条款,企业则必须具有更多现金以保障能够按时结清供货商的账款。因此,任何有关贸易条件的决定都至关重要,降低应收账期可以改善现金流量,提高应收账期会使现金流量状况恶化。以下是一些在评估小微企业营运资本状况时常用的财务比率。

营运资本类财务比率

(1) 应收账款平均周转天数:应收账款平均周转天数表示企业对客户的平均"授信"天数,即客户赊购的平均天数。小微企业需要监控应收账款的清收情况,最大限度地减少坏账并确保始终有足够的现金用于业务经营。需要迅速对不愿或无法偿还债务的客户采取措施,取消继续供货。任何延迟付款都会影响企业的现金循环周期和现金流量。

$$应收账款平均周转天数 = \frac{应收账数}{销售额} \times 365$$

企业与其客户达成的贸易条件是什么?双方约定支付账款的时间?客户集中度怎么样?企业的大部分应收账款是属于少数客户吗?客户财力雄厚吗?这些问题都会影响到应收账款。应收账款周转天数的增加可能意味着:企业对应收账款的控制不佳(如没有及时开具发票);企业无法追回逾期债务;企业为了吸引新的合作伙伴或由于竞争压力而放宽了信用账期;企业的客户出现付款困难造成了坏账等。应收账款周转天数的减少可能意味着企业改善了对应收账款的管理或是出现了迫切的现金需求。

(2) 存货平均周转天数:存货平均周转天数指的是企业持有存货的平均天数。

$$存货平均周转天数 = \frac{存货}{销货成本} \times 365$$

精细的存货控制是营运资本管理的关键部分。仓库中存货过多不仅是对现金资源的浪费,而且增加了库存的破损、潮流的变化或竞争的变化而造成损失的风险。在考虑存货周转天数时,我们需要考虑:存货容易变卖吗?企业是否很好地管理并控制原材料、半成品和成品的数量?由存货特征决定的其他风险如何(如火灾、水灾、盗窃和变质等)?此外,企业在进货时需要考虑优化订货批量的经济性,即基于订单成本和存货持有成本决定最佳的单次订货数量。因此,企业持有存货周转天数的增加可能意味着:存货滞销(如产品过气、过期或质量下降);存货管理水平差;大合同交货期将至,需要提高存货水平;由于营销模式和策略的改变,需要加大存货量。企业持有存货周转天数的减少则可能意味着：存货（产品）俏销；由于现金需求被迫降低存货量；企业的存货管理能力提升；刚刚发出大量客户订货造成存货量下降。

如果存货数据出现很大变化，我们应检查估价的基础（存货单价、存货产品线以及存货数量）是否改变。在计算存货平均周转天数时，非常有必要分别计算原材料、半成品和成品的比率。除非企业的业务经营或贸易条件改变了，通常这些数据之间的关系具有一致性。

（3）应付账款平均周转天数：该比率指的是供应商允许的账期的平均天数。

$$应付账款平均周转天数 = \frac{应收存货}{销货成本} \times 365$$

小微企业及时支付应付账款（即所欠供应商货款）的能力对企业的生存至关重要。如果供应商经常被延期付款，他们可能拒绝进一步的货物交付或者要求立即全额支付货款。企业有多少应付账款？能否按时支付？与供应商所达成的贸易条件是什么？企业能够按照达成的贸易条件按期付款吗？这些问题均会影响应收账款水平。此外，应付税费（欠政府及税务部门税费）的增加也可能是企业现金短缺的信号。应付账款平均周转天数的增加可能意味着：企业无法及时支付账单；为了保留现金而延迟付款；刚刚收到一个大额应付账款账单。应付账款平均周转天数的减少可能意味着：企业为了获得折扣优惠而提早付款；在供应商的压力下缩短了应付账款的期限；刚刚支付了一个大额应付账款账单。

（4）净营运资产与销售额的比率：净营运资产是营业资本中主要受销售水平和贸易条件影响的主要构成部分，即资产端应收账款与存货之和减去负债端应付账款所得的净额。营运资本与销售额的比率是一个衡量效率的比率。它代表着企业营运资本管理能力，如果该比率增加，可能意味着企业对关键营运资本的管理不善，精细化管理通常会使该比率下降。如果企业对净营运资本的管理得当，随着销售额的增加，该比率应该至少保持不变。

$$净营运资产与销售额的比例 = \frac{(应收账款+存贷-应收账款)}{销售额} \times 100\%$$

净营运资产与销售额的比率在企业考虑业务扩张计划时非常实用。它显示企业每完成一单位额外销售所需的额外净营运资产数量。同样，当企业的贸易条件或现金循环周期恶化时，也会引发额外的净营运资产需求。在这两种情况下，如果企业对净营运资产管理不当，就会引发更多的现金需求。

比起数字本身，识别该比率的变化趋势，特别是原因更重要。如果净营运资产比销售额增长得快，可能意味着企业给客户提供了太过宽松的账期，企业的库存过多，或者其供应商过于强势。这些都会减缓从利润到现金的转换速度。

> （5）留存利润与销售额的比率：留存利润与销售额的比率指的是从实现的销售额中最终保留下来的收益占比。
>
> $$留存利润与销售额的比率 = \frac{留存利润}{销售额} \times 100$$

小微企业新营运资本的主要来源通常是留存利润，因此留存利润与销售额的比率表示了企业的"自身造血"能力。如果净营运资产与销售额的比率大于留存利润与销售额的比率，并且销售额在继续增长，这通常意味着增加的利润不足以覆盖净营运资产的增量需求，企业需要额外借款。

综上所述，销售额的增加会对营运资本产生影响。如果贸易条件（应收账款平均周转天数、存货平均周转天数、应付账款平均周转天数）不变，应收账款、应付账款以及存货水平会与销售额同步增长，最终通常导致企业需要更多的营运资本。

某小微企业的销售及营运资本情况。

	第1年		第2年		增长率
	万元	贸易条件	万元	贸易条件	
销售额	1000		1400		40%
销货成本	800		1120		40%
毛利润	200		280		
毛利率	20%		20%		
存货	87.7	40天	122.8	40天	40%
应收账款	109.6	40天	153.4	40天	40%
应付账款	98.6	45天	138.0	45天	40%
净营运资产	98.7		138.2		40%

第2年的销售额增长了40%。销货成本作为可变成本，通常与销售额以相同的百分比同步增长，因此毛利率会保持在20%左右。只有在销售价格的变化比例不同于销货成本的变化比例时，毛利率才会发生变化。如果贸易条件（周转天数）保持不变，存货、应收账款、应付账款、净营运资产会与销售额同比增长，即增长率均为40%。

	第1年		第2年		增长率
	万元	贸易条件	万元	贸易条件	
销售额	1000		1400		40%
销货成本	800		1120		40%

续表

	第1年		第2年		增长率
	万元	贸易条件	万元	贸易条件	
毛利润	200		280		
毛利率	20%		20%		
存货	87.7	40天	154.4	50天	74%
应收账款	109.6	40天	172.6	45天	57%
应付账款	98.6	45天	168.8	55天	71%
净营运资产	98.7		158.2		60%

如果由于存货滞销、坏账、应收账款回款情况恶化或者其他原因，第2年的贸易条件改变了，如上表所示，该企业的存货、应收账款、应付账款与销售额的增长就不成比例了。应收账款的天数由之前的40天增加至45天，应付账款天数由45天增加至55天，存货的持有天数多了10天。最终，在销售额增长率为40%的同时，净营运资产增加了59.5万元（158.2-98.7=59.5）。由此，贸易条件的改变促使企业产生了20万元（158.2-138.2=20）的额外营运资本需求。如果企业无法通过留存利润、补充资本投资或者固定资产变现获得这部分额外现金，企业就需要向银行申请20万元借款。

很多小微客户经理通常用销售额的增长来解释周转天数的变化，上面这个例子就证明这种解释是不全面的。销售额或者销货成本的增长无法完全解释应收账款、存货以及应付账款天数的变化，这些变化更可能是贸易条件的改变而导致的。

扩大销售并不是在所有情况下都是对企业有益的。当销售额增加到一定程度时，继续扩大销售额已经变得不经济。如果为了进一步提高销售额而不惜增大其他成本，就会造成"过度交易"。一些可能过度交易的信号包括：销售额、流动资产或流动负债大幅增长的同时所有者权益增幅不大；同时向上下游的合作方要求更长的账期；在销售额增长的情况下毛利率和净利率都下降。过度交易的危害在于，一旦信用额度透支，现金流就会变得更紧张，从而导致企业的生产水平被迫下降，损害盈利，使企业在支付到期费用时缺乏流动性。在严重的情况下，这会导致企业经营失败。

现金流类财务比率评估一家企业在经营活动中产生了多少现金，以及这个现金水平对于企业的可持续经营是否足够，由此反映企业的财务健康状况。利润对于企业来说当然是重要的，但是产生利润不等于产生现金流。即使是利润非常可观的企业，如果没有从利润中获得足够的现金，仍然会面临财务风险。如果企业主要通过赊销形式完成销售，在客户付款时才能收到销售产生的现金，这会对企业履行其财务义务造成困难。现金流量分析是下节的讨论重点，在此仅简要介绍两个常用的现金流类财务比率。

（1）经营现金流与销售额比率：企业的经营现金流与销售额比值显示了企业将销售转变为现金的能力。显然，企业产生的经营现金流越多越好。虽然该比率没有统一的参照标准，但持续稳定或不断改善的经营现金流能够说明企业现金流管理能力较好。

$$经营现金流与销售额比率 = \frac{经营现金流}{销售额} \times 100\%$$

（2）自由现金流与经营现金流比率：自由现金流是在经营现金流中扣除投资与固定资产支出变化后的剩余现金流。如果企业要维持自身的竞争力与效率，资本支出是必要的。但资本支出会消耗现金资源，任何企业都应该谨慎地规划资本支出。该比率的提高往往代表企业财务实力的增强。

$$自由现金流与经营现金流比率 = \frac{自由现金流}{经营现金流} \times 100\%$$

盈利性是衡量企业绩效的关键指标。利润是企业未来扩张和成长所需的营运资本和固定资产投资的有生基础。利润有助于企业的健康发展，能够确保企业有能力支付借款利息，并为承担风险的企业投资人创造合理回报。盈利性比率可以帮助我们理解小微企业的资源使用状况，了解其是否获得了利润并为股东创造了价值。判断企业盈利性时的常见问题包括：

盈利类财务比率

- 考虑通货膨胀后，企业的销售是否在增长？
- 销货成本与销售额的增长是否成比例？
- 费用与销售额的增长是否成比例？
- 是否出现非正常开支？
- 关键成本与销售额的增长是否成比例？
- 贷款利息和其他融资成本在销售额和利润中的占比是怎样的？
- 坏账水平怎么样？是否可控？
- 固定成本和可变成本的关系如何？固定成本是即使没有贸易活动也必须支付的费用，这些费用不会随着销售水平的变化而变化，如租金、物业管理费等。可变成本与销售额是同比变化的，如从供应商处采购的货物。
- 利润是源于贸易项还是非贸易项？
- 如果企业正在亏损，采取应对措施了吗？

下面是在小微企业利润分析中一些常用的财务比率。

（1）毛利润率：毛利润率（也称毛利率）用于评判小微企业使用原材料、劳动力和与生产制造相关的固定资产创造利润的效率。较高的毛利率代表较好的盈利性。

$$毛利润率 = \frac{毛利润}{销售额} \times 100\%$$

销货成本对小微企业的毛利率有非常大的影响，而控制这部分成本通常具有较大难度。由于受自身规模限制，小微企业的供应商通常具有较强的议价能力，供应商的定价政策很大程度上决定了企业的毛利水平。盈利管理能力较好的小微企业可以常年将毛利率维持在一个比较稳定的水平。因此，就小微企业而言，保持毛利率足够稳定远比追求其最大化更重要。企业毛利率的阶段性差别可能是由以下情况引起的：购入价格与销售价格的改变，例如，降价、提供提早付款的折扣优惠；销售价格下降；出售的产品类型和数量的改变（产品组合）；存货的破败或失窃损失；存货估价基础的改变；生产制造成本的变化（如工人工资）；采购或质量控制不佳造成次品率过高等。

（2）营业利润率：营业利润是扣除了日常开支和管理费用等固定成本，但未扣除利息、税费、折旧以及摊销前的利润（也被称作息税折旧摊销前利润，EBITDA）。

$$营业利润率 = \frac{营业利润}{销售额} \times 100\%$$

小微企业应该能够有效地控制日常开支与管理费用，因此我们需要仔细检查其营业利润率。该比率呈现的正面和负面趋势往往直接由企业管理决策导致。在企业间进行经营绩效的比较分析时，我们更倾向于比较营业利润，而不是净利润。营业利润排除了不同的借款水平（利息开支）、折旧政策以及适用税费这些企业个性化配置对盈利性的影响，因而被认为是更客观的衡量标准。

（3）净利润率：净利润是扣除了所有成本、利息、税费、折旧、摊销后的利润（也被称作税后利润，PAT）。

$$净利润率 = \frac{净利润}{销售额} \times 100\%$$

由于税费、折旧以及利息的不同，比较小微企业同业之间的净利润可能会存在一定问题。即使对同一家企业不同年份的同期数字进行比较，也面临着同样的问题。因此，在实践中，小微金融机构更倾向于使用营业利润或税前利润代替净利润评判企业盈利性。

（4）营业成本率：企业经营中的一些成本不会随着销售额的增长而变化，此类成本被称作固定成本，如租金、物业费等。这意味着在销售额增长的时候，利润可能以更高的比例增长。

$$营业成本率 = \frac{营业成本}{销售额} \times 100\%$$

小微企业可以通过有效控制营业成本来提高利润。如果我们了解并监控销售额与营业成本之间的关系，就可以知道企业在销售额增长的同时是否有效地控制了这些成本。

> 某小微企业的销售及成本情况如下。
>
> | | 第1年（万元） | 第2年（万元） |
> | --- | --- | --- |
> | 销售额 | 2000 | 3000 |
> | 可变成本 | 1600 | 2400 |
> | 固定成本 | 200 | 200 |
> | 可变成本/销售额 | 80% | 80% |
> | 净利润 | 200 | 400 |
>
> 与第1年相比，该企业第2年的销售额增加增长了50%。可变成本也增加了50%。而净利润率则增加了100%，比销售额增长得更快。同理，如果销售额下降了，净利润率也会比销售额下降更快，这是因为此时固定成本对总成本的影响将变得更大。

营业成本分析可以帮助我们识别固定成本变量与半可变成本之间的区别，并判断这些成本如何随销售趋势的变化而变化。半可变成本同时具备固定成本和可变成本的特征。以一家工厂的用电量为例，机器以及供暖设备的耗电量是固定成本，无论销售水平如何，这些都是必然存在的。生产开始后，耗电的可变部分就取决于销售与生产的水平。类似的例子还包括工人的工资，一部分是固定工资，另一部分则是和销售额挂钩的可变（绩效）工资。

（5）经营杠杆率：毛利润与净利润的比值被称为经营杠杆率，它反映了企业控制间接成本的能力。如果净利润比毛利润增长得更快，则表明企业间接成本控制严格。

$$经营杠杆率 = \frac{毛利润}{净利润} \times 100\%$$

企业经营杠杆率是一项利润稳定性指标，经营杠杆率越高，说明企业（净）利润越不稳定。如果经营杠杆率过高，销售额的小幅增长将带来净利润的大幅增加；反之，销售额的小幅下降将造成净利润的大幅减少。

任何投资都伴随着风险，小微企业也不例外。回报分析帮助我们判断，与投资人承担的风险相比，小微企业为其创造的投资回报是否合理。

回报类财务比率

(1) 权益回报率：权益回报率通过企业的净收入与股东权益之间的比率来表明企业对其股东的回报能力。该比率越高，企业对投资者的回报就越高。

$$权益回报率 = \frac{净利润}{总股东权益} \times 100\%$$

权益回报率既可以用于向股东说明企业对股东资金的使用情况，也可以用于与同业间的比较。但是该比率本身也存在弱点，即如果企业通过大量举债而不是依靠权益投资来进行业务扩张，该比率可能会大幅高于正常水平，也就是我们经常谈到的"财务杠杆"效应。财务杠杆也被称为融资杠杆，它是指企业通过扩大基于固定利息的债权融资规模（如银行贷款），使权益回报率变动幅度大于息税前利润变动幅度的杠杆效应。

(2) 已动用资本回报率：长期负债与股东权益之和被称为企业总的已动用资本。息税前利润与已动用资本的比值则是已动用资本回报率（ROCE）。

$$已动用资本回报率 = \frac{息税前利润}{已动用资本} \times 100\%$$

已动用资本回报率是对权益回报率的补充。该比率聚焦于企业在可用资本基础（包括借款）上创造回报的能力。企业的已动用资本通常是股东权益与长期债务之和，并不包括短期债务，所以我们需要考虑企业使用短期周转贷和信用额度达到长期融资效果的可能性。一般情况下，已动用资本回报率至少应该等于小微企业的平均借款成本。

(3) 资产回报率：资产回报率展示了企业使用全部资产创造利润的能力。该回报率越高，表明企业的资产使用效率更高。

$$资产回报率 = \frac{息税前利润}{总资产} \times 100\%$$

资产回报率通常受行业影响。由于较大的固定资产投资是资本密集型行业（如重型机器制造业）的基础要求，显然资本密集型行业的资产回报率远低于非资本密集型行业（如服务业）。通常来说，小微企业的资产回报率不应低于5%。

偿债能力类财务比率

财务比率有助于评估小微企业的风险水平。相比权益投融资，如果企业借款占较高的资产百分比，那么该企业的（财务）杠杆水平较高。杠杆率用于衡量一个企业的负债风险及偿债能力，杠杆率越高，企业偿债能力越低。

(1) 杠杆率：杠杆率是企业总资产与股东及所有者权益之间的比率。

$$杠杆率 = \frac{总资产}{总股东权益} \times 100\%$$

关于企业的偿债能力，我们需要考虑：
- 企业的所有者及股东为企业投资了多少钱？
- 关于资产及股东权益，是否存在表外资产或者隐性资产？（例如，某一建筑物上次估价的时候是20年前，当前价格相比购买时可能已经上涨了多倍）。
- 企业的净资产总值？净资产是在增加还是减少？是什么原因引起了增加和减少？当然，净资产的改变通常是留存利润或亏损导致的。也可能是资产的重新估值，以及将研发费用或资产维护费用列为资本而非当期费用支出等其他原因。
- 如考虑资产质量，资产的价值是否被高估（或者低估）？
- 企业存在负债吗？这会降低企业的偿债能力从而增加一般债权人的风险。
- 企业是否存在对股东的长期薪酬承诺？这些通常显示为企业负债，但如果其预期用途是维持长期权益投资，就可以被视为准资本并计入权益中。银行通常要求股东做出书面承诺，同意企业全部偿还银行借款后再向股东履行此类长期薪酬承诺。

(2) 资产负债率：资产负债率是企业的总负债与总资产之间的比率。

$$资产负债率 = \frac{总负债}{总资产} \times 100\%$$

较低的资产负债率意味着企业对借入资金较低的依赖程度，杠杆越低，权益的地位就越强。相反，资产负债率越高，企业的偿债风险就越大。一般情况下，对于小微企业资产负债率的最高容忍度为75%。

(3) 负债权益比率：负债权益比率是指企业总负债与股东权益之间的比率。它用于衡量供应商和债权人对企业的资金贡献与股东的资金贡献之间的关系。

$$负债权益比率 = \frac{总负债}{总股东权益} \times 100\%$$

(4) 带息负债权益比率：指的是企业借款与股东权益之间的相对关系。

$$带息负债权益比率 = \frac{带息负债总额}{总股东权益} \times 100\%$$

小微金融机构通常期望借款人的带息负债权益比率小于100%。如果大于100%，则意味着贷款人投入企业的资金比所有者投入的还要多。通常，该比率越高，企业的偿债风险就越高。带息负债权益比率增加的原因可能是企业的借款量增加，企业亏损导致权益下降，或者股东减资、撤资或分红。带息负债权益比率没有统一的参考标准。如果企业经营时间很长，较高水平的带息负债权益比率相对是可以接受的；相反，如果是一家刚成立的或成立已久但近来利润状况不佳的小微企业，高水平的带息负债权益比率很可能是无法接受的。此外，如果大部分借款是负债或者有负债，高水平的带息负债权益比率也可能被认为是可以接受的。

（5）潜在杠杆比率：潜在杠杆比率与杠杆比率非常相似，唯一的不同只是对总借款进行的调整。该比率考虑了任何已经批准但还未提取的信贷额度，由此展示了企业使用了全部信贷额度和新发放贷款后的杠杆水平。

$$潜在杠杆比率 = \frac{总借款 + 未提取的信贷额度}{总股东权益} \times 100\%$$

（6）利息保障倍数：利息保障倍数表示企业利润和现金流的债务清偿能力，分为基于利润或基于现金流的利息保障倍数。

（6a）基于利润的利息保障倍数

$$基于利润的利息保障倍数 = \frac{息税前利润}{支付的利息} \times 100\%$$

（6b）基于现金流的利息保障倍数

$$基于现金流的利息保障倍数 = \frac{经营现金流}{实际支付的利息} \times 100\%$$

基于利润的利息保障倍数显示了利润与借款成本之间的关系，该比率越大，说明企业偿债能力越强。如果基于利润的利息保障倍数变大，原因可能是债务成本的减少或者利润的增加；如果利息保障倍数变小，则可能是更高的债务付息成本（借款更多或利息更高）或利润的降低引起的。基于利润的利息保障倍数的最低值应该是300%，如果低于此水平，说明企业极易受利率上涨的影响。基于现金流的利息保障倍数是经营现金流与总借款（银行的贷款和透支以及其他融资）产生的利息费用的比率。为确保企业产生了足够支付3年利息的现金，该比率通常也大于300%。

（7）偿债备付率：偿债备付率也被称为偿债覆盖率，是月度现金流量与月度借款费用（即月度还本付息总额）之间的比率。

$$偿债备付率 = \frac{月度现金流量}{月度还本付息总额} \times 100\%$$

偿债备付率越高，企业对贷款的还本付息能力越强。监控偿债备付率的变化趋势有助于及时发现企业财务状况的变化。小微企业的最低偿债备付率为150%，如果对企业的预期未来收入有任何质疑，则应要求其具备更高的偿债备付率。

其他偿债能力相关指标还包括以下几点。

• 资本支出水平：这可能占用大量的现金。这个数据通常可以在现金流量表中的投资现金流或资产负债表中的固定资产部分找到。

• 或有负债水平：这类负债可能会对企业产生很大影响。这个数据通常可以在企业或者个人的征信报告中体现，或者在分类明细账或总账的注释处找到。

• 租赁债务：这个数据通常既可以在融资租赁设备的合同、发票或其他凭证中找到，也可在分类明细账或总账的注释处找到。这些是必须履行的关键财务承诺。由于它们既不会出现在损益表上，也不会出现在资产负债表中，所以一般被称为是企业的隐性负债。过多的融资租赁会加大企业的风险。

• 企业的经营者及股东酬金：将此项与利润比较可以看出企业对留存收益的处理态度。

通过财务比率分析，我们可以发现小微企业发生某些事情的征兆，从而指导我们进一步调查企业。例如，销售额的下降使得企业由盈利状态转变成亏损状态，导致这一现象的原因可能有很多种——一些是在企业控制范围之内的，另一些则不受企业控制。财务比率达几百种，有经验的小微客户经理不需要计算所有的财务比率，我们应根据实际情况灵活选用合适的比率。通常情况下，我们首先应该检查企业是在成长还是萎缩，以及企业的盈利性是否足够支持其继续发展。如果在快速检查这些比率的过程中发现了某些疑点，我们应该进一步使用其他比率有针对性地对这些疑点进行调查分析。如果使用得当，我们可以通过财务比率得知企业经营表现的趋势变化以及与其同业相比的情况如何。比率本身无法解释任何问题，但它们可以凸显问题，指向企业的问题领域。因此，比率分析的主要贡献是为我们提供了一个系统分析企业经营表现的方法。表4.6归纳了本章讨论的几种常用财务比率。

表4.6 常用财务比率

衡量目标	财务比率
运营表现 （效率）	销售额增长率 净利润增长率 员工人数增长率 人均销售额 人均利润 人均附加值 固定资产周转率 每平方米营业面积的毛利润 平均入住率 每个机器每小时产生的销售额或毛利润

续表

衡量目标	财务比率
盈利性 （利润）	毛利润率 营业利润率 净利润率 营业成本率 经营杠杆率
回报性 （投资回报）	权益回报率 已动用资本回报率 资产回报率
流动性 （现金动员能力）	流动比率 现金循环周期 速动比率 现金比率 流动性盈余与销售比率
营运资本 （现金占用度）	应收账款平均周转天数 存货平均周转天数 应付账款平均周转天数 净营运资产与销售额的比率 留存利润与销售额的比率
现金流 （现金充裕度）	经营现金流与销售额比率 自由现金流与经营现金流比率
偿债能力 （债权人风险）	财务杠杆率 资产负债率 负债权益比率 带息负债权益比率 潜在杠杆比率 利息保障倍数 偿债备付率

财务比率分析注意事项1：非经常性项目

在开展财务（比率）分析的时候要注意很多方面。首先，我们需要将企业经营活动分为非经常性及经常性项目，这有助于更清楚地了解经营活动可能会产生的常规收入和费用。下面是一个企业在编制财务报表时混淆非经常性和经常性项目的例子。其中，该企业将卖掉不使用的仓库获取的收入也计在总收入中，但该行为属于非经常性活动。如果从总收入中减去这项收入，那么该企业的税后利润会变为负值。

> 某汽车零部件生产企业提供的2020年度损益表初表如下。企业对该年度的盈利情况很满意，并且认为这种盈利状况有利于顺利申请银行贷款。

单位：元

销售额		2500000
卖掉不使用的仓库取得的收入		1680000
总收入		4180000
销售和广告支出	216000	
其他各种支出	374980	
折旧	275000	
销售商品的成本	1596380	
管理支出	390840	
总支出	2853200	
税前利润		1326800
估计应缴税值		331700
税后利润		995100

人们常说，资产负债表就像一张快照，是企业生命中的一瞬间；损益表就像是一段录影，是对企业过去一段时间经营的回顾。需要注意的是，就像被拍照或被录像的人一样，我们看到的财务报表可能是临时"打扮"的、经过粉饰的。以下是一些常见的报表操纵或粉饰方式（见表4.7）。

财务比率分析注意事项2：报表粉饰

表4.7　常见的财务报表操纵或粉饰方式

财务科目	常见操纵或粉饰方式
应收账款	不肯透露时间久远到几乎成为呆坏账的债务，这些呆坏账会减少企业利润与资产的价值
存货（原材料、半成品及成品）	存货的数据是用于计算利润的，错误的数据会导致利润不可靠。而在很多情况下，存货的数据基于企业的财务估值，企业往往会在对自身有利的方面虚增存货价值。这样的情况包括不肯透露滞销的、废弃的存货。如果这些存货无法出售，这会减少资产的价值。 存货核算基准发生变化，把未出售存货的盈余部分作为了存货价值的一部分，这会虚增资产的价值
固定资产	通过少计固定资产折旧的金额而虚增固定资产的价值，导致用作贷款抵押物的固定资产的价值虚高。 通过多计固定资产折旧的金额而使固定资产的价值过低，导致企业的利润过低，从而承担较低的应付税款。 根据报表最终使用者的不同，企业通常会准备多份报表
折旧	这是一项企业可以"调整"的费用项。如果一台机器有10年的寿命，由于10年后需重新购置新机器，大多数企业每年会扣减固定资产价格的10%。然而，如果会计师突然决定该机器的寿命为20年，只需要每年在利润上扣减机器价格的5%，利润就上升了
维护性支出	在设备的日常维护上削减开支，直到设备状况差到必须购入新设备。这可以增加短期利润，但是长期来看这不利于企业的可持续发展

续表

财务科目	常见操纵或粉饰方式
收益性支出	指将研究与开发费用、企业的启动成本或者广告成本等作为资本项而不是费用，然后在多年内进行摊销。 如果将原本应该计入资本性支出的部分计入收益性支出，就会低估资产和当前收益。如果将原本应该计入收益性支出的部分计入资本性支出，就会高估资产和当前收益
子公司	企业股东有时候会采取以下手段： "抛弃"不盈利的分支机构——不将该分支报告同企业的报告整合在一起。 重新将一家关联企业划定为一项投资，这样就不必在报表中披露其亏损。 通知子公司增加给母公司的分红。 每一年都在报表上"扩大"企业的规模，逐步合并旗下的子公司，例如，第一年先合并拥有100%股份的子公司，第二年再合并占有75%股份的子公司，然后合并占有50%股份的子公司。 以合伙企业的形式运营控股企业的一部分业务。这样除了"母公司"所占的股份与利润，没有必要披露其他信息
财务杠杆比率/负债权益比率	由于金融租赁不会显示在资产负债表中，企业会使用金融租赁的方式来改善杠杆率。然而，这是必须要偿还的财务负债
企业与股东之间的长期借款	在会计年度的最后一天注入资金，然后在下一个会计年度的第一天取出资金。大多数人会认为这是一笔全年都在的资金。通过监控会计转账记录就能发现这种操作
销售额	不记录或不完整记录一些现金交易，导致销售额比实际低。 将当期销售计入下一个会计年度（从而降低利润）或将下个会计年度的销售计入本年度（从而增加利润）。 包含非强制性的销售合同，如可退货的销售。对于任何以可退货形式产生的销售额，都应该在销售额账目下以备注的形式加以说明。很显然，一旦发生大额的退货行为，就会极大地减少销售额和利润
坏账准备金	企业一般会通过调整坏账准备金或者前一年的盈利数据来操纵利润。如果想要提高盈利水平，企业会尽量减少坏账准备金的部分。这样的盈利水平是有很大水分的，如果企业自身情况不好，它们会将很多费用记在上一个会计年度，从而使下一年度的数据非常漂亮。 转移一部分准备金到利润中来增加可分配利润。通常，我们很难判断这些原本需要作为准备金的利润用于分红是否合法
营运资本与速动资产	吸收隔夜的短期资金，改善资产负债表结算当日的流动性。 在年底之前清理库存，从而改善存货周转。 在接近年末的时候缩短应收账款天数，延期支付应付账款，通过缩短现金循环周期改善流动性。 延期采购，在接近年末的时候加速发票的提交

一些小微企业会雇佣经验丰富的会计师，来伪造一些对它们有利的账目，如通过降低账面利润而尽可能减少税收支出。这些精心伪造的账目并不容易被识别。但在通常情况下，如果账目看起来好得令人难以置信，远超同类企业的账目，并且企业无法合理解释这是如何做到的，我们就需要非常谨慎了——这意味着该企业有财务造假的可能性。如果对某企业的财务数据产生怀疑，我们可以使用以下方法辅助判断：

- 查看现金状况，因为调整现金流比调整其他数据难得多。企业产生的现金数量应该与其声称的利润保持一致。如果企业的利润很高却没有产生任何现金,那么就应该对此提出进一步的问题,如是否有很大一部分销售是以应收账款的形式实现的。

- 检查企业会计政策是否有变化,如折旧估算方法。
- 仔细检查其客户未支付的账单,并查看是否与应收账款数据一致。
- 仔细检查未支付的供应商账单,并查看是否与应付账款数据一致。
- 检查存货,并查看是否与存货数据一致。
- 注意企业是否频繁购买和转让资产,通过并购来核销坏账。

有大量的案例证明,伪造账目与企业经营失败之间具有显著的相关性。如果发现任何通过伪造账目来使利润明显增加的证据,我们需要特别警惕并对该企业的还款意愿和还款能力持更加谨慎的态度。

4.3 盈亏平衡分析

为了取得经营成功,小微企业需要有效管理其财务风险与盈利表现,这是以充分理解成本构成并确保产生足够的收入来按时支付成本费用为基本前提的。

> 成本分类

> 固定成本是指在一定时期和一定业务量范围内,不受业务量增减变动影响而能保持不变的成本。固定成本往往是保持不变的,与销售额无关。

房租是一项常见的固定成本,即使在销售额与可变成本为零的情况下,企业仍然需要支付房租。因此,固定成本通常是间接费用,如租金、物业费、保险、汽车修理费用以及大部分工资。利息与贷款的分期付款也应该被视为固定成本,因为无论销售水平如何,这都是必须支付的。企业必须确保在这些账单到期的时候有足够的现金支付。有调查显示,不理解固定成本的属性是小微企业陷入财务困难的关键原因之一。

然而事实上,没有一项成本是绝对固定的。如果要增加销售额,企业可能需要雇佣更多的员工或者承担更多的机器运行费用。固定成本往往是非线性增长的(可能是阶梯形增长),即它们可能会在较长时间内保持稳定,但是一旦发生改变,变动幅度通常是相当大的。因此,企业需了解当固定成本增加时需要达到什么样的销售水平才能实现盈亏平衡。

> 可变成本又称变动成本,是指在总成本中随产量或销量的变化而变动的成本项目,主要包括原材料、燃料和电力等生产要素的价值,当一定期间的产量增大时,原材料、燃料和电力的消耗会按比例相应增多,所发生的成本也会按比例增大,故称为可变成本。

可变成本往往会随着销售和生产水平的变化而变化(通常呈正比变化)。它们通常是直接成本,如原材料或用于转售的货物的采购成本。可变成本还包括销售佣金和营销成本。

> 半可变成本是同时具备固定与可变成本属性的成本，即在特定的生产或消耗量之内，成本保持不变，呈固定成本属性。但超过一定水平后，成本随产量或销量的变化而变动，呈可变成本属性。

电费是典型的半可变成本。灯光、空调和机器每天都是要开启的，构成了企业基本的用电水平。然而，如果生产水平改变，这部分用电量每天都会变化。工资也是一样，在没有生产及销售的时候，企业需要向员工支付基本工资，但在有一定的生产销售后，工资成本会随绩效工资的支出而增加。如果有足够的信息基础，可以分别计算半可变成本中的固定成本与可变成本部分，并将它们分摊至对应的产品（成本）线。如果无法精确计算，当半可变成本中的固定成本部分占比超过50%时，将其归为固定成本，此时盈亏平衡点是被高估的。企业中固定成本与可变成本间的相对关系取决于其所在行业类型。相比制造业或酒店，零售业的固定成本占比往往较低。

对以上成本类型的基本认识是我们讨论盈亏平衡分析的基础。

> 盈亏平衡点是总收入等于总成本（包括固定成本和可变成本）的平衡状态，即当企业支付了所有成本及费用后正好要开始盈利的经营状态。盈亏平衡点能够帮助企业确定支付所有成本费用所需达到的销售量。由于折旧并不导致现金流出，我们建议在这个计算公式中不考虑折旧。
>
> $$盈亏平衡点 = \frac{固定成本}{毛利率}$$

如果企业知道它的盈亏平衡点，便可判断其销售量与盈亏平衡点的关系，以及经营状况是在改善还是在恶化。企业可以通过盈亏平衡点来管理价格、利润和费用这三个关键要素，尽力降低盈亏平衡点并提高利润。当由于竞争压力被迫降低销售价格或者面临成本上涨压力时，企业可以通过盈亏平衡分析研究和判断应对方案及其可能产生的影响，关键需要确保盈亏平衡点低于销售水平。

> 某小微企业的经营数据如下：
>
> | 销售额（元） | 2500000 | |
> |---|---|---|
> | 可变成本（元） | （1200000） | |
> | 毛利润（元） | 1300000 | 52% |
> | 固定成本（元） | （900000） | |
> | 折旧（元） | （100000） | |
> | 经营利润（元） | 300000 | |
>
> 由此，其盈亏平衡点 = 900000 / 52% = 1730770（元）。

在这个例子中，假设利润率和成本保持不变，当实现173万元的销售额时，企业达到收支平衡，即达到了盈亏平衡点。在每100元的销售中，有52元可用于抵消90万元的固定成本；其余的48元是可变成本（即产品的销货成本）。一旦支付了可变成本，剩下的52%部分都流入了"毛利润池"（见图4.32）。累计毛利润超过固定成本及折旧后，超出的部分进一步流入"经营利润池"。

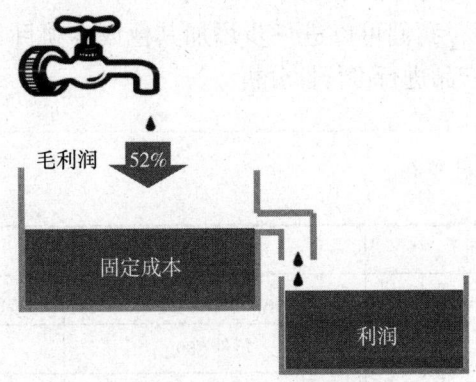

图4.32　盈亏平衡示意图

上例中，当企业实现250万元销售额的69.2%（173/250×100%=69.2%）时，就达到了盈亏平衡。因此，该企业可以承受销售额从250万元大约降至173万元而不出现亏损，对应的安全边际率为30.8%[（250-173）/250×100%=30.8%]。

显然，固定成本越高，盈亏平衡点就越高。如果利润率或销售价格发生变化，也会影响盈亏平衡点。

> 经营数据变化。

	情况0	情况1	情况2	情况3	情况4
销售额（元）	2500000	2500000	2500000	2250000	2250000
可变成本（元）	（1200000）	（1200000）	（1320000）	（1200000）	（1320000）
毛利润（元）	1300000(52%)	1300000(52%)	1180000(47.2%)	1050000(46.7%)	930000(41.3%)
固定成本（元）	（900000）	（990000）	（900000）	（900000）	（990000）
经营利润（元）	400000	310000	280000	150000	60000
盈亏平衡点（元）	1730770	1903846	1906780	1928571	2395161

上面的例子直观呈现了当固定成本、毛利率及销售价格各自发生变化时，对盈亏平衡点的影响。情况1中，当其他条件不变，固定成本在原有基础上增加10%时，盈亏平衡点也相应提高了10%[（1903846-1730770）/1730770×100%=10%]；

情况2中，当其他条件不变，可变成本在原有基础上增加10%时，盈亏平衡点提高了10.2%[（1906780-1730770）/ 1730770 × 100%=10.2%]；情况3中，当其他条件不变，销售价格在原有基础上降低10%时，盈亏平衡点则提高了11.4%[（1928571- 1730770）/ 1730770 × 100%=11.4%]；而当前三种情况中的变化同时出现在情况4时，盈亏平衡点激增了38.4%[（2395161- 1730770）/ 1730770 × 100%=38.4%]，营业额没有达到盈亏平衡点，造成了企业60000元的经营亏损。

在盈亏平衡分析中，我们可以进一步添加其他成本项目（如董事报酬或目标利润）用于对企业引进新产品进行可行性分析。

> 某新产品线的数据变化。
>
> | 销售价格（元） | 每件 2200 | |
> |---|---|---|
> | 可变成本（元） | 每件（1300） | |
> | 毛利润（元） | 每件 889 | （40%） |
> | 固定成本（元） | （13500000） | |
> | 目标利润（元） | 15000000 | |
>
> 由此，目标销售额 =（固定成本+目标利润）/ 毛利率=(13500000+15000000)/ 40% = 71250000元。相应的目标销量为32386件（71250000 / 2200= 32386）。

在做出重要投资决策之前，小微企业可使用此类可行性分析测算市场上是否有足够的产品需求及企业是否具备足够的生产能力和销售能力。同理，小微金融机构也可以据此评估企业偿债风险，即在固定成本处添加年利息成本与分期付款，从而评估企业正常偿还贷款所需实现的盈亏平衡销售水平。

> 安全边际率衡量的是盈亏平衡点与预计销售水平之间的差异。安全边际越高，说明企业销售及盈利情况越好。
>
> $$安全边际率 = \frac{销售额-盈亏平衡点}{销售额} \times 100\%$$

当安全边际率<10%时，意味着盈亏平衡点处于当前产能或销售的上限水平，即使销售额只是小幅下降，也可能对企业造成较大影响。由于安全边际率过低，一旦企业没有实现目标产量或目标销售水平，就可能陷入亏损。因此，安全边际率>25%是相对合理、风险较低的建议标准。图4.33呈现了销售额、成本、盈亏平衡点与高安全边际率之间的相互关系。

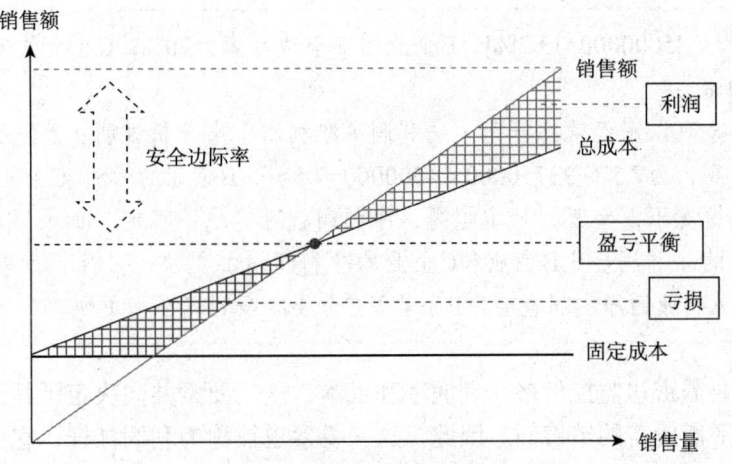

图4.33　盈亏平衡与安全边际

即使是相同的净利润水平，不同企业的盈亏平衡点可能也不同。每个企业的盈亏平衡点取决于自身成本、利润率以及销售价格之间的关系。

三家小微企业经营数据。

	A 企业		B 企业		C 企业	
销售额（元）	45000000		60000000		80000000	
可变成本（元）	(11250000)		(30000000)		(60000000)	
毛利润（元）	33750000	75%	30000000	50%	20000000	25%
固定成本（元）	(29250000)		(24000000)		(12000000)	
净利润（元）	4500000		6000000		8000000	
净利润率	10%		10%		10%	

目前，每家企业的净利润率均为10%。然而，如果三家企业的销售额均下降20%，A企业受到的影响最严重。

	A 企业		B 企业		C 企业	
销售额（元）	36000000		48000000		64000000	
可变成本（元）	(900000)		(24000000)		(48000000)	
毛利润（元）	27000000	75%	24000000	50%	16000000	25%
固定成本（元）	(29250000)		(24000000)		(12000000)	
净利润（元）	-2250000		0		4000	

在销售额均下降20%的情况下，净利润出现较大差异的原因是三家企业的安全边际率不同。A企业安全边际率最低，为13.3%[（45000000−29250000 /

75%）/ 45000000=13.3%]，B企业的安全边际率为20%，C企业的安全边际率为40%。

我们也可以用经营杠杆率（毛利润 / 净利润）来分析说明：A企业经营杠杆率最高，为7.5（33750000 / 4500000=7.5），B企业的为5，C企业的为2.5。一般情况下，经营杠杆率越高，净利润就可能越不稳定。如果销售增加，A企业的净利润会比B企业和C企业的净利润增加更快；另外，如果销售额下降，A企业的净利润也会比B企业及C企业的净利润下降更快。

小微企业需密切监控价格、利润率和成本，这三要素共同决定了其盈亏平衡点，即实现盈亏平衡所需的销售额。因此，这三要素也被称为利润杠杆，它们的任何变化都会对利润水平产生影响。

1%的变化对企业净利润造成的影响。

	价格 +1%	毛利润 +1%	利息、折旧等间接费用 −1%	积累效应
销售收入（元）	12120000	12000000	12000000	12120000
毛利润率	55.00%	56.00%	55.00%	56.00%
毛利润（元）	6666000	6720000	6600000	6787200
利息、折旧等间接费用（元）	（6140000）	（6140000）	（6078600）	（6078600）
税前净利（元）	526000	580000	521400	708600
净利变化	14.3%	26.1%	13.3%	54.0%

上面的例子显示，每个利润杠杆变化1%引发的利润变化都远远高于1%，而这些变化共同作用会造成54%的利润变化。无论对于间接费用还是销售价格，1%都不是一个非常大的变化，然而它们在现实中的变动幅度通常更大，相应地对利润的影响也会更大。很多小微企业没有意识到利润杠杆的微小变化会对企业的盈利性造成巨大影响，甚至导致企业成本和价格控制的失败。再次强调，每个利润杠杆1%的变化所导致的利润变化都远高于1%。

盈亏平衡分析总结　综上所述，作为实用且易懂的财务风险评估技术，盈亏平衡分析的优点如下：

• 可以作为运营计划工具。一旦计算了盈亏平衡点，便可由此设定每周或每月的最低销售目标。

• 可以作为战略规划工具。通过研判价格与利润率的变化对盈亏平衡的影响，从而制定对企业最有利的价格策略与产量规划。

• 可以作为新项目的可行性分析工具，并测算实现目标利润水平所需的产量。

这里需要假定对于产品的需求是完全有弹性的，即产量的变化不会引起产品价格的变化。

- 可以作为企业盈亏的"压力测试"工具，即基于单一利润杠杆变化对目标销售和利润的影响，规划相应的应急预案。
- 是评估企业偿还债务能力的分析方法之一。

同时，盈亏平衡分析方法也存在缺点：

- 盈亏平衡分析的基本假设是销售价格保持不变。现实中并非总是如此，特别是那些可能迫于竞争压力需要提供折扣或降低价格的小微企业。
- 盈亏平衡分析的另一个基本假设是利润率保持不变，现实中也并非总是具备该条件。小微企业可能以不同的利润率出售各种产品。在经济萧条期，高利润率的产品销量可能下降，低利润率的产品销量可能增加，而总的销售额可能不变。在这种情况下，整体的利润率会下降，盈亏平衡点所需的销售额会提高，安全边际率会降低。
- 企业的固定成本也可能改变。
- 盈亏平衡分析假设所有的产出均被售出。而在现实中，这一条件是否成立需在调研企业和市场后确认。
- 盈亏平衡分析高度依赖输入变量数据的精确度。

4.4 现金流量分析

现金流管理对小微企业的业务经营至关重要。如果企业没有足够的现金来支付到期账单，就可能会引发诸多问题，例如，供应商可能会取消企业的订单并要求全额支付未清货款；下游客户可能由于无法及时收到货物转而与企业的竞争对手合作；水电供应会因欠费而被切断；工人会因拿不到应得的工资而离职；金融机构可能要求全额偿还未清贷款；企业可能被债权人起诉等。需注意，即使在经营过程中产生了利润，企业仍可能持续性缺少现金，在通过经营产生大量现金流的同时出现财务亏损。了解借款人的现金流情况对于小微金融机构而言非常重要，但关于现金流的信息是无法在资产负债表与损益表中找到的。因此，我们接下来首先讨论现金流的驱动要素及现金流量表的组成部分。

现金流的驱动要素主要包括销售额、利润率和固定资产变化。销售额无论是增加还是减少，都会对现金流产生巨大影响。如果销售额增加，企业对现金的需求会随之变化。在毛利率与贸易条件保持不变（即应收账款周转天数，存货周转天数，以及应付账款周转天数不变）的情况下，应收账款、应付账款和存货通常与销售额同比例增长。由于更多的货物会以赊账的形式销售给顾客，企业需要更多的存货才能确保销售订单的交付。这些营运资本的增加可能伴随着大量的现金需求。此外，销售额的增加通常是以固定资产投入的增加、场所租赁费用的提高和额外员工的雇用为基础的，其他可变与半可变成本一般也会随之增加。如果利润率保持不变，利润会增加，现金流也会增加。同理，如果毛利润与贸易条件保持不变，应收账款、应付账款和存货会随销售量的下降而下降，导致企业的现金需

> 现金流的驱动要素
> 1：销售额

求随之变化。此时货物更少以赊账的形式被销售给顾客，企业只需要更少的存货就可以确保销售订单的交付。营运资本的减少可以节余大量现金。

当然，改善贸易条件可以降低企业的营运资本需求，但贸易条件不可能无限改善。小微企业至少需要一定的存货水平才能维持业务经营的效率，竞争压力会导致一定账期预期的产生，但供应商可能不愿承担延长账期带来的额外风险。很多大型企业通过要求其上游小微企业供应商提供更有利的信用期限来改善自身的现金流，但即使是大型企业，在这样操作时也需要非常谨慎。例如，家乐福曾向其供应商单方面提出了无条件退货以及更长赊销期的政策，这样就给部分供应商带来了不小的问题，甚至直接导致部分供应商退出了家乐福的采购系统。在类似的情况下，由于小微企业通常没有足够的能力去抵制此类要求，对其自身的现金流可能产生巨大影响。同时，不同类型的企业对营运资本的要求也不同。零售企业通常是现金销售，很少有应收账款，同时由于不从事生产制造，它们也没有原材料与半成品的需求。本单元4.2节中所讨论的营运资本要求与现金循环周期是理解小微企业现金流的基础。

现金流的驱动要素2：利润率

损益表中利润率的变化也可以使现金流发生变化。利润率可以分为毛利润率与息税折旧摊销前利润率，前者主要受销货成本率影响；而后者则受销货成本率以及固定成本的影响。销货成本率的降低将使毛利率及经营活动的现金流相应增加，而固定成本中现金间接费用的降低则使息税折旧摊销前利润率与经营活动的现金流相应增加。

现金流的驱动要素3：固定资产

固定资产的变化，特别是在投资方面，是造成现金流变化的另一主要驱动因素。投资的额度一般较大，通常超过企业经营现金流。企业需谨慎地判断投资项目在未来数年内带来的额外现金流入能否抵消最初投资时的现金流出。投资通常涉及新（债务）贷款资金的流入和冲抵投资初期出现的负现金流。该项投资需要产生足够的现金流入以承担贷款的还本付息。此外，我们需要留意企业固定资产投资的总体情况。对于稳健增长的小微企业而言，对固定资产的投资超过年度折旧费用是很正常的，因为它们通常有提高生产力、置换陈旧设备与更新技术的持续投资需求。如果固定资产投资小于折旧费用，意味着该企业可能在推迟必要的投资、缩小经营规模或正处于衰退期。推迟必要的固定资产投资可能导致未来出现更高的支出和技术过时造成竞争力衰弱的风险。

现金流量表

作为最重要的财务报表之一，现金流量表可用于监控以上驱动要素对企业现金流造成的影响。现金流量表记录了企业在一个财务年度（或一段特定时间）内现金流入与流出的动态，即现金与现金等价物的变化。现金包括手头货币和活期存款。现金等价物指的是很容易转变成现金的高流动性短期投资或资产。如果没有现金流量表的支持，资产负债表与损益表作为管理工具的作用是有限的，甚至可能造成误导性判断。损益表与资产负债表基于权责发生制制定，其中显示的很多收入与费用都是预提或待摊项目，这些会计科目并不会反映现金的变化。

造成现金流量和收入变化之间差异的主要原因是非现金收入或开支及非营业收入

或开支。损益表中的非现金项目包括折旧、摊销及坏账准备金。出售资产的获益部分仅仅是基于资产净值做出的调整，而资产净值只是根据累计折旧调整后的账面价值。这些项目与销售产生的现金都是分开显示的。

如图4.34所示，现金流量表把企业产生与使用的现金分为经营现金流、投资现金流和融资现金流。企业期初与期末现金余额应与三种不同活动所产生或使用的现金流量净值相符。理想状态下，小微企业应该编制月度或季度的现金流量表。

> 现金流量表的组成部分

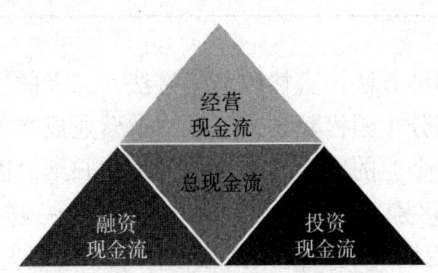

图4.34　现金流的来源

经营现金流提供了企业日常经营活动产生的现金的信息。经营活动指的是那些产生收入或者费用（包括购进原材料或采购商品）的活动。根据中国会计准则，产生现金流入的经营活动包括收到客户的付款以及其他经营现金收入，产生现金流出的经营活动包括支付供应商货款、员工工资、利息费用、税费以及其他经营费用。企业如果遵循国际财务报告准则（IFRS），此项还可以包括收到或支付的利息与分红。

投资现金流包括固定资产（如房产、设备和车辆等在较长的时间段里产生销售的资产）和投资项目（如对子公司的投资、投资没有上市的公司）的购买与出售。投资活动产生的现金流入包括固定资产（如房产、设备和车辆等）的出售，把资金借给他人并收到还款也被认为是投资活动。新的投资项目会影响投资现金流，而贷款以及本息的偿还会出现在融资现金流中。

融资现金流包括借款与还款、发行股权、支付股息等。例如，如果企业借款用于购买设备或偿还贷款，可通过现金流量表确定每笔交易对应的现金变化。

表4.8分别汇总了造成现金流入或流出的三类活动。

表4.8　造成现金流入/流出的活动

经营活动	投资活动	融资活动
现金流入		
来自客户的付款 应收账款产生的利息收入 收到销售返点 应收账款回收 其他经营现金收入	收回投资款项 投资项目的出售 固定资产的出售 利息收入 股息收入	发行股权 借款

续表

经营活动	投资活动	融资活动
现金流出		
支付供应商货款 支付员工工资 支付利息（IFRS） 支付股息（IFRS） 支付所得税 其他经营现金的支付	固定资产的购置 投资项目的购买等 其他与投资活动相关的资金支付	支付股息 支付利息 股权回购

编制现金流量表有两种方法：直接法与间接法。二者的主要区别在于，直接法分别对损益表的不同组成部分（销售额、销货成本及营业成本）进行现金化调整。间接法则是从利润数据出发对企业的三类活动进行现金化归纳。因此，在最终报表的呈现格式上也会存在一些细微区别，但计算出来的结果是完全一样的。

间接法

下面我们先展示使用间接法编制企业现金流量表的主要步骤。首先，我们需要最近2年的损益表和资产负债表。编制现金流量表的第一步是通过比较两个资产负债表上的项目，确认资产与负债的变化并识别对应的现金变化。需要注意，资产的增加和负债的减少代表现金的使用；资产的减少和负债的增加是现金的来源（见表4.9）。

表4.9　现金的来源与使用

项目	资产	负债
现金的来源	减少	增加
现金的使用	增加	减少

> 某小微企业最近两个财务年度资产负债表。
>
> | 项目 | 2020年
12月31日
（单位：万元） | 2021年
12月31日
（单位：万元） | 项目 | 2020年
12月31日
（单位：万元） | 2021年
12月31日
（单位：万元） |
> |---|---|---|---|---|---|
> | 现金及银行存款 | 100 | 90 | 应付账款 | 94 | 94 |
> | 短期投资 | | | 短期银行贷款 | 295 | 290 |
> | 应收账款 | 410 | 394 | 应付税款 | 16 | 16 |
> | 速动资产小计 | 510 | 484 | 预提费用 | 100 | 100 |
> | 存货 | 616 | 696 | 短期负债小计 | 505 | 500 |
> | 预付款 | 14 | 15 | 中长期贷款 | 453 | 530 |

续续

项目	2020年12月31日（单位：万元）	2021年12月31日（单位：万元）	项目	2020年12月31日（单位：万元）	2021年12月31日（单位：万元）
流动资产小计	1140	1195	总负债	958	1030
固定资产（按成本计算）	930	1030			
减去：累积折旧	（299）	（329）			
固定资产小计	631	701	股份资本	200	200
投资	50	50	追加资本	729	729
其他长期资产	223	223	未分配利润	157	210
总固定资产与其他资产	904	974	总权益	1086	1139
资产合计	2044	2169	负债和权益合计	2044	2169

损益表。

项目	2020年12月31日（单位：万元）	2021年12月31日（单位：万元）
销售额	2010	2300
销货成本	1407	1610
毛利润	603	690
营业费用	470	494
息税折旧摊销前利润	133	196
折旧	25	30
利息费用	45	59
税前利润	63	107
税费	16	16
税后利润	47	91
分红	8	38
未分配利润	39	53

比较两个年度的资产负债表，我们发现该企业的存货增加了80万元，预付款增加了1万元，固定资产增加了100万元（原值），很明显这些都涉及现金的使用。折旧是非现金项，所以在计算现金流时不予考虑。在现金流的分析中，我们关心的是企业是如何产生和使用现金的。因此，应该忽略由资产重估（折旧或升值）引起的资产价值的变化。

由此，资产部分涉及现金的变动总结如下：

项目	2020年12月31日（单位：万元）	2021年12月31日（单位：万元）	现金流（单位：万元）	现金来源/使用
速动资产				
现金及银行存款	100	90	−10	
短期投资				
应收账款	410	394	+16	来源
	510	484		
其他流动资产				
存货	616	696	−80	使用
预付款	14	15	−1	使用
总流动资产	1140	1195		
固定资产与其他资产				
固定资产（按成本计算）	930	1030	−100	使用
减去累积折旧	−299	−329		
	631	701		
投资	50	50		—
其他长期资产	223	223		—
总固定资产与其他资产	904	974		
	2044	2169		

负债部分涉及现金的变动总结。

续表

项目	2020年12月31日（单位：万元）	2021年12月31日（单位：万元）	现金流（单位：万元）	现金来源/使用
流动负债				
应付账款	94	94		
短期银行贷款	295	290	−5	使用
应付税款	16	16		
预提费用	100	100		
流动负债小计	505	500		
长期负债与其他负债				
中长期贷款	453	530	+77	来源
负债总计	958	1030		

续表

项目	2020年12月31日（单位：万元）	2021年12月31日（单位：万元）	现金流（单位：万元）	现金来源/使用
股份资本	200	200	—	
追加资本	729	729	—	
未分配利润	157	210		
权益总计	1086	1139		
负债和权益合计	2044	2169		

该企业短期银行贷款减少了5万元，属于现金的使用。长期贷款增加了77万元，属于现金的来源。

编制现金流量表的第二步是通过比较两个损益表中的项目，确认区别并识别对应的现金变化。来自利润的现金流是可以从损益表中得到的。然而，由于损益表中的非现金项目（如折旧）没有导致现金流出，在计算现金流量时这部分应该被加回至经营利润当中。

上例中，该企业损益表中涉及现金变化的项目汇总。

项目	2020年12月31日（单位：万元）	2021年12月31日（单位：万元）	现金来源/使用
销售额	2010	2300	
销货成本	1407	1610	
毛利润	603	690	
营业费用	470	494	
息税折旧摊销前利润	133	196	
折旧	25	30	来源
利息费用	45	59	
税前利润	63	107	
税费	16	16	
税后利润	47	91	来源
分红	8	38	使用
未分配利润	39	53	

其中，91万元的税后利润是现金来源，38万元的分红是现金的使用。

接下来，应根据损益表内的非现金科目对利润进行调整，从而得出正确的现金流量数字。这包括在利润中增加：

- 计提的任何准备金，如坏账准备金。企业并没有为此支付现金，这只是考虑了未来可能会发生的坏账情况对账目进行了调整。
- 出售固定资产所产生的任何损失。这是基于折旧做出的调整。任何出售资产所产生的现金流都应该被计入投资现金流量表。

此外，需从利润中减去：

- 准备金的任何减少。处理此类账目，并没有现金被返还到企业。
- 出售固定资产所产生的任何盈利。同理，这是基于折旧做出的调整。

使用间接法编制现金流量表的第三步，是从损益表中最近财务年度的税后利润开始，按企业的三类活动（即经营、投资、融资）逐条调整前两步中识别出的资产负债表和损益表中的非现金科目，并由此完成经营现金流、投资现金流及融资现金流的报表编制。

间接法

> 上例中，该企业2021年度现金流量表编制如下。

经营现金流	代表字母	2021年（单位：万元）
税后利润		91
+折旧		30
（−/+）固定资产出售：（获利）损失		
（+/−）坏账：准备金计提（减少）		
（+/−）其他非现金项：准备金计提（减少）		
经营现金毛流量	A	121
应收账款		16
应收票据		
其他应收账款		
预付款		−1
存货		−80
其他流动资产		
应付账款		
其他应付款		
应付税款		
应付利息		
其他流动负债		
营运资本的变化	B	−65
总经营现金流（A+B）	C	56

续表

经营现金流	代表字母	2021年（单位：万元）
（固定资产开支）忽略固定资产重估		−100
固定资产处置		
（借出款）收到还款		
长期投资		
投资收益		
总投资现金流	D	−100
自由现金流（C+D）	E	−44
增加（减少）短期贷款		−5
增加（减少）其他短期负债		
增加（减少）长期负债		77
分配红利		−38
增加（减少）权益		
总融资现金流	F	34
总现金流（E+F）	G	−10
现金和现金等价物的变化	H	−10

H项的数字取自2020—2021年的资产负债表中现金余额的变化。G项与H项的总数应该一致。

当然，也可以使用直接法编制现金流量表，直接法使用的信息与间接法基本无异，两种方法计算出来的现金流量是一样的。

使用直接法对上例中该企业2020年度现金流量表编制如下。

经营实收现金	代表字母	2020年（单位：万元）
净销售收入		2300
加上应收账款的减少（如是增加则减去）		16
加上预收款的增加（如是减少则减去）		
加上其他经营收入		
经营实收现金总计	A	2316
经营现金直接投入		
减去销货成本		−1610
减去存货的增加（如是减少则加上）		−80

续表

经营实收现金	代表字母	2020年（单位：万元）
减去应付账款的减少（如是增加则加上）		
总经营现金直接投入	B	−1690
其他现金支出		
减去营业费用		−494
减去应收票据的增加（如是减少则加上）		
减去其他应收款的增加（如是减少则加上）		
减去预付款的增加（如是减少则加上）		−1
减去其他流动资产的增加（如是减少则加上）		
减去应付票据的减少（如是增加则加上）		
减去其他应付账款的减少（如是增加则加上）		
减去预提费用的减少（如是增加则加上）		
减去其他流动负债的减少（如是增加则加上）		
其他现金支出总计	C	−495
现金支付的税费		
减去税收开支		−16
减去应付税款的减少（如是增加则加上）		
现金支付的税费总计	D	−16
现金支付的利息		
减去利息开支		−59
减去应付利息的减少（如是增加则加上）		
现金支付的利息总计	E	−59
总经营现金流（A至E）	F	56
投资现金流		
减去折旧		−30
减去固定资产净值的增加（如是减少则加上）		−70
总的资本支出	G	−100
投资到附属公司以及其他公司的现金	H	0
减去集团公司拆借欠款的增加（如是减少则加上）		
加上向股东的借款的增加（如是减少则减去）		
加上收到还款（如是放款则减去）		
加上长期投资减少（如是增加则减去）		
加上投资收入		
总投资现金流（G+H）	I	−100

续表

经营实收现金	代表字母	2020年（单位：万元）
债务融资		
加上短期贷款的增加（如是减少则减去）		−5
加上其他短期负债的增加（如是减少则减去）		
加上长期贷款的增加（如是减少则减去）		77
总债务融资现金流	J	72
权益融资		
减去应付红利		
减去宣布分派的股利		−38
加上权益的增加（如是减少则减去）		
总权益融资现金流	K	−38
总融资现金流（J+K）	L	34
总现金流（F+I+L）	M	−10
现金流以及现金等价物的变化（注意：M与N应该相等）	N	−10

现金流量表的历史数据可用于识别企业的资金来源及去处。在分析企业现金流时，首先要关注其经营活动产生的现金流。经营现金流显示了企业是否在日常经营活动中产生了现金以及是否需要更多的现金投入。如果企业连续出现了几期经营现金流负值，就是一个强烈的预警信号，我们需要了解企业的经营状况是否出现了问题。当然，我们也不能一概而论，尤其是在企业经营扩张，或者有计划地根据淡旺季情况增加应收账款或存货的情况下，出现负的经营现金流时。如果企业没有预料到会出现负的现金流，甚至一段时间后这一情况仍没有得到改变，那么就可能是企业经营失败的预警信号，这是我们不愿看到的情况。相比资产负债表和损益表，现金流量表更能反映企业在现金流动性方面的真实情况。

现金流量表全面反映了企业所有相关活动引起的现金的流动，其中也包括投资活动。当分析历史投资现金流时，我们首先可以看到企业是否将经营活动产生的现金用于扩大公司规模。新设备或其他资产投资的不足可能会导致企业的发展停滞或者意味着企业资金的转移。因此，通过对历史投资活动具体现金流的分析，我们可以判断企业对自身长期发展的基本态度和预期。

融资现金流的历史数据显示了企业负债偿还、资金借入、资本注入和红利支付的情况。随着企业的扩张，融资活动会变得越来越重要。潜在外部投资人及金融机构可据此了解企业的发展路径以及管理层的财务战略。

综上所述，现金流量表的三个部分呈现了企业在一定时期内现金的变化。比较企业过去不同时间段的历史现金流，我们可以更好地理解企业的发展趋势。积极的现金流发展趋势不仅会促使企业考虑将长期融资作为企业发展的推手，而且会增强企业对

基于历史现金流量的财务分析

创造现金以及自身还款能力的信心。充裕的现金流还能够增强企业作为借款人的议价能力，使企业更容易获得融资。所以，现金流量表的编制与维护是小微企业专业化财务管理建设的关键一步。

基于历史现金流对借款人进行财务分析时，小微客户经理需要格外关注以下问题。

- **经营现金流**：在对净利润进行现金化调整时，是否已考虑应收账款、存货、应付账款、应付工资以及所得税等条目？
- **投资现金流**：是否考虑了所有设备和资产购置活动对现金产生的影响？
- **融资现金流**：所有贷款都是以公司的名义申请的吗？所有贷款都有原始凭证或体现在征信报告上了吗？从银行流水是否能够验证该贷款的真实性？所有现金分红都有记录吗，是否可以从银行流水等渠道核实该信息？是否存在企业所有者和投资者对企业未报告的现金流入？
- **现金流整体分析**：以往经营活动产生的现金流发展趋势怎么样？应收账款为什么会大幅增加？在接下去的一两年内融资活动会如何变化？

基于预测现金流量的财务分析

除了历史报表外，所有认真进行现金流管理的企业都要做好预算工作，包括现金流预测、利润预测以及预期盈亏平衡分析等。预算是远期的财务计划，显示了企业在未来某段时间内的收入、支出以及现金流等财务目标。企业可以通过预算制定未来资源的短期或长期使用规划，如在运营层面企业需要估算满足生产目标所需的人力成本，销售团队需要估算用于增加销售额的促销成本。同时，预算还是有效的沟通工具，可以使员工理解企业的前进方向和企业对员工的预期。在信贷评估中，小微金融机构通常将借款人的财务预测与预算文件作为关键起点素材，根据可获得的书面证明进行预测，并基于前提信息做出客观评判。

企业的预算是呈现其资金开支的整体财务计划，受企业目标和实际执行力的影响。企业业务经营中的很多变量都是可以进行预算的，包括销售额、产量、成本、利润、现金流、资本投资和融资。

预算一般是企业根据对未来一年内可能情况的假设建立的。这些假设向我们呈现了企业对未来详细的经营预期，包括每月（或年）的销售、生产、员工工资和其他开支等。企业管理者需要有一定弹性的预算以应对意想不到的变化，例如，销售可能低于原本的预期水平，因此需要削减市场营销费用或者减少部分经营活动；订单的增加可能需要聘用临时员工，由此产生了额外的人工费用。有时候管理者需要使用零基预算，这意味着他们必须每年都从零开始调整所有的预计费用，而不是以去年的数据为基础。对于较大规模的企业而言，预算是根据职责界定划分的，分为成本中心（即财务费用较高的子部门，如工厂或洗衣中心）和利润中心（即主要为企业整体利润做出贡献的部门，如给酒店集团提供服务的部门）。预算周期通常是一整年，但有时也可以进行更长期的计划，比如当企业考虑进入一个新市场的时候。

企业可以使用敏感性分析评判不同的预算方案。敏感性分析指的是通过对未来假设预期变量的调整，形成不同的未来可能产生的情景，并在此基础上研判各种替代方案及其产生的影响。构成不同场景的未来假设预期变量包括以下几件。

- **经济展望**：该地区内整体的经济趋势如何？如萧条时期的劳动力过剩可能意味着企业产品市场需求的降低。
- **竞争**：主要竞争者可能实施什么战略？存在新竞争者进入的风险或者现有竞争者离开市场的情况吗？如果有新的竞争者出现在市场上了，企业应该降价还是加大市场营销活动的投入？
- **客户**：客户需求可能如何变化？
- **员工**：企业有足够的员工吗？工资足够保留关键人才吗？企业需要招聘其他专业人员吗？
- **供应商**：供应商市场发生了什么变化？例如，水电费价格的提高或降低会产生什么影响？汇率变化会如何影响成本？

企业通常预设2~3种可能的未来情景，并制订相应的方案来分析其对预算的影响。预算通常是基于历史数据以及对即将到来的一年的假设。预算实施过程中的实际结果和计划之间势必存在差异。这种差异既可能是有利因素（好于预期）引起的，也可能是不利因素（差于预期）引起的。细微的差异通常是无法避免的，不过它们的影响也不大。企业管理者的关键任务是关注那些预料之外的差异，尤其是不利的差异，对此企业必须仔细调查问题究竟出在哪里。可能的不利差异包括以下几件。

- **不切实际的预算**：预算数据可能需要修改或采取更为灵活的预测范围。
- **部分预测的目标没有达成**：如销售团队没有实现销售目标，这需要管理层立刻重视。
- **外部环境的变化**：如新竞争者的加入可能需要企业通过增加市场营销预算从而应对额外的竞争压力。

有利的变化当然是好消息，但是也不应该被忽略，因为随之而来的可能是一个关键机遇，如一个新的市场正在兴起或者一个竞争者退出。

预算涉及资源的使用，所以预算与关键绩效指标（KPI）是密切关联的。关键绩效指标包括企业销售额的增长、产量、资深员工保留率、岗位安全及事故记录和环保表现等。正如预算一样，关键绩效指标的实际达成与计划之间的差异是企业采取行动的依据。例如，如果工厂的环保表现变差了，企业需要考虑是否在设备上进行额外投资。如果安全事故增加了，企业需要考虑给员工提供更多的培训。

企业财务预算制定的流程和小微金融机构基于借款人预测现金流量的财务分析流程是一致的，首先需要根据关键假设条件编制预测年度损益表和预测年末资产负债表。下面我们继续沿用之前的企业案例，讨论编制这两个预测报表的基本步骤和逻辑。

> 上例中的小微企业今年计划在去年销售额的基础上实现15%的增长。该企业于2020年12月31日对2021年预期如下：

- 由于通货膨胀,间接费用会增加5%。
- 企业计划雇佣一名新员工,其年度薪资费用为25万元。
- 为了实现企业的销售额目标,企业管理层准备购置新的展示设备,费用为50万元。设备预计使用寿命为5年(每年的折旧为10万元)。
- 贸易条件与毛利润预期保持不变。
- 保持相同水平的现金余额,从而保证及时付款。
- 预计长期贷款会减少5万元,利息会增加6万元。
- 预期税率与红利金额均不变(当年红利于来年第一季度末支付)。
- 以下部分会保持不变:

资产	负债
现金及银行存款	预提费用
预付款	发行的股份资本
投资及其他长期资产	额外资本

假设我们当前时间也是2021年12月31日。首先我们需基于以上预期条件并结合企业最近两年的损益表,预测其2022损益情况如下:

单位:万元

损益表	2020年12月31日	2021年12月31日	备注	2022年预测
销售额	2010	2300	×1.15	2645
销货成本	1407	1610	70%	1852
毛利润	603	690	30%	794
营业费用	470	494	+5%+25万元	544
息税折旧摊销前利润	133	196		249
折旧	25	30	+10万元	40
利息成本	45	59	借款增加	65
税前利润	63	107		144
税费	16	16	税率不变	22
税后利润	47	91		123
分红	8	38	与去年相同	38
未分配利润	39	53		85

2022年计划购置的新展示设备的预计使用寿命为5年,成本是50万元,这意味着年折旧额为10万元。因此,2022年的折旧额需在2021年30万元的基础上增加10万元至40万元。如果所有预设条件均实现,2022年在扣除税金与折旧后企业的利润为85万元。

接下来，我们就可以编制预测资产负债表了。为此，我们需要首先做一些必要的辅助计算测算。

- 营运资本项：营运资本的每一项都会变化。在既有贸易条件保持不变的条件下，营运资本的每一项都会随着销售额成比例增长，即增长15%。

单位：万元

项目	2021年	+15%	2022年（预测）
应收账款	394	X 1.15	453
存货	696	X 1.15	800
应付账款	94	X 1.15	108

其他资产项：固定资产会增加50万元（新购置的展示设备），折旧会增加到40万元（见损益表）。

未分配利润：210万（2021年）+85万（预测的2022年未分配利润）= 295万元。

将这些调整后的数字和预期条件列入以下2022年预测资产负债表，得出预测总资产为2343万元，应该等同于负债与所有者权益之和。

单位：万元

项目	2021年 12月31日	2022年 12月31日预测	项目	2021年 12月31日	2022年 12月31日预测
现金及银行存款	90	90	应付账款	94	108
应收账款	394	453	短期银行贷款	290	364
	484	543	应付税款	16	22
存货	696	800	预提费用	100	100
预付款	15	15		500	594
	711	815			
固定资产	1030	1080	中长期贷款	530	525
减去累计折旧	-329	-369		1030	1119
投资	50	50	发行的股份资本	200	200
其他长期资产	223	223	追加资本	729	729
	974	984	未分配利润	210	294
			总权益	1139	1224
	2169	2343		2169	2343

由此，我们预测2022年末短期银行贷款余额需增至364万元。这个预测非常有价值，它展示了企业如果实施此预算方案可能出现的融资需求：

- 企业能够获得额外的74万元短期贷款吗？

> - 企业有能力支付由于贷款增加所带来的额外利息费用吗?
> - 如果企业无法获得必要的融资,预算计划应该如何调整?

年度预测的难题在于,短期贷款的年底预测数字在一年期间内是会变化的,尤其是销售有季节性的企业,有时候可能会有较高水平的销售额、存货、应付账款以及应收账款。因此,我们需要进一步做月度(现金流量)预测。

月度损益表预测是现金流量预测的前提,这是因为现金流量表中支付给供应商的货款以及应收账款的回款都基于损益表中销售与采购的数据。如表4.10所示,现金流预测与损益表预测中记录的信息是有很大区别的。

表4.10 现金流预测项与损益表预测项的区别

损益表预测项(权责发生制)	现金流预测项(收付实现制)
所有利润项都是排除增值税(销售税)的	所有现金项都是包括增值税的
所有成本都是基于每月实际使用的	所有成本都是基于每月实际现金支付的
基于每月发票确认的销售	基于每月收到现金的销售
基于每月发票确认的材料成本	基于每月实际付款的材料款
工资	工资
基于每月实际使用的间接费用	基于每月实际付款的间接费用
银行利息	银行利息
折旧	每月实际付款的增值税账单
税费(会计期末)	实际支付税款(支付月)
固定资产出售的利润/损失	固定资产的购置/销售
	资本——引入或提取
	融资——引入或偿还
	贷款偿还

下面我们继续沿用之前的企业案例,讨论月度预测损益表与月度预测现金流量表的编制步骤和逻辑。

> 上例中的小微企业损益表与现金流量表中所使用的基本假设:
> - 月度销售额预计在一年期间内会逐渐增长。
> - 月度间接费用预计在一年期间内会逐渐增长。
> - 贸易条件以及相应的付款百分比。
>
> | 项目 | 采购当月 | 采购后的1个月 | 采购后的2个月 |
> | --- | --- | --- | --- |
> | 应收账款 | | 10% | 90% |
> | 应付账款 | 42% | 58% | |

其他假设条件不变。

企业业务经营不存在季节性变化，接下去12个月的销售额预期数据。

单位：万元

预期	1月	2月	3月	4月	5月	6月	7月	8月	9月	10月	11月	12月	总计
销售额	200	205	210	215	220	225	225	225	225	226	235	235	2646
经营费用	42	42	44	44	45	45	46	46	47	47	48	48	544

基于以上假设条件，我们可以计算出销货成本、期末存货及采购。根据过去的分析，销货成本是销售额的70%：

单位：万元

工作表1		1月	2月	3月	4月	5月	6月	7月	8月	9月	10月	11月	12月	总计
销售额		200	205	210	215	220	225	225	225	225	226	235	235	2646
销货成本	70%	140.0	143.5	147.0	150.5	154.0	157.5	157.5	157.5	157.5	158.2	164.5	164.5	1852

存货的贸易条件保持不变，2021年存货天数为157.8天（696 / 1610×365=157.8）。因此预测2022年平均存货水平。

工作表2	期末存货	平均存货水平
存货周转天数	157.8 天	
总销货成本	1852 万元	
$\dfrac{存货周转天数 \times 销货成本}{365}$	$\dfrac{157.8 \times 1852}{365}$	= 801

上表中预测存货（801）与根据15%增长率估算的存货（800）一致，细微差别是小数四舍五入造成的。有了以上数据，就可以进一步预测采购数据。

单位：万元

工作表3	数据出处	数值	
销售额	已预测	2646	
期初存货	资产负债表（2020年期末）	696	
采购额	未知	1957	=（800+1852）-696
期末存货	已预测	800	
销货成本	已预测	1852	

计算采购额/销货成本比率。

单位：万元

工作表4	数据出处	数值
采购额	已预测	1957
销货成本	已预测	1852
采购额：销货成本	1957/1852×100	105.6

根据采购额/销货成本比率计算月度采购额。

工作表 5 单位：万元

	1月	2月	3月	4月	5月	6月	7月	8月	9月	10月	11月	12月	总计
销货成本	140	144	147	151	154	158	158	158	158	158	165	165	1852
采购额	148	152	155	159	163	166	166	166	166	167	174	174	1957
													105.6

上表中总计数字与工作表4中预测数值之间细微差别是小数四舍五入造成的。现在可以计算各月末存货。

工作表 6 单位：万元

	1月	2月	3月	4月	5月	6月	7月	8月	9月	10月	11月	12月	总计
期初存货	696	704	712	720	729	737	746	7545	764	773	782	791	696
加上采购额	148	152	155	159	163	166	166	166	166	167	174	174	1957
减去期末存货	704	712	720	729	737	746	755	764	773	782	791	800	800
销货成本	140	144	147	151	154	158	158	158	158	158	165	165	1852

由此，可生成预测月度损益表。

预测月度损益表 单位：万元

	1月	2月	3月	4月	5月	6月	7月	8月	9月	10月	11月	12月	总计
销售额	200	205	210	215	220	225	225	225	225	226	235	235	2646
期初存货	696	704	712	720	729	737	746	755	764	773	782	791	696
加上采购额	148	152	155	159	163	166	166	166	166	167	174	174	1957
减去期末存货	704	712	720	729	737	746	755	764	773	782	791	800	800
销货成本	140	144	147	151	154	158	158	158	158	158	165	165	1852

续表

预测月度损益表	1月	2月	3月	4月	5月	6月	7月	8月	9月	10月	11月	12月	总计
毛利润	60	62	63	65	66	68	68	68	68	68	71	71	794
经营费用	42	42	44	44	45	45	46	46	47	47	48	48	544
息税折旧摊销前利润	18	20	19	21	21	23	22	22	21	21	23	23	250
税费	2	2	2	2	2	2	2	2	2	2	2	2	22
折旧	3	3	3	3	3	3	3	3	3	3	3	3	40
利息	5	5	5	5	5	5	6	6	6	6	6	6	65
提取/分红	3	3	3	3	3	3	3	3	3	3	3	3	38
利润	5	7	6	7	8	9	7	7	6	7	8	8	85

根据贸易条件预测月度现金流量表。

单位：万元

预测月度现金流量表	1月	2月	3月	4月	5月	6月	7月	8月	9月	10月	11月	12月	总计
经营活动现金流入	0	0	0	0	0	0	0	0	0	0	0	0	0
应收账款（账期30天以内）		20	21	21	22	22	23	23	23	23	23	24	241
应收账款（账期60天以内）			180	185	189	194	198	203	203	203	203	203	1958
应收账款-上年度的	207	187											394
总经营性现金流入	207	207	201	206	211	216	221	225	225	225	225	227	2594
经营活动现金流出													
应付账款（现金支付）	62	64	65	67	68	70	70	70	70	70	73	73	822
应付账款（账期30天以内）		86	88	90	92	94	96	96	96	96	97	101	1034

续表

预测月度现金量表		1月	2月	3月	4月	5月	6月	7月	8月	9月	10月	11月	12月	总计
应付账款-上年度的		94												94
间接费用		42	42	44	44	45	45	46	46	47	47	48	49	545
税费支付				16										16
总经营性现金流出		198	191	213	201	206	209	212	212	213	214	218	222	2510
经营活动净现金流	A	9	15	-13	5	5	6	8	13	12	11	7	5	84
固定资产出售		50												50
资本支出														
总投资活动现金流	B	-50		38										-50
融资流入与流出														
所有者的资本注入														
分红支出														38
利息支出		5	5	5	5	5	5	5	6	6	6	6	6	65
本金支付		1	1		1		1		1		1			5
总融资活动现金流	C	-5	-6	-43	-6	-5	-6	-6	-7	-6	-7	-6	-6	-108
月度总现金流		-46	9	-56	-1	0	0	2	6	6	4	1	-1	-74
期初短期银行贷款余额		-290	-336	-326	-382	-383	-383	-383	-381	-375	-369	-365	-364	-290
期末短期银行贷款余额		-336	-326	-382	-383	-383	-383	-381	-375	-369	-365	-364	-364	-364

虽然短期银行贷款余额为364万元,但部分月度现金流(标黄部分的月份)更为紧张,短期银行贷款需求甚至达到383万元。由此可见,月度现金流量预测可以暴露出某些通过年度报表很难发现的问题,而这恰恰是影响企业还款能力的关键风险点。

我们通过上面的例子可以发现，关于未来的基本假设条件是财务预测的基础。无论是对假设条件的预测还是对预算过程中具体财务项的预测，都需要遵循保守原则，确保预测合理可行。如果我们发现企业的某些发展趋势（如毛利润率逐年下降或销售额持续上升等），则应该将他们反映在相应的预算中，除非确实有迹象表明这些趋势会在预测期间发生变化。

在对未来利润和现金流的预测过程中，我们尤其要注意以下问题。

- 销售额：预测的数字现实吗？预计增长的理由是什么？销售额的增长是来自存量客户需求的增量还是新增客户及市场份额的提升？我们既要分析企业过去的表现，如过去3年的损益情况，又要考虑宏观经济前景与未来的竞争情况。
- 毛利润：参考企业的历史表现，如果销售额预计会增长，实际的利润率能保持稳定吗？如果销售额预计会下降，实际的利润率是会增加还是会下降？企业产品组合是否会变化，可能会产生什么影响？销货成本是否能保持稳定，甚至降低？
- 间接费用：比较历史数据，基于"二八"定律和常识来识别大幅的增长与下降，确保它们是真实发生的。如果销售额发生了变化，需要确定哪些间接费用也可能会随之变化。
- 现金及现金等价物期初余额：需要检查企业的现金及银行账户余额是否与报表中记录一致。
- 贸易条件：贸易条件非常关键，但不容易调查。要检查企业过去资产负债表中的应收账款数据是否反映了应收账款的真实情况，而不只是财务层面上简单的数字加总。对应付账款也是如此。通过比较企业管理层的口述情况和主要合同、银行流水及收据，对应收应付进行交叉检验。此外，需要将企业的付款条件与已知的相关行业付款条件进行比较，判断其可信度。

对于小微客户经理而言，掌握企业的预期收入和现金流情况是至关重要的。缺乏现金流是小微企业失败的主要原因。很多因素都可能导致借款人的现金流发生变化，小微金融机构必须能够辨别最主要的影响因素，评估可能造成的流动性风险并且确保这些风险是可控的，只有这样才能保证借款人的还款能力。

对于大多数企业而言，预测未来一年的现金流是非常有必要的，它可以帮助企业计划现金需求和现金来源。如果发现现金需求超出了企业资金来源的承受能力（包括目前的现金水平、股东的权益及资金投入以及外部融资等），就有必要对预算方案进行调整。此外，企业可以通过预算偏差分析、监控实际财务表现与预测之间的差异，及时识别潜在风险并保持警惕（例如，由于销售额低于预期或者费用高于预期，企业的利润大大低于预算水平）。表4.11是一个典型的预算偏差分析表，C列与D列数据是基于实际数据与预算数据得到的。我们需要特别关注较大幅度的偏差。另外，无论是正向还是负向偏差，都需要仔细检查、了解根本原因，及时发现早期预警信号，以免经营情况进一步恶化。

表4.11 预算偏差分析表范例

项目	A 月度实际数据	B 月度预算数据	C 偏差（B-A）	D 偏差%（C/B×100）
销售额				
减去销货成本				
毛利润				
经营费用				

敏感性分析

在之前讨论的例子中，我们得到的预测报表是以未来一年内的特定预期条件组合为基础的，这组预期条件的细微变化会对预测结果产生不同程度的影响，即企业外部和内部的各种情况很可能导致实际结果与预测之间产生巨大差异。因此，敏感性分析是一个基于预测现金流量财务分析的重要补充工具，可以帮助企业对未来的各种可能情况做好准备。

敏感性分析中的任何调整都应该基于对可能风险的非财务分析。也许是为了提高销售额或者是受到客户的压力，利润缩水对小微企业是很常见的。如果毛利润率下降2%，间接费用比预期高1%，会发生什么？当然，也可能是其他条件发生变化，如贸易条件。在下面的例子中，我们继续沿用之前的案例数据，对预测报表进行敏感性测试。

> 敏感性测试显示：
> 毛利润率2%的微小变化就使净利润锐减，幅度超过50%——从之前的85万元降至35万元；而间接费用1%的上升对净利润的影响不大，年度经营费用仅增加了5万元（549-544=5）。
>
> 单位：万元
>
> | 项目 | 2021年 12月31日 | 2022年 12月31日预测 | 项目 | 2021年 12月31日 | 2022年 12月31日预测 |
> |---|---|---|---|---|---|
> | 现金及银行存款 | 90 | 90 | 应付账款 | 94 | 108 |
> | 应收账款 | 394 | 453 | 短期银行贷款 | 290 | 422 |
> | | 484 | 543 | 应付税款 | 16 | 13 |
> | 存货 | 696 | 800 | 预提费用 | 100 | 100 |
> | 预付款 | 15 | 15 | | 500 | 643 |
> | | 711 | 815 | | | |
> | 固定资产 | 1030 | 1080 | 中长期贷款 | 530 | 525 |
> | 减去累计折旧 | -329 | -369 | | 1030 | 1168 |
> | 投资 | 50 | 50 | 发行的股份资本 | 200 | 200 |
> | 其他长期资产 | 223 | 223 | 追加资本 | 729 | 729 |
> | | 974 | 984 | 未分配利润 | 210 | 245 |
> | | | | 总权益 | 1139 | 1174 |
> | | 2169 | 2343 | | 2169 | 2343 |

预测月度损益表	1月	2月	3月	4月	5月	6月	7月	8月	9月	10月	11月	12月	总计
销售额	200	205	210	215	220	225	225	225	225	226	235	235	2646
期初存货	696	704	712	720	729	737	746	755	764	773	782	791	696
加上采购额	152	156	159	163	167	171	171	171	171	172	178	178	2010
减去期末存货	704	712	720	729	737	746	755	764	773	782	791	800	800
销货成本	144	148	151	155	158	162	162	162	162	163	169	169	1905
毛利润	56	57	59	60	62	63	63	63	63	63	66	66	741
经营费用	42	42	44	44	45	45	46	46	47	47	48	48	549
息税折旧摊销前利润	14	15	14	16	16	18	17	17	16	16	17	17	191
税费	1	1	1	1	1	1	1	1	1	1	1	1	13
折旧	3	3	3	3	3	3	3	3	3	3	3	3	40
利息	5	5	5	5	5	5	6	6	6	6	6	6	65
提取/分红	3	3	3	3	3	3	3	3	3	3	3	3	38
利润	2	3	2	3	4	5	3	3	2	2	3	3	35

由于利润的下降以及采购额占销售额比率的升高，现金流发生了剧烈变化。

预测月度现金流量表	1月	2月	3月	4月	5月	6月	7月	8月	9月	10月	11月	12月	总计
经营活动现金流入	0	0	0	0	0	0	0	0	0	0	0	0	0
应收账款（账期30天以内）	207	20	21	21	22	22	23	23	23	23	23	24	241
应收账款（账期60天以内）		187	180	185	189	194	198	203	203	203	203	203	1958
应收账款-上年度的													394

续表

预测月度现金流量表		1月	2月	3月	4月	5月	6月	7月	8月	9月	10月	11月	12月	总计
总经营性现金流入		207	207	201	206	211	216	221	225	225	225	225	227	2594
经营活动现金流出														
应付账款（现金支付）		64	65	67	69	70	72	72	72	72	72	75	75	844
应付账款（账期30天以内）			88	90	93	95	97	99	99	99	99	100	104	1062
应付账款－上年度的		94												94
间接费用		42	42	44	44	45	45	46	46	47	47	48	48	549
税费支付				16										16
总经营性现金流出		200	196	218	206	210	214	217	217	218	219	223	227	2565
经营活动净现金流	A	7	11	−17	0	0	1	3	8	7	6	2	0	28
固定资产出售														
资本支出		50												50
总投资活动现金流	B	−50												−50
融资流入与流出														
所有者的资本注入														
分红支出				38									38	38
利息支出		5	5	5	5	5	5	5	6	6	6	6	6	65
本金支付			1		1		1		1		1			5
总融资活动现金流	C	−5	−6	−43	−6	−5	−6	−6	−7	−6	−7	−6	−6	−108
月度总现金流		−48	5	−60	−6	−5	−5	−3	1	1	−1	−4	−6	−130
期初短期银行贷款余额		−290	−338	−333	−393	−399	−404	−408	−411	−410	−410	−410	−414	−290
期末短期银行贷款余额		−338	−333	−393	−399	−404	−408	−411	−410	−410	−410	−414	−420	−420

4.5 财务分析案例

案例背景

小张不久前刚刚入职某银行A分行，成为了一名小微客户经理，负责管理一个时尚批发企业的贷款。12月31日，该企业的贷款即将到期，企业申请了续贷。王先生是该企业的所有人和实际控制人。企业的主要业务是从全国各地的批发商处采购便宜的时装，然后分销给本地的零售商。目前贷款情况如下。

- 贷款用于存货采购；
- 流动资金贷款合同金额（授信金额）为2000万元；
- 今日贷款余额（当前用信金额）为1650万元；
- 抵押物为企业名下房产（报表登记价值为360万元，王先生自称该房产的市场价值已经超过600万元）以及易销产品（价值为2570万元）。

该企业提供了前两年和当年的财务报表。在师傅的帮助下，小张完成了非财务分析及交叉检验，认为该外部报表中的数据是可信的。

任务：根据以下财务报表进行财务分析，判断该企业财务风险情况，并给出是否批准其续贷申请的建议。

单位：万元

损益表	第1年	第2年	第3年
销售额	9000	10500	13000
采购额	8100	9560	12090
销货成本	8100	9560	12090
毛利润	900	940	910
一般间接费用			
一般费用	550	575	760
总间接成本	550	575	760
息税折旧摊销前利润	350	365	150
（折旧）	20	20	20
息税前利润	330	345	130
（支付的利息）	80	85	110
税前利润	250	260	20
税费	80	100	
税后利润	170	160	20
税后可分配利润	170	160	20

单位：万元

资产负债表 资产	第1年	第2年	第3年	负债	第1年	第2年	第3年
现金及银行存款	490	490	510	1年内到期的贷款	1290	1440	1790
证券投资	0	0	0	应付账款	1400	1800	2800
应收账款	1400	1600	2200	设备贷款	20	20	20
				应付税款	80	100	50
速动资产小计	1890	2090	2710	股东借款（其他应付款）	100	100	100
成品	1350	1900	2570	其他流动负债			
流动资产小计	3240	3990	5280	流动负债小计	2890	3460	4760
土地和建筑	360	360	360	中长期贷款	60	50	70
机器、厂房、固定装置及设备等	150	120	170	长期负债小计	60	50	70
固定资产小计	510	480	530	总负债	2950	3510	4830
				实收资本（或股份资本）	200	200	200
				未分配利润	600	760	780
				总权益	800	960	980
资产总计	3750	4470	5810	负债和权益总计	3750	4470	5810
流动性盈余（赤字）	350	530	520				
速动资产盈余（赤字）	-1000	-1370	-2050				
有形资产净值	800	960	980				
实际贷款总额	1370	1510	1880				

单位：万元

现金流量表	代表字母	第1年	第2年	第3年
税后利润			160	20
+折旧			20	20
（-/+）房产出售：（盈利）亏损				
（+/-）坏账：准备金计提（减少）				
其他非现金项：准备金计提（减少）				
总经营现金流	A		180	40
应收账款			-200	-600
应收票据				
其他应收款				
预付款				
存货（库存/半成品）			-550	-670
其他流动资产				
应付账款			400	1000
应付票据				

续表

现金流量表	代表字母	第1年	第2年	第3年
预收账款				
其他应付款				
应付税款			20	−50
集团公司拆借欠款				
股东的借款（其他应付款）				
预提费用				
应付利息				
其他流动负债				
其他影响现金的营运资本变化				
营运资本变化	B		−330	−320
经营现金流（A+B）	C		−150	−280
（固定资产开支）−忽略资产重估				−70
固定资产处置			10	
收到还款（借款）				
长期投资				
投资收益				
总投资现金流	D		10	−70
自由现金流（C+D）	E		−140	−350
短期贷款的增加（减少）			150	350
其他短期负债增加（减少）				
长期负债的增加（减少）			−10	20
分红				
权益的增加（减少）				
总融资现金流	F		140	370
总现金流（E+F）	G		0	20
现金与现金等价物的变化	H		0	20

分析过程

小张首先计算了关键比率，汇总如下。

比率分析 经营业绩	第1年	第2年	第3年
销售额增长		17%	24%
净利润增长率		−6%	−88%
固定资产周转率	17.65%	21.88%	24.53%
流动性			
a. 流动性盈余			
流动比率	112.1%	115.3%	110.9%
速动比率	65.4%	60.4%	56.9%
流动性盈余与销售额的比率	3.9%	5.0%	4.0%

续表

比率分析 经营业绩	第1年	第2年	第3年
净营运资产与销售额的比率	15.0%	16.2%	15.2%
留存利润与销售额的比率	1.9%	1.5%	0.2%
b. 过量交易			
销售增长率		16.7%	23.8%
流动资产增长率		23.1%	32.3%
流动负债增长率		19.7%	37.6%
有形资产净值增长率		20.0%	2.1%
c. 营运资本管理			
应收账款周转天数（天）	57	56	62
存货周转天数（天）	61	73	78
应付账款周转天数（天）	63	69	85
现金循环周期（天）	55	59	55
盈利性			
毛利润率	10.0%	9.0%	7.0%
净利润率	1.9%	1.5%	0.2%
经营利润率	3.9%	3.5%	1.2%
经营费用：销售额	6.1%	5.5%	5.8%
经营杠杆（毛利润/净利润）	5	6	46
基于现金流的盈亏平衡点（万元）	6300	7372	12429
安全边际率	30%	30%	4%
现金流			
经营现金流：销售额		-1.4%	-2.2%
自由现金流：经营现金流		93%	125%
回报			
权益回报率	31.3%	27.1%	2.0%
已动用资本回报率	11.5%	10.5%	0.7%
资产回报率	6.7%	5.8%	0.3%
偿债能力			
资本结构（权益：总资产）	21.3%	21.5%	16.9%
杠杆（总借款：权益）	171.3%	157.3%	191.8%
长期负债：息税折旧摊销前利润	0.17	0.14	0.47
长期负债：现金流			3.50
基于利润的利息保障倍数	4.13	4.06	1.18

小张结合以上比率及财务报表做出如下评价。

（1）偿债能力

- 财务杠杆率有上升趋势，意味着企业依靠借入资金来支持销售额增长。除此之外，企业总负债/权益的比率大幅上升，表明企业还非常依赖通过延长应付账款的期限来缓解资金压力。该比率的直线上升，说明企业资本不足，如果由于一些不可控因素（例如，供应商调整贸易条件，或金融机构无法提供续贷）外部负债减少，企业的经营风险可能就会变得非常大。

- 利息保障倍数：第一年的利息保障倍数非常健康，但之后两年下降的指标需要引起足够的关注。如果持续恶化，企业使用经营创造的利润来支付利息会十分困难，更不用说本金的偿还了。显然，企业想要通过大量的借款来缓解销售额增加所带来的资金压力，但是并没有稳定利润和现金流。

（2）营运资本
- 应收账款周转天数的小幅上升可能是坏账引起的。
- 存货周转天数：所有存货都是等待下游零售商购买的成品。随着存货周转天数的增加，存货周转速度在减缓，企业管理层应该分析为什么会出现这样的趋势。一方面，可能是企业的存货中存在滞销产品；另一方面，可能是企业为支持更高的销售水平而故意增加存货。
- 应付账款周转天数：供应商更大的支持力度使企业的现金流有所改善。然而，如果该比率有恶化的趋势，则通常意味着企业支付存在困难。此时，应该向企业索要一份应付账款的长期情况汇总资料。在很多情况下，延期支付应付账款是由于企业手头可用资金不足。
- 营运资本周转天数：企业去年的销售额增加了，但该比率却下降了。由于企业为了提高存货水平，将获得的利润用于增加存货采购，这一现象是有可能的。今年的销售额在继续增长，但是留存利润却大大降低了，因此营运资本的需要进一步增加了。很明显，这会对流动性产生影响，尤其是在明年销售额预计会继续增长的情况下。

（3）流动性
- 速动资产和流动比率：流动比率变化不大，但是速动资产比率呈下降趋势。这说明，随着企业应付账款支付周期的变长、存货周转天数的增加，企业的流动性在恶化。此外，速动资产与流动资产之间的缺口金额也是相当大的。

（4）盈利能力
- 毛利润率：持续恶化的趋势令人担忧。假设固定成本保持类似水平，目前毛利润所支撑的营业额刚刚超过盈亏平衡点。
- 盈利能力：利润的大幅下降在很大程度上归咎于毛利润的下降。可能是企业为刺激销售采取了降价措施，也可能是因为销货成本的大幅攀升，根据目前掌握的信息无法判断具体原因。此外，间接成本的增加进一步对利润产生了不利影响。

（5）增长率
- 销售额：销售额的增长比较合理。

（6）现金流
- 销售额的增加通常需要额外的营运资本。上年企业的经营现金流为负值，这加剧了对额外营运资本的需求。这样迟早会达到授信额度上限，我们需要考虑企业还能得到多久的银行资金支持。如果银行收紧信贷资源，会对该企业的现金流带来很大的影响。

小结

该企业销售额的增长很快,但是税前利润只有20万元。销售额增加的同时伴随毛利润率的降低,整体的盈利能力呈下降趋势。

由于盈利能力的降低,企业的财务杠杆率,尤其是总负债/权益的比率更高了。过高的财务杠杆水平使得银行的安全边际率大大降低。此外,利息保障倍数也下降了。

尽管企业通过延长应付账款的天数来应对销售额的增长,企业的整体流动性还是下降了。目前,营运资本明显不足。如果企业无法继续提高在银行的借款额度或供应商提供的赊购额度,就无法在销售额保持当前增长比例的同时保证企业能够正常运营。

总之,企业接下来的计划和下一年的预算都值得商讨。企业是否意识到,如果明年的销售额保持目前的增速,企业的现金流会受到的不利影响。就此,小张联系了王先生。

王先生表示计划在下一年实现销售额翻倍。他认为销售额的增长所带来的资金压力可以通过目前的贷款解决,并申请以同一额度续贷用以购买存货。

此外,王先生还打算投资900万元购置卡车以增加企业分销运力。他向小张展示了这笔投资会给企业的现金流预测以及利润预测带来的影响,并询问银行是否可以提供贷款。由此,新的问题摆在了小张面前:是否同意发放贷款?如果同意,建议贷款额度为多少?期限是多久?条件是什么?

下面是企业提供的预算报表。

单位:万元

损益表	第1年	第2年	第3年	预测
销售额	9000	10500	13000	26000
采购额	8100	9560	12090	24180
销货成本	8100	9560	12090	24180
毛利润	900	940	910	1820
一般间接费用				
一般费用	550	575	760	760
总间接费用	550	575	760	760
息税折旧摊销前利润	350	365	150	1060
(折旧)	20	20	20	20
息税前利润	330	345	130	1040
(支付的利息)	80	85	110	110
税前利润	250	260	20	930
税费	80	100		
税后利润	170	160	20	930
税后可分配利润	170	160	20	930

利润预测（1）

单位：万元

月份	1	2	3	4	5	6	7	8	9	10	11	12	总计
销售额预测	1600	1800	2600	2800	1800	1200	1800	2400	3600	2600	2200	1600	26000
总直接费用	1488	1674	2418	2604	1674	1116	1674	2232	3348	2418	2046	1488	24180
毛利润	112	126	182	196	126	84	126	168	252	182	154	112	1820
减去可变成本													
－间接费用（包含折旧）	65	65	65	65	65	65	65	65	65	65	65	65	780
－每月利息	11.28	11.31	9.4	7.45	5.32	3.58	7.3	13.07	14	11.55	7.2	7.91	109.37
－贸易利润	35.72	49.69	107.6	123.55	55.68	15.42	53.7	89.93	173	105.45	81.8	39.09	930.63

现金流预测（1）

单位：万元

月份	1	2	3	4	5	6	7	8	9	10	11	12	总计
收到的销售额	1061.54	1061.54	1710.26	2031.67	2836.67	3181.67	2261.67	1495	1955	2645	3910	3181.67	27331.69
收到的总销售额	1061.54	1061.54	1710.26	2031.67	2836.67	3181.67	2261.67	1495	1955	2645	3910	3181.67	27331.69
支付采购款	1000	1000	1173.84	1921.01	2321.94	3140.19	3076.48	1987.66	1561.24	2271.48	3122.25	4013.04	26589.13
支付间接费用	65	65	65	65	65	65	65	65	65	65	65	65	780
支付银行利息			32			16.35			34.37			26.65	109.37
支付增值税				25.35			25.05			33.45			83.85
总费用支付	1065	1065	1270.84	2011.36	2386.94	3221.54	3166.53	2052.66	1660.61	2369.93	3187.25	4104.69	27562.35
净现金流	-3.46	-3.46	439.42	71.01	449.73	-39.87	-854.76	-557.66	294.39	341.97	722.75	-923.02	-62.96
期初现金余额	510	506.54	503.08	942.5	1013.51	1463.24	1423.37	568.61	10.95	305.34	647.31	1370.06	510000
期末现金余额	506.54	503.08	942.5	1013.51	1463.24	1423.37	568.61	10.95	305.34	647.31	1370.06	447.04	447.04

单位：万元

资产负债表

资产	第1年	第2年	第3年	预测	负债	第1年	第2年	第3年	预测
现金和银行存款	490	490	510	520	1年内到期的贷款	1290	1440	1790	1990
证券投资					应付账款	1400	1800	2800	6910
应收账款	1400	1600	2200	4870	设备贷款	20	20	20	850
内部应收款					应付税款	80	100	50	120
速动资产小计	1890	2090	2710	5390	股东借款（其他应付款）	100	100	100	100
成品	1350	1900	2570	5080	其他流动负债				
流动资产小计	3240	3990	5280	10470	流动负债小计	2890	3460	4760	9970
土地和建筑物	360	360	360	360	中长期贷款	60	50	70	
机器、厂房、固定设备和装置等	150	120	170	1050	长期负债小计	60	50	70	
固定资产小计	510	480	530	1410	总负债	2950	3510	4830	9970
					实收资本（或股份资本）	200	200	200	200
					未分配利润	600	760	780	1710
					总权益	800	960	980	1910
资产总计	3750	4470	5810	11880	负债和权益合计	3750	4470	5810	11880
流动性盈余（赤字）	350	530	520	500					
速动资产盈余（赤字）	-1000	-1370	-2050	-4580					
有形资产净值	800	960	980	1910					
实际总贷款	1370	1510	1880	2840					

单位：万元

现金流分析	代表字母	第1年	第2年	第3年	预测
税后利润			160	20	930
＋折旧			20	20	20
（–/+）资产出售：（盈利）损失					
（+/–）坏账准备金（增加/减少）					
其他非现金项（增加/减少）					
总经营现金流	A		180	40	950
应收账款			–200	–600	–2670
应收票据					
其他应收款					
预付款					
存货（库存/半成品）			–550	–670	–2510
其他流动资产					
应付账款			400	1000	4110
应付票据					
预收账款					
其他应付款					
应付税款			20	–50	70
股东借款（其他应付款）					
预提费用					
应付利息					
其他流动负债					
其他影响现金的营运资本变化					
营运资本变化	B		–330	–320	–1000
经营现金流（A+B）	C		–150	–280	–50
（固定资产开支）–忽略资产重估				–70	–900
固定资产处置			10		
收到还款（借款）					
长期投资					

续表

现金流分析	代表字母	第1年	第2年	第3年	预测
利息收入					
总投资现金流	D		10	−70	−900
自由现金流（C+D）	E		−140	−350	−950
短期贷款的增加（减少）			150	350	200
其他短期负债增加（减少）					830
长期负债的增加（减少）			−10	20	−70
分红					
权益的增加（减少）					
总融资现金流	F		140	370	960
总现金流（E+F）	G		0	20	10
现金与现金等价物的变化	H		0	20	10

　　小张从以上报表发现，预测销售额是26000万元，毛利润为1820万元。7%的毛利润率和780万元的间接成本都与过去一年相同。预测的结果是净利润水平大幅提高至930万元。然而，需要特别关注该预算计划对现金流的影响，尤其是8月状况，现金余额只有10.95万元。

　　在贸易条件保持不变的情况下，如果销售额翻倍，营运资产的要求也会翻倍。如果可以实现930万元的净利润，就可以满足企业营运资产的需求。但是企业似乎能够在不需要额外营运资本的情况下实现销售额增长——这一定是有其他原因的。小张在预测资产负债表中发现，按目前的预算计划，供应商需要承担很大一部分的营运资本融资，即预测年末贸易信用额将达到6910万元，而当年同期只有2800万元。供应商会愿意为一家所有者权益为980万元且利润水平一般的公司提供这么高的信用条件吗？在企业没有提供任何抵押物的情况下，供应商的投资额度（应付账款）是王先生（股东权益）的704%，承担着极大的风险。

　　其他需要调查的问题包括：

　　• 毛利润率相比去年保持不变。而在通常情况下，销售额增加了，毛利润率会下降。企业能够在不提供任何折扣让利的情况下实现销售额的翻番吗？

　　• 间接费用没有增加。但在过去几年，每当销售额增加的时候，间接费用通常以更高的百分比增加。企业能够在不提高额外间接费用的情况下实现销售翻番吗？

　　• 就这些问题再次联系企业前，小张进行了敏感性分析，假设条件如下：

　　• 供应商规定了最高信用额度为5000万元。

　　• 毛利润率降低至5%。

　　随着销售额的翻倍，间接费用也翻倍。

利润预算(2)

单位：万元

月份	1	2	3	4	5	6	7	8	9	10	11	12	总计
销售额预测	1600	1800	2600	2800	1800	1200	1800	2400	3600	2600	2200	1600	26000
总直接费用	1520	1710	2470	2660	1710	1140	1710	2280	3420	2470	2090	1520	24700
毛利润	80	90	130	140	90	60	90	120	180	130	110	80	1300
间接费用	130	130	130	130	130	130	130	130	130	130	130	130	1560
每月利息	11.55	12.11	19.94	30.1	34.5	31.08	27.1	28.74	41.02	54.39	55.24	46.73	392.5
贸易利润	-61.55	-52.11	-19.94	-20.1	-74.5	-101.08	-67.1	-38.74	8.98	-54.39	-75.24	-96.73	-652.5

现金流预测(2)

单位：万元

月份	1	2	3	4	5	6	7	8	9	10	11	12	总计
收到的销售额	1061.54	1061.54	1710.26	2031.67	2836.67	3181.67	2261.67	1495	1955	2645	391	3181.67	27331.69
支付采购款	1000	1000	3429.21	2498.64	3230.35	1688.78	2372.26	1567.45	4630.59	2845.75	3716.23	1030.4	29009.66
支付间接费用	130	130	130	130	130	130	130	130	130	130	130	130	1560
支付银行利息			43.6	-43.35		95.69			96.86			156.36	392.51
销售税							-42.45			-56.85			-142.65
总费用支付	1130	1130.	3602.81	2585.29	3360.35	1914.47	2459.81	1697.45	4857.45	2918.9	3846.23	1316.76	30819.52
净现金流	-68.46	-68.46	-1892.55	-553.62	-523.68	1267.2	-198.14	-202.45	-2902.45	-273.9	63.77	1864.91	-3487.83
期初余额	510	441.54	373.08	-1519.47	-2073.09	-2596.77	-1329.57	-1527.71	-1730.16	-4632.61	-4906.51	-4842.74	510
期末余额	441.54	373.08	-1519.47	-2073.09	-2596.77	-1329.57	-1527.71	-1730.16	-4632.61	-4906.51	-4842.74	-2977.83	-2977.83

敏感性测试的结果显示，预测年度销售额为26000万元，毛利润减少到1300万元（5%），间接费用提高一倍至1560万元，最终将造成652.5万元的巨额亏损——这与企业之前计划的巨额盈利截然相反。此外，现金流还会出现4906.5万元的月度最大缺口，年末的现金缺口也将高达2977.83万元。

由此可见，企业不仅无法盈利，而且存在不小的管理问题，甚至王先生本人似乎都不了解新一年的业务扩张计划会对企业资金造成什么样的影响。

综合以上分析，小张建议拒绝王先生的额外贷款申请。同时，小张还建议再次实地拜访该企业，如果企业坚持现有预算计划和业务扩张战略，最好拒绝其续贷申请。

5. 广义现金流分析技术总结

小微企业总会面临一系列风险，而了解这些风险是小微金融机构提供优质服务并做出正确信贷决策的基本前提。广义现金流分析技术构建了一套系统的方法来识别、分析和评估小微借款人面临的风险及自身还款意愿和还款能力。

大多数小微企业无法或不愿提供真实的财务数据，这使得非财务信息变得更加重要。对非财务信息的搜集和评估包括：

- 小微借款人调查和分析技巧；
- 小微借款人的特点；
- 小微借款人的业务风险分析和评估；
- 小微借款人的融资需求评估；
- 小微贷款标准的应用；
- 编制财务报表。

在财务报表的编制过程中，学会检验财务信息的真实性非常重要。检验财务信息真实性的方法被称为交叉检验，包括通过非财务信息对单一财务科目的真实性检验（一级交叉检验）和多个财务科目之间的一致性检验（二级交叉检验）。最终我们可以根据检验结果建立可信的财务报表。而这需要我们了解并掌握：

- 交叉检验的基本原则；
- 财务报表中不同科目之间的钩稽关系；
- 向小微借款人提出恰当的问题并通过他们提供的信息做出判断的技巧。

通过交叉检验自编财务报表是进行财务分析的必要基础。小微客户经理需要解读借款人的资产负债表、损益表和现金流量表，并通过财务比率分析识别和评估报表中各个要素的重要性，再借助盈亏平衡分析识别其财务状况。我们以借款人所处行业的经营周期为依据，评估企业涉及的风险，判断贷款的真实用途，识别"伪造账目"，掌握借款人的实际财务状况。除此之外，现金流量分析也是在财务层面评估小微借款人还款能力的关键工具。它有助于我们理解现金流量表和财务预测对小微企业的重要性，掌握历史报表评估与未来报表预测的方法，加强我们对小微信贷风险的理解和分析能力。

广义现金流分析技术的优点总结如下：
- 尤其适用于财务信息可信度差、不透明的小微企业；
- 是完整且体系化的信贷分析技术；
- 基于财务及非财务软信息的交叉检验使对借款人还款意愿的评估变得可信；
- 重塑报表并基于预期现金流评估借款人的还款能力，对借款人的财务管理能力要求低；
- 支持信贷全流程风险管理；
- 能够提高小微金融机构信贷技术水平及风控能力，促进人力资源建设。

与此同时，广义现金流分析技术也具有一定的局限性。
- 理论层面：基于广义现金流的财务分析只能给出定性的信贷决策（即判断借款人是否具备还款能力，是否存在偿债风险等），无法给出符合"预期损失＝违约概率×风险敞口×违约损失率"逻辑的定量决策。
- 实践层面：对于小微金融机构而言，该技术较为烦琐，人员培训成本较高，需要对新的客户经理和具备较少信贷知识储备的转岗员工进行较长时间的培训。而且，该技术对客户经理能力的要求和依赖度比较高，存在道德风险。此外，如果没有线上工具辅助，从客户调查、信息收集与研判、报表编制等中间步骤，到形成信贷调查报告并给出信贷决策建议，需要大量的时间投入，存在成本效率问题。

模型化分析技术 | 第五单元 | Chapter Five

1. 信用评分原理、目标与条件

信用评分是一种决策工具，可以帮助贷款人根据违约风险决定是否接受新的贷款申请。我们通常将信用评分中用到的评分模型称为贷款申请评分系统。类似的评分方法也适用于对存量客户金融产品使用和支付行为习惯间相关关系的分析，我们将这种方法称为行为评分。行为评分的目的是用量化的方式为客户关系的相关决策提供依据。这些决策包括我们是否应该提供额外的贷款，是否将借款人列入观察名单，是否将该账户转到资产保全部门实施法律清收等。

所有的评分模型都要使用预测统计方法（如判别分析或逻辑回归）。这些模型通过对以往借款人行为的分析，在类似情况下对新借款人的信用风险做出推断（或预测）。其基本思路是寻找与信用风险相关的借款人特征，以及特定的借款人特征与其信用风险之间的关联机制。例如，某银行发现，处于农村地区、员工少于3人、受教育程度较高的女性理发店老板的违约率高于其信贷组合中同类贷款违约率平均水平。原因是当地农民不喜欢让聪明伶俐的女人给他们理发。统计评分模型将在庞杂的数据中提取此类相关关系，生成评分分数，并且对下一个情况类似的贷款申请人的违约风险程度进行预测。

图5.1显示了评分方法的基本运作机制。起点是一个含有大量客户观测样本的数据库。该样本数据库包括贷款合同中的关键信息及参数、对借款人的社会经济特征的描述性数据，以及观察期内信用风险表现结果。信用风险表现结果通常是一个逻辑变量（即二元变量，如正常或违约，良好或不良）。然后，我们通过数据库中所有可利用的风险因子/风险因素（如借款主体从事的经营活动、工作经验、受教育情况、财务比率等），基于一个统计模型的最佳加权组合来解释信用风险表现结果。我们将被解释的结果变量称为因变量或反应变量，将用于解释结果变量的因子称为解释变量或自变量。狭义上，评分模型是在能够解释每个借款人风险表现结果的解释变量值列表中选择最具解释意义的一组加权因子，并基于这组加权因子计算得出相应分值的模型。每当新的借款客户出现时，我们会通过问同样的问题（即从事的经营活动、经验和教育等）来应用模型中的各加权因子。本质上，该借款客户的评分值能够体现其与以前的违约借款人和非违约借款人的相似程度。如果新借款客户的特征与以前的违约者相似，那么他的评分数值将较差，模型将会建议拒绝该客户的贷款申请。

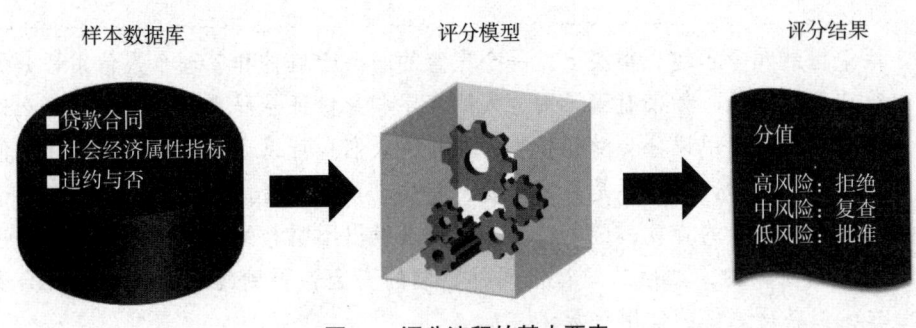

图5.1　评分流程的基本要素

信用评分是一种简化的风险评估方法，最早用于标准化的小额消费贷款风险评估。一个贷款人每30秒内可以仅仅根据几个问题（如就业、收入和某地居住年限等）就做出信贷决策时，我们就能知道后台一定有一个评分模型在运行。

在大量贷款以相对较小的单笔金额通过标准化的流程发放的场景下，评分也很有效，这与企业经营类小额贷款的特征非常相像。因而许多小微金融机构积极开发和使用信贷评分模型就毫不奇怪了。许多业界人士最初反对这个做法并且对评分持怀疑态度，因为这听起来与商业银行消费类贷款风险评估的做法过于相似，而小微贷款常常会被认为是"不同的"，小微贷款应更具普惠性且更个性化。其实，基于统计学的评分模型只是为小微金融机构的风险决策提供了另一种有价值和论证依据的分析工具。小微金融机构不必盲信于评分模型，但在评分模型中被识别出的显著风险相关信息则不容忽视。此外，小微金融机构更不应基于其普惠性使命而武断地排斥看起来过于基于商业理性的评分模型。

评分模型的作用在于可以帮助小微金融机构预测违约概率，并通过违约概率最大容忍值的设定来控制是否允许以及允许哪些新借款客户进入其信贷组合。结合对违约损失的估算，小微金融机构就可以具备针对特定产品或借款客户群体的风险定价基础。

> 让我们来看一个著名的评分案例——美国Fair Isaac公司开发的FICO评分系统。FICO评分由益博睿和其他征信机构提供，用于抵押贷款、汽车金融和无担保消费信贷的风险评估。事实上，FICO的使用极其广泛，甚至近乎可怕，审慎涉嫌过度监控。雇主通常会进行信用查询，以获取求职者的FICO分数；房东不会把房子租给FICO评分低的人；商家不会把手机赊销给FICO评分低的人等。
>
> FICO评分值的范围在300~850。820的评分对一个量入为出，同时想用信用卡进行一些旅行消费的借款客户来说是不错的。若在美国大街上随机拦下一个人询问，他大多数情况下都能准确地报出自己的FICO分数是多少。如果对于一个最近出现了违约，FICO分值在450以下的人来说，他恐怕很难在生

> 活中得到太多乐趣。事实上，一个完整的服务于监控和管理个人信用评分的行业已经出现。如果有骗子用他人的名字和身份证号码累积了坏账，那么这个受害人的信用评分会受到损害。此外，人们也可以通过一些方法优化他们的评分，例如，如果不是真的需要，就尽量不要申请信用额度，以避免申请被认为有风险的贷款；避免在手头拮据时做出不明智的决策，例如，向二手车经销商赊购，然后从银行借同样数额的资金，再到经销商那里用现金买车，以获得更好的信用分数。

那么，这个神奇的FICO评分是怎么回事？事实上，FICO由特定因子组合计算得到，且不对外公开。但是，Fair Isaac公司披露了一般分值组成和近似权重：
- 35%——以往的还款准时性（仅对逾期超过30天的贷款进行负面记录）；
- 30%——债务总额，表示为当前滚动（转期和续贷）债务（信用卡余额等）与可用滚动信贷额度（授信限额）的比率；
- 15%——信用历史长度；
- 10%——使用的信贷类型（分期付款、循环贷款、银行贷款）；
- 10%——最近正在申请的信贷和/或最近已获得的信贷数量。

我们注意到这种评分方法存在显著的内循环性，即解释借款人的信用度仅通过他的信贷历史。那么，年龄、种族、性别、地址、收入和我们思考的所有其他风险要素应当体现在哪里呢？

征信机构只能基于他们了解的并且被允许获取的有限信息进行评分。实际上，上文提到的大多数更直接的风险因素在西方发达国家属于受保护的信息类别，征信机构不可储存这些信息。因此基于征信进行信贷决策的贷款人也就不会明确考虑这些征信报告外的信息。如果贷款人未经许可收集了这些信息，这种行为可能会被视为消费者保护法规下的非法行为。即使是看起来不太显眼的细节信息（如借款人的地址），也需要被非常审慎地对待。在一个种族多元化或贫富差距明显的社区，某个邮政编码可能代表着某个受保护群体，因此在评分模型中使用该邮政编码可能会带来信贷决策的潜在不公平或歧视。

在发展中国家及新兴市场，这些具有潜在歧视性的信息和数据却正在被众多小微金融机构和信用评分机构兴致勃勃地挖掘和使用。数据的有效应用和数据的过度（甚至非法）采集之间的边界往往不够清晰，因此所有金融从业者需要对此保持警惕和审慎。此外，普惠金融的倡导者和资助者也想知道小微客户资金的困难程度，以及金融普惠是否可以有效促进小微客户发展并由此减少社会问题的产生（如贫困催化的家庭矛盾和家暴问题）。因此，将大量已有的关于借款人的社会经济数据用于信用风险评估。不同的是，小微金融机构利用这个评分并不是为了消极地排斥和歧视，而是为了更好地为最脆弱的人群提供更加适合他们实际情况的金融产品。在深入挖掘统计数据和解释违约概率数据时，这个视角的差异却很容易被忽视，从而遗忘普惠金融的初心。而这可能会使小微金融机构暴露在另一个巨大的声誉风险之下：根据一长串受保护的个人特征数据评估风险，然后引导最脆弱的客户购买更"合适"的金融产品，"碰巧"这种产品的成本是更高的。

FICO评分的例子在评分实践中显得非常典型，因为它只使用了少量易于从客户处获得的解释变量信息。评分的目的是简化并加快贷款申请和信贷的决策过程。虽然我们可以通过问50个详细的、只有在客户经理对贷款申请人完成调查之后才能回答的问题来得到一个更有说服力的评分，但这就违背了评分模型作为快速有效的决策支持工具的初衷。因此，在开发评分模型时，我们总是收集尽可能多的解释变量作为候选，但最终我们会试图将范围缩小，在理想情况下我们会聚焦不超过10个最具解释意义的、易获取或易观察的变量。例如，在小微企业信贷中，企业所有者的诚信水平和个人稳定性是决定支付意愿的最重要决定因素。但是，我们不能在申请表上直接问"你是一个可靠的人吗？"。而是应通过一些答案客观且可被证伪的问题来进行替代，例如，"你结婚了吗？""在当前地址已经居住了多少年？""你有自己的房子吗？"等。

2. 信用评分的数据要求、数据的选择与准备

2.1 信用评分的数据要求

本节将讨论如图5.1所示的评分模型开发过程中，贷款观测样本数据库应该包含的信息。构建小微信贷评分模型的典型候选解释变量通常可分为三类：一是贷款合同数据；二是借款人的个人信息；三是借款人经营活动数据。

———————————————— 贷款合同数据 ————————————————

（1）唯一的贷款合同编号；

（2）贷款类型（如1=分期微贷，2=滚动（转期和续贷）微贷，3=固定资产贷款，4=车辆贷款，等等）；

（3）发放日期（滚动贷的首次授信日期）；

（4）贷款金额（滚动贷的授信限额）；

（5）合同利率；

（6）贷款期限（滚动贷则此处空白）；

（7）正常/违约（信用表现结果）。

———————————————— 借款人个人信息 ————————————————

（8）出生日期；

（9）性别（男/女）；

（10）婚姻情况：单身=1，已婚=2，离婚/丧偶=3，等等；

（11）最高教育水平：1=未完成高中，2=完成高中，3=完成职业培训，4=未完成大学，5=取得大学学位；

（12）当前地址的居住年限；

（13）住宅：自由产权住房=1，租住=2；

（14）征信报告：负分记录=1，无或正记录=0。

-------------------------- 借款人经营活动数据 --------------------------

（15）从事当前业务经营的年限；

（16）是否有固定经营场所：是=1，否=0；

（17）业务经营产生的每月净现金流量；

（18）贷款月还款额占每月净现金流量的百分比；

（19）业务经营所在地，区域分类：区域1：是/否；区域2：是/否；区域3：是/否；等等；

（20）行业类型：1=零售，2=出租车与运输，3=工匠/个体手工业，4=酒店服务/食品服务/旅游，5=其他服务；

（21）业务经营雇员人数；

（22）参与业务经营的家庭成员人数。

上述列表并不是最佳或全面的归纳，因为它的目的只是给我们一个感性的认识。所有数据都必须是数值型或类别型变量，他们定义清晰且能够被结构化地输入，例如，通过设置数字字段或数据库中下拉选择菜单的方式来实现。

建立评分模型并不是基于抽样方法。虽然我们有时会说到抽样总体，以此来计算分数，但是这可能会造成误解。因为我们不可能基于一个仅有50笔贷款的小样本开发出一个能代表成千上万小微借款人风险表现的评分模型。借款人特征与"违约与否"这个结果之间的关系总是极其微妙的。在样本过小的情况下，这些微妙关系是无法被有效识别并加以概括的。所以当我们在评分模型中提及"样本"时，我们通常指的是在一个特定观察期内的所有贷款，例如，2021年1月至2021年12月期间发放的25000笔小额流动资金贷款。也就是说，我们总是需要数以千万笔贷款的记录，并且评分所需的这些数据维度必须全部以结构化的电子格式呈现出来。

不幸的是，这也意味着我们不可能再回到纸质原始文件尝试数据追溯。因为这项任务太庞大而无法完成，且数据追溯的质量将受到一些偏误影响，这些偏误来自我们已知贷款最终风险表现结果这一事实。

因此，我们需要一个由大量笔数贷款构成的观测样本，其中的每笔贷款都需要具备众多可观测的数据维度，且各维度均可提供质量稳定且一致的观测数据。这些信息应该由最了解借款人的工作人员在贷款申请及审批阶段即时获取并将这些信息录入数据库。

一般情况下，评分模型开发所需的这些被初始数据库收录的内容越多越好。因为我们无法保证最初列出的候选解释变量中一定包含能有效预测贷款违约的因子，所以我们需要非常广泛地"撒网"，以收集我们可能获取的所有借款人相关信息，包括社会经济背景、声誉、借款历史、其经营活动的特征等。在此基础上，使用统计分析方法剔除不重要的变量，只保留那些在违约借款人和非违约借款人之间具有显著区别的变量及其组合。

为提高信用评分模型的功效及区分准确性，我们需要将更多数据维度纳入考量，包括但不仅局限于以下信息：
- 家庭收入和家庭开支预算；
- 家庭成员的工作经历；
- 第三方出具的信贷记录；
- 在金融机构的逾期和不良记录；
- 申请人在储蓄和结算账户的余额记录、正在同时使用的其他贷款产品和转账服务的使用情况等；
- 家庭关系（借款客户之间的关联关系）；
- 推荐人（申请人由谁推荐）；
- 担保人和共同借款人的社会经济概况；
- 生活质量和贫困指标的时间序列：住房类型、电力、卫生、子女就学情况和家庭财产；
- 客户经理或信贷主管在贷款审查过程中对申请人道德、人品、其经营模式的质量，以及其他特定风险因素等进行的标准化定性判断；
- 进一步的内部流程要素：信贷决策人员的年龄、经验、资历、贷款申请的营销渠道来源、贷审会在贷款审查期间提出的异议和申请贷款金额与批复授信金额的比较等。

不应该预选和只选取有希望获批的贷款申请，那些被拒绝的申请也应被记录，并同样将完整的数据及评分值录入数据库。我们需要了解被拒绝的贷款申请及信贷需求是什么样的。因为被我们拒绝的贷款申请人中可能有些人很快便在其他金融机构获得了贷款，所以我们应该在拒绝申请的一年后通过征信来追踪他们的还款表现，这是一个很好的回测机会，即判断我们是否错误地拒绝了那些在其他机构偿付表现良好的申请人。

2.2 数据的选择与准备

设想一个包含数千笔贷款记录的数据库，它记载了所有可以用于建立评分模型的数据，包括合同数据、还款历史、借款人社会经济统计数据和审批过程数据等。在我们按下统计工具软件上的"开始"按钮之前，我们必须谨慎地设定分析问题并定义对比群组。此外，在通常情况下，还有很多工作要做，诸如数据清理、验证和编码。以下是基本步骤。

第1步：定义样本总体和观测周期

被用于观察借款人特征和信贷风险表现结果之间关系的贷款样本必须具有代表性，能充分代表贷款人的产品和借款客群定位。此外，观测样本背后的社会经济环境、业务规则、使用的交付渠道也应与借款客群的实际情况一致。在建立评分模型时人们通常更倾向于采用近期的贷款样本，因为这些贷款的环境与未来业务所处环境更为相似。

但是，刚刚完成放款的贷款不应被纳入分析范畴，因为是否违约需要一段时间后才能暴露出来。所以我们通常寻找一个全年的观察周期，这样我们可以立即得出年度违约概率。违约概率是一项借款人信用特征，而非贷款产品自身特征。因此，将评分分析的对象从单笔贷款调整到每个借款人在整个观察期内的偿付表现是有意义的。例如，我们选取1月至12月为一个观察周期，某笔贷款在7月被还清，同一借款人在8月出现一笔新的贷款逾期。接着，我们应该继续跟踪观察该借款人后续直到年底的贷款偿还表现。该客户的第二笔贷款如果在12月出现了不良，该客户的两笔贷款将会被视为一个观察样本记录，即一个违约样本记录。

我们不是在吹毛求疵，因为缺乏对年度违约率的标准化是小微信贷风险分析中最常见的分析错误。我们经常听到这样的说法："期限为9个月的流动资金贷款风险较小，其违约率比期限为24个月的设备贷款违约率更低。"从理论上讲，虽然经过正确的分析后情况可能确实如此，然而短期贷款风险较低这一感知往往是因为没有将观察期标准化。虽然大多数小微企业的流动资金贷款虽然名义上是短期信贷产品，但通常会在到期时或到期之前展期，这其实相当于"永续"风险敞口。假设一个借款人因其在市场的摊位被烧毁而于11月发生信贷违约，如果他在当年1月获得一年期的流动资金贷款，这算作一个观察样本记录，即一个违约样本记录；而如果他在1月选择为期6个月的贷款，并于7月续签了贷款，这在观察期没有适当标准化的情况下将被视为两个样本记录，其中一个违约。因此，短期贷款的违约率似乎要低得多，风险也更低。这样得出的结论属于初级错误。

事实上，长期贷款真正的风险来源于借款人在贷款期内出现的迁移风险，以及贷款人缺乏期内退出或重新风险定价的机制等。

第2步：确定不良贷款的定义

一笔贷款应该从何时起被视为不良贷款或违约呢？对于建立评分模型而言，该阈值的设定是获得有效信用评分（即有解释意义的评分结果）的一个前提条件。

一般的想法是将该阈值设定在贷款人开始为该笔贷款感到后悔的水平上，即贷款不再有利可图，或其在清收管理层面变得非常麻烦。通常，阈值被设置在贷款被冲销之前，例如，在观察期内，逾期时间为最多60天或90天（超过该阈值，则被认定为不良贷款）。

有时，阈值设置得不好在实际操作中还会出现问题。例如，如果设置得过于严格，最高逾期为30天，那么1/3的信贷组合可能都会被归为"不良贷款"。这些贷款包括许多可以从导致逾期的短期事件中恢复过来，并最终全额还清本息的借款客户的贷款。当大量良好借款人的贷款因过于严格的阈值设定而被判定为违约时，真正驱动违约的因素将很可能会被掩盖。理由很简单，因为在这样的评分模型中，被归为不良的借款人除了那些需要冲销的真实违约借款人，还有很多能带来利润的实际良好借款人。

另一个极端是，如果我们只把那些在观察期内被冲销的贷款视为不良，那么可能最终只有数笔顽劣坏账。极少的不良样本数量可能不足以使违约与任何解释变量呈现较强的相关性，由此只能得出一个表现不佳的评分模型。

实际上，不良贷款的观察样本不足是在试图建立一个有效的小微信贷评分模型时更常面临的问题。如果违约门槛过高，核销率低于2%，则少数被判定为不良的贷款可能是源于不幸或生活中的罕见事件（死亡、疾病和残疾等）。然而，这些不幸和罕见事件无法由任何典型的社会经济变量和财务变量推断出来。建模实践中，我们会使用不同的不良贷款的定义进行一些试算，如将阈值设定为61天、91天。同样，我们也会测算最高逾期值与持续逾期阈值。最后，我们会在基于可用解释变量可能达到的良好借款人与不良借款人之间的最佳区分度基础上，对不良贷款的定义进行确定。

第3步：检查数据的一致性，处理缺失数据，规范日期和数字格式

诸如日期格式无法识别、数字被存储为文本格式等问题通常可以通过Excel中的日期和字符串函数进行快速纠正。但是部分观测数据的缺少却可能会造成非常严重的问题。最快的解决办法是删除存在部分数据缺失的观测样本。但是，如果许多观测样本都存在不同类型和维度上的数据缺失，这种简单删除观测样本的做法会导致最终保留下来的样本量过小。此外，保留下来的小样本还会存在"幸存者"偏误问题，即风险表现良好的贷款通常会被更完整地记录存档，由此导出的模型结论并不能代表整体的实际情况，从而我们会被误导。

当某些特定变量的缺失数据数量相对较小时，最实用的方法是用其他观测值的中位数替代缺失值。如果缺失值是分类变量，那么我们将用最高频的或最合乎该条观测记录的逻辑类型来替代缺失值。

第4步：检查连续变量中的离群值

对于连续变量（如贷款金额、收入、年龄等）来说，消除极端离群值造成的失真非常重要。离群值来源于未来不大可能重复出现的异常情况，因此最好将其从预测模型中剔除。此外，离群值也常常只是数据输入错误所导致的。

如图5.2所示，使用Excel的"数据分析—排名和百分位"函数可以很好地识别离群值。顾名思义，秩和百分位函数可以根据观察值的大小对其进行排序，并告诉我们一个特定观察值的秩次以及从最小到最大的百分位数，即低于该值的所有观察值的百分比。一般而言，建议将1%以下和99%以上的所有观测值替换为百分位限值。

第5步：分类变量的编码

典型的分类变量是借款人婚姻状况（1=单身，2=已婚，3=离婚等）和产品分类（农业贷款、流动资金贷款等）。即使这些分类变量已经被编码成数字，然而这并不意味着我们在模型计算中可以直接使用这些数字。直接使用这些数字将意味着公民身份为3比公民身份为1好或者坏3倍，而实际上它们只是用来代表一个数据字段中的不同类别。因此，一个类别变量的每个可能值都必须重新编码成一个单独的二元变量，如"是否已婚？"，是=1，否=0。这些分类变量的二进制分解也被称为模态。

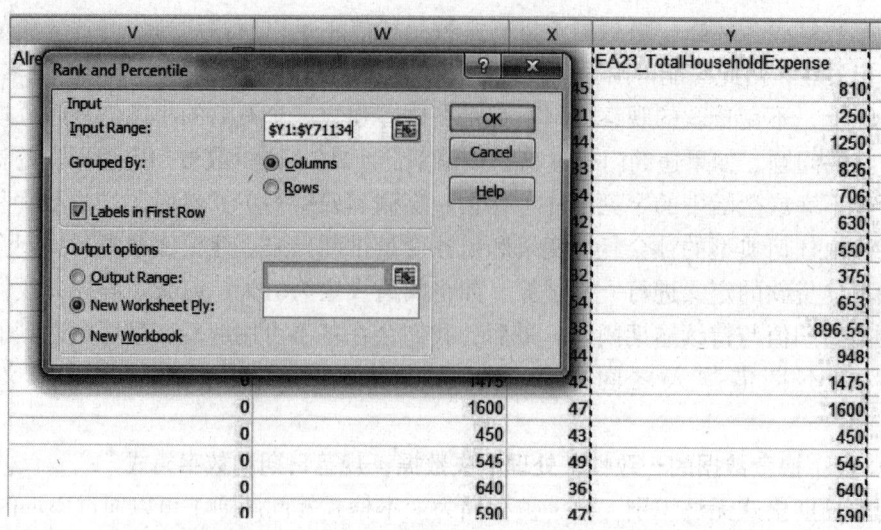

图5.2　秩和百分比函数——Excel屏幕截图

为了限制模态的数量，首先需要识别出那些可能与我们试图解释的目标变量之间存在高度正或负相关性的类别。这可以通过特定分类变量和违约结果之间的分布数据透视表直观地呈现出来，如表5.1，我们在波斯尼亚信贷评分模型开发项目中的例子所示。

因为二进制目标变量（即违约结果）被编码为【违约=1；正常=0】，所以各婚姻状况类别对应的目标变量编码加总（第2列）即为该婚姻类别的违约样本数量，而第3列则是每个婚姻状况类的样本总数量。再用第2列除以第3列，我们得到第4列所示的违约比率。

从这个数据透视表来看，我们可以立即将"不详"类别的数据删除，因为样本数量太少，结果不显著，同时它代表的是婚姻状况不详，所以这个类别没有任何预测价值。下一步，我们寻找数量上足够大，违约率又显著偏离总体平均违约率（3.89%）的婚姻状况类别，它们为：未婚、离婚和未婚同居。因此，为了保证模型的简约性，我们只对这三个婚姻状态模态进行二进制变量转化，而不是对6个模态全部实施再编码。

表5.1　婚姻状况与违约情况的数据透视表结果

婚姻状况	违约样本合计	样本合计	违约率
不详	2	84	2.38%
未婚	291	6009	4.84%
离婚	228	3655	6.24%
已婚	1743	49312	3.53%
丧偶	356	9370	3.80%
未婚同居	147	2743	5.36%
总计	2767	71173	3.89%

第6步：连续变量的离散化

当连续的解释变量与目标变量之间存在着非线性关系时，或者当现有的线性关系无法解释变量的整个观测值域内一致成立时，将连续变量离散化是非常必要的。例如，人们可能认为年龄与违约率之间呈负相关关系，也就是说，年龄越大的借款人违约的可能性越小。然而，违约率最初可能会随着年龄的增长而下降，但对于接近或超过退休年龄的中老年借款人而言，违约率反而会随年龄递增而上升。

如果强求年龄与违约率在整个观测值域内呈一致的线性关系，那么该相关性可能由于被平均（即两段值域内正负相关性的相互抵充）而变得非常微弱。但事实上，该相关性在特定的年龄值域内对违约率却具有很强的解释力。

沿用波斯尼亚的案例，年龄和违约率之间的分布数据透视表（见表5.2）显示，对于年龄在31岁以下的年轻人群，其违约率随年龄增加而减小；32岁至64岁的借款人群，随着年龄的变化，违约率相对平稳，一直在6.95%的总体平均水平上下浮动；而当借款人的年龄在65岁及以上时，违约率则会变得非常不稳定，这是因为观测样本量太少。注意，在表5.1中我们将贷款核销作为违约的定义，而在表5.2中我们则是将在观测期内逾期60天以上的贷款定义为违约贷款。

从表5.2来看，似乎可以将年龄分为19~31岁和32~64岁两个区间。少量低于19岁的观测值用19岁的违约率代替（以19岁的违约率为下限值），高于64岁的观测值用64岁的违约率代替（以64岁的违约率为上限值）。

最后，在评分模型中将保留以下两个二进制年龄变量：

（1）年龄为19~31岁（区间内取值1，区间外取值0）；

（2）年龄为32~64岁（区间内取值1，区间外取值0）。

表5.2　年龄与违约分布数据透视表

年龄	违约样本合计	样本合计	违约率
19	13	105	12.38%
20	63	362	17.40%
21	76	550	13.82%
22	64	657	9.74%
23	76	710	10.70%
24	73	799	9.14%
25	76	831	9.15%
26	72	865	8.32%
27	59	883	6.68%
28	66	907	7.28%
29	63	928	6.79%
30	71	928	7.65%
31	62	960	6.46%
32	73	995	7.34%

续表

年龄	违约样本合计	样本合计	违约率
33	56	979	5.72%
34	63	987	6.38%
35	73	987	7.40%
36	71	980	7.24%
37	62	1015	6.11%
38	64	1054	6.07%
39	67	999	6.71%
40	57	1004	5.68%
41	71	1073	6.62%
42	58	1155	5.02%
43	80	1167	6.86%
44	75	1177	6.37%
45	74	1147	6.45%
46	76	1195	6.36%
47	65	1187	5.48%
48	73	1204	6.06%
49	79	1076	7.34%
50	65	1041	6.24%
51	63	1017	6.19%
52	43	878	4.90%
53	70	920	7.61%
54	39	784	4.97%
55	51	775	6.58%
56	31	692	4.48%
57	43	621	6.92%
58	30	504	5.95%
59	35	501	6.99%
60	26	415	6.27%
61	24	386	6.22%
62	23	345	6.67%
63	20	244	8.20%
64	11	196	5.61%
65	15	186	8.06%
66	10	154	6.49%
67	14	124	11.29%
68	6	112	5.36%
69	6	81	7.41%

续表

年龄	违约样本合计	样本合计	违约率
70	6	53	11.32%
71	2	49	4.08%
72	1	28	3.57%
73	3	25	12.00%
74	2	27	7.41%
75	0	11	0
76	0	13	0
77	2	7	28.57%
78	1	6	16.67%

在这种情况下，通过分离出两个区间变量，评分模型将能够独立分析年龄和违约率之间的两个不同的线性关系。一个是针对年轻借款客户的负相关关系，另一个则是针对中老年借款客户的相对平稳或微弱的正相关关系。这种离散化（即分段挖掘）的处理方法相比于在整个观察年龄范围内的测算平均线性关系更易于发现变量间显著的相关关系，提高模型的总体解释力。

第7步：单变量相关分析

如果读者不熟悉"相关"的概念，首先可以阅读百度百科条目"相关性和相依性"及"皮尔逊积矩相关系数"。读者还可以调用Excel函数"=CORREL（）"并查阅公式帮助。请注意，"=CORREL（）"给出了两个观测向量之间的一个相关系数，而Excel的"数据分析—相关分析"功能可以输出一个相关矩阵，如图5.3所示，这个矩阵用于两列或更多列的变量观察。

我们需对所有候选变量之间的相关性进行观察，以及其各自与目标变量（"违约率"）之间的相关性。这可以进一步缩小有价值的解释变量的范围，以提升模型的简约性。利用Excel中的"数据分析—相关分析"功能，就可以导出相关矩阵。

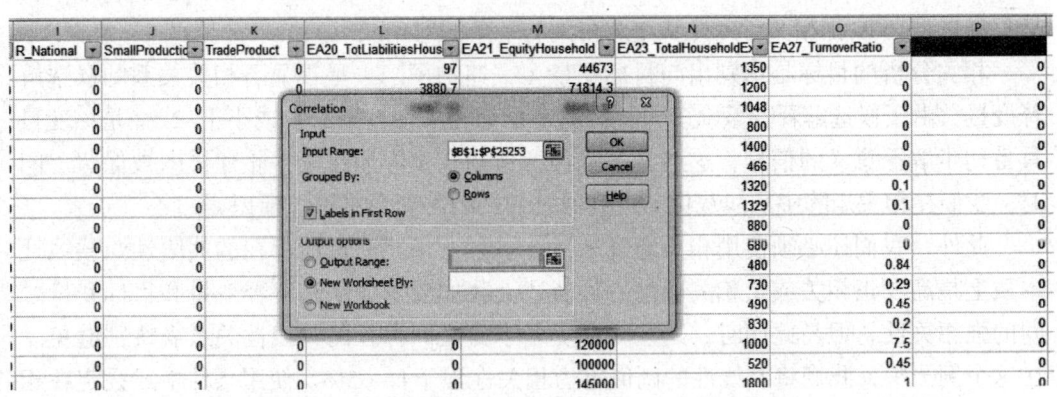

图5.3　使用Excel中的"数据分析—相关分析"功能

所有要包含在相关矩阵中的变量数据列必须被连续排列形成矩阵①，并且目标变量数据列需被放在最右列，这样它与所有其他变量的相关系数就会呈现在相关矩阵的最后一行，如表5.3所示。

表5.3 相关矩阵输出结果

	贷款金额	剩余期限（月）	25岁以下	26~75岁	75岁以上	未婚	离婚	丧偶	未婚同居	R_民族
贷款金额	1									
剩余期限（月）	0.7574	1								
25岁以下	−0.0054	0.0243	1							
26~75岁	0.0066	−0.0230	−0.9948	1						
75岁以上	−0.0128	−0.0115	−0.0085	−0.0924	1					
未婚	−0.01774	−0.0117	0.3334	−0.3312	−0.0082	1				
离婚	−0.0079	0.0055	−0.0369	0.0374	−0.0066	−0.0679	1			
丧偶	−0.0599	−0.0201	−0.1077	0.1021	0.0514	−0.1132	−0.0914	1		
未婚同居	−0.0146	0.0205	0.0482	−0.0475	−0.0052	−0.0539	−0.0436	−0.0727	1	
R_民族	−0.0232	−0.0139	0.0189	−0.0185	−0.0036	−0.0136	0.0083	−0.0277	0.0653	1
投资计划	0.1925	0.1776	−0.0047	0.0057	−0.0102	−0.0298	−0.0210	0.0022	−0.0439	−0.0850
营运资金	−0.1874	−0.1739	−0.0046	0.0034	0.0119	0.0242	0.0158	−0.0039	0.0505	0.0929
商业空间	0.0516	0.0217	−0.0071	0.0073	−0.0025	−0.0018	0.0182	−0.0076	−0.0088	−0.0076
农业	−0.0432	0.0132	−0.0168	0.01667	0.0007	−0.0776	−0.0545	0.0333	−0.0443	−0.0452
EBRD_D	0.1409	0.1179	0.0198	−0.0191	−0.0063	0.0513	0.0476	−0.0442	−0.0177	−0.0318
违约率	0.0236	0.0550	0.0537	−0.0545	0.0102	0.01432	0.0301	−0.0183	0.0409	0.1889

表5.3是实际矩阵的摘录，为了更好地适应页面，其中的一些列和行已经被隐去。矩阵中的每个单元格告诉我们其所在行和列对应的两个变量之间的相关系数。每个变量都与自身100%正相关，因此从左上角到右下角的对角线上的结果都是1。

相关分析的目标是识别出与目标变量（"违约率"）呈现显著相关关系的候选解释变量。由于候选解释变量众多，我们通常认为相关性大于2.5%或小于−2.5%是该变量具备初步解释意义的信号，这些具备解释意义的变量应该在第一轮建模中被保留。同时，我们在相关矩阵中用浅灰色对这些通过初选的解释变量进行标识。

此外，我们还必须使用相关矩阵来检查解释变量之间可能存在的共线性。共线性本质上是高度正相关或负相关的另一种表述。我们要挖掘的是解释变量和目标变量之间的强相关性，但与此同时，这些解释变量本身之间存在的共线性关系需特别避免。在这个例子中，我们将共线性的阈值定为相关性强于+/−65%。使用条件格式设定在相

---

① 不可出现空列。

关矩阵中用深灰色底色将此类情况突出显示。

解释变量之间的共线性问题本质上是这些共线性强的变量属于冗余信息，即多个不同变量可以被其中任何一个解释或代替，冗余信息（数据量）的增加不会提升模型的解释力。恰恰相反，这些冗余信息将对模型产生"噪音干扰"（即导致模型参数测算值的方差增大），使模型显著性检验失去意义，从而导致模型预测失效。

在表5.3中，变量"25岁以下"和"25~75岁"的相关系数为-0.9948，存在非常强的共线性。除了年龄在75岁以上的极少数情况外，借款人不是属于"25岁以下"组，就肯定属于"26~75岁"组。因此，在两个变量中有一个是多余的。解决的办法是在模型中只保留其中一个共线性变量，而剔除与目标变量相关性较弱的那个变量。因此，我们只保留了"26~75岁"变量。

表5.3中的第二个共线性关系存在于"贷款金额"和"贷款期限"之间。这种情况尤为典型，因为在小微企业贷款中，借款人每月可用于偿债的现金流总是有限的。而更高贷款额度通常需要更长的还款期限，以使分期付款的金额与偿还能力相符。同上，我们剔除与目标变量的相关性较弱的解释变量，即仅保留与违约结果呈5.5%正相关的"贷款期限"变量。

"剩余期限"与"违约率"正相关，看起来不符合我们的常识。这里我们会不会犯了之前讨论过的初学者错误呢（见第1步：定义样本总体和观测周期）？答案是，在这个例子中，我们对观测期进行了标准化处理，即所有贷款的观测期都是12个月。在此情况下，有着另外一个合乎逻辑的解释能够说明"为什么就年度违约率而言，较长期限的贷款风险高于同等期限的转续短期贷款风险"。案例中的这家波斯尼亚小微金融机构有大量的流动资金贷款在借款客户获得贷款后用于其个人或家庭消费，其中不乏已经负债累累的客户。许多此类借款客户只是试图获得最大数额的现金，以平衡他们的业务需求和不断增长的个人支出。因此，较长的贷款期限只是客户试图获得尽可能多的贷款资金所带来的副产品（注意：金额与期限存在共线性）。而给陷入债务旋涡的借款人更多的贷款当然预示着更高的违约概率。

至此，我们已经完成了数据清理、编码和分类的工作，缩小了候选解释变量范围，最终可以按下统计分析的按钮，在这些通过初选的解释变量中找到那组可以解释目标变量（"违约率"）的最优组合和相应权重。在下一节中，我们将介绍统计建模工具以及对其输出结果的实际解读方法。

3. 信用评分模型的建立、评测、使用与维护

3.1 信用评分模型的建立与评测

用于预测信用评分的统计方法与我们所熟悉的传统线性回归模型非常相似。在简单回归中，我们要将一个因变量（y轴）回归到一个解释变量（x轴）上（见图5.4）。通过将估计值（实线）和实际观测值（点）之间的平方差最小化（即最小二乘法），我们便可以找到最接近数据的线性回归线。

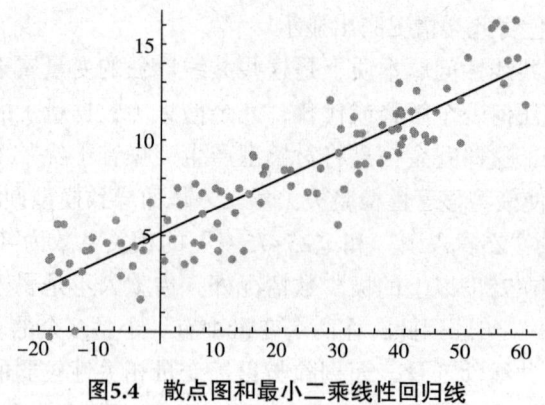

图5.4 散点图和最小二乘线性回归线

线性回归也适用于多个解释变量，也就是所谓的多元回归。线性回归是Excel的内置功能，函数为"=Forecast（）"和"数据分析—回归"。对线性回归基本原理的理解是必要的，但线性回归本身并不适用于信用评分。因为，我们需要通过解释变量预测的不是收入或现金流此类连续变量，而是违约与否这个二元变量。因此，对于信用评分我们需要使用线性判别分析法（LDA）或逻辑回归法。两者背后的数学理念是相似的，但提出了不同的分析问题。

接下来，我们将对这两种方法进行简要的介绍，说明它们基于同一数据样本进行信用评分模型构建的基本原理。

第8步：使用线性判别分析法计算信用分值

线性判别分析法与线性回归在数学上非常相似。但是我们现在不是基于最小二乘法测试出与观测数据最吻合的直线，而是寻找一条线性分割线，这条分割线可以将对立的观察结果之间的距离最大化（如良好/违约信贷结果）。

以图5.5中的双因子模型为例：X是从业年限，Y是雇员数量。

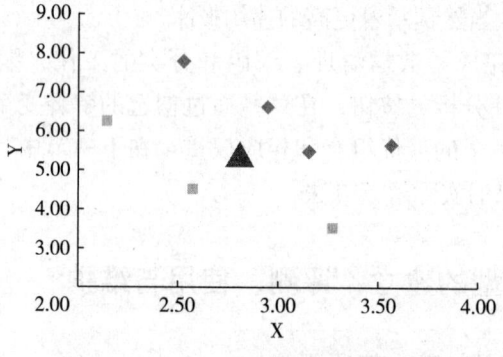

图5.5 LDA——违约观测值的散点图

菱形代表良好贷款，正方形代表不良贷款。而三角形给出了总样本中雇员人数和从业年限的平均值。从图中结果来看，拥有更多经验和更多雇员的借款人违约概率更小。

在这个简单的例子中，我们可以画一条穿过Y=7.5和X=4的线来区分良好贷款和不良贷款（及对应的借款人群组）。良好（贷款）借款人都在这条线以上，不良（贷款）借款人都在这条线以下。如果一个新的客户申请贷款，他的经验与雇员数量的组合点在分隔线以下，那么会被视为可能违约而被拒绝。

传统的线性判别分析法是通过两个标准化分类函数f1和f2对数据进行换算（见图5.6），由此判断每个特定观测样本属于第一类（良好）或第二类（不良）的可能性。分类标准原则为：如果f1（z）>f2（z），z将属于第一类，即可能是良好借款人。否则，z将属于第二类，即可能是不良借款人。

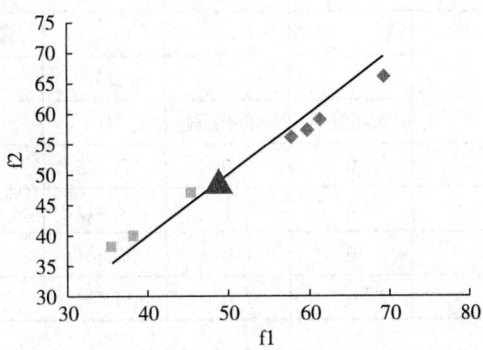

图5.6　LDA——f1和f2函数换算数据示例

分类函数值f1（z）~f2（z）之间的差可以理解为派生的信用评分值。这个差值越大，就表明该观测样本z在图5.6中分割线越下方的良好区域内，越倾向于良好借款人。

判别分析法不是Excel中的内置函数，所以进行线性判别分析需要使用特殊的统计软件，如SPSS或购买Excel插件。在此案例中进行判别分析使用的是StatistiXL插件（该插件的加载宏试用版可以在www.statistiXL.com下载）。

根据观测样本，可以建立清楚区分良好和不良贷款的评分模型（见图5.7）。

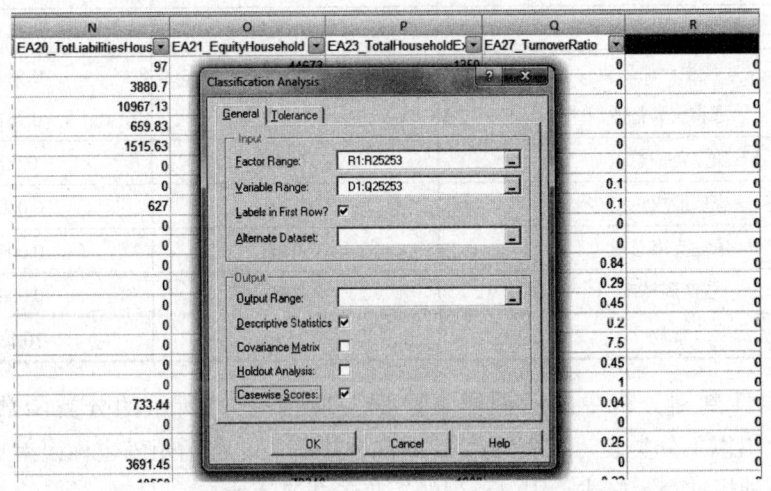

图5.7　StatistiXL——LDA调用对话框

在"因子范围"（Factor Range）框中指定目标变量数据列，在"变量范围"（Variable Range）框中指定解释变量数据列组。

建议在"输出"（Output）部分勾选"个例分值"（Casewise Scores），以导出每个观测样本的f1和f2函数值。根据这两个函数值，我们可以计算出f1与f2的差值，把它作为派生信用评分分值（见表5.4）。

表5.4　LDA输出页节选（显示分类函数值和f1~f2派生分值）

原始数据的分类及分值				最小分值	−13.605
				最大分值	3.783
			良好	不良	
观测样本序号	实际组别	预测组别	f1	f2	派生分值
1	0	0	11.745	11.299	0.446
2	0	1	−0.417	−0.224	−0.193
3	0	0	12.504	12.209	0.295
4	0	0	11.738	11.427	0.311

表5.5是在本例中使用线性判别分析法导出的线性分类函数f1和f2公式系数列表。

表5.5　StatistiXL输出的LDA分类函数系数

分类函数系数	良好函数	不良函数
（解释）变量	f1	f2
贷款期限（月）	0.17527	0.19856
26~75岁年龄组	11.52400	10.76612
离异	0.98891	1.53454
未婚同居	1.59739	2.31048
R_民族	1.62065	7.73546
小型生产加工业	0.82165	0.58766
零售贸易行业	0.35597	0.96103
家庭负债总量	−0.00008	−0.00007
家庭股权总量	0.00001	0.00001
家庭支出总量	0.00462	0.00491
资产周转率	−0.00001	0.00002
常数	−9.75620	−10.08995

使用线性判别分析中的示例样本数据并应用表5.5所示的分类函数，再通过StatistiXL导出以下分类表（见表5.6），即混淆矩阵表。混淆矩阵也称误差矩阵，是分类精度的一种标准表示格式，用n行n列的矩阵形式来表示。

表5.6 StatistiXL输出的混淆矩阵表

分类表		合计样本量：	25252
	预测组别		分组
实际组别	0	1	正确率
0 良好	20073	3599	0.848
1 不良	1001	579	0.366
整体正确率			0.818

混淆矩阵是线性判别分析中最重要的输出结果之一。我们在第9步介绍的逻辑回归法也能够生成并导出一个等效的混淆矩阵分类表。因此，对混淆矩阵中呈现结果的审慎性解读有助于我们了解评分模型的预测能力和局限性。

表5.6显示，整体正确分类率为81.8%，对于第一次评分建模尝试来说，这已经是一个非常不错的结果了。对混淆矩阵的各个像元逐一解读，可以看出：在该线性判别分析中，观测样本总量为25252，对应25252笔贷款记录。其中23672笔（20073+3599=23672）是良好贷款（即良好借款人），1580笔（1001+579=1580）是不良贷款（即不良借款人），总体不良率为6.26%（1580/25252×100%=6.26%）。"实际组别"指每笔贷款的实际结果是不良或者良好（即违约或未违约）。

23672笔良好贷款中，线性判别分析模型正确地将20073笔归类为可能的良好贷款，而错误地将3599笔标记为可能的不良贷款，这相当于良好贷款的正确分类率为84.8%。3599笔良好还款人被错误分类属于统计学中的Ⅱ型错误（即β错误），这意味着如果我们应用这个评分模型进行信贷决策，这些实际良好的贷款申请将会被（错误地）拒绝。Ⅱ型错误是使用评分模型的机会成本。在评分模型的实际应用中，我们总是会不可避免地拒绝一些本来应该被接受的贷款申请。也就是说，在那些被拒绝的贷款申请人中，即使评分模型发现他们与其他违约者有很强的相似性，总是有一些人会有良好的还款表现。

建立评分模型的真正目的在于预先发现谁会是不良借款人并拒绝他们的贷款申请。在1580笔不良贷款中，线性判别分析模型正确地识别出579笔，却错误地将1001笔实际不良的贷款预判为良好贷款，这属于Ⅰ型错误（即α错误）。正确分类率为36.6%，这看上去很差劲：因为该模型只成功识别出三分之一的不良贷款。然而，这其实是一个相对不错的结果。我们需要强调，该评分模型是建立在对实际发生的贷款的回测基础上的。而这些贷款在申请和审批过程中其实已经通过了大量且严格的风险审核，所以在放款时这些贷款都被认为可能是良好的贷款。因此，如果我们将这个评分模型应用于日常的贷款申请审批过程中，预计可以进一步缩减36.6%的不良贷款。这对于加强信贷风险控制及降低贷款不良率来讲，是一个相当可观的贡献。

评分模型的有效性必须结合因Ⅱ型错误而错过的良好贷款来进行判断，因为所有可能的违约者可以通过调整模型参数设定来排除，但这通常意味着在拒绝最后有限几个违约者的同时也拒绝了大批良好的借款人。所以我们必须通过对分类阀值（f1≥f2）的审慎设定来平衡表5.6中显示的Ⅰ型错误和Ⅱ型错误。在当前的模型中，为避免579笔不良贷款，我们牺牲了3599笔良好贷款，比率是1：6.21。相比信贷实践中6笔良好贷款带来的收益往往远不足以弥补1笔不良贷款造成的损失的现实情况来说，这是一个相当划算的比率。为易于理解，我们来做一个辅助计算，将此类贷款产品的违约损失率与其良好贷款的贡献利润的现值进行比较：如果违约损失率为100%，而1笔100000元的贷款的利润现值为12500元，我们则需要8笔良好贷款的利润，才能弥补1笔不良贷款的损失。

有了这些关于Ⅰ型错误、Ⅱ型错误以及利润贡献与违约损失率的讨论，我们现在可以通过调整灵敏度的方式对线性判别分析模型进行优化。灵敏度受模型中的类别分界点（即f1和f2分类函数值的差值）影响，类别分界点的默认值为零（即f1-f2=0）。因此，可通过对类别分界点的个性化设置来对模型的灵敏度进行调整。

首先我们计算每个观测样本的派生分值（f1-f2），然后通过不同的类别分界点设定分别测算其对应的两类错误值。这两类错误为：第一，Ⅱ型错误——将良好贷款归类为不良贷款；第二，Ⅰ型错误——将不良贷款归类为良好贷款。

表5.7总结了在不同的类别分界点设定下，模型的敏感度表现情况。其中，每个分界点设定值表示批准贷款申请所需达到的最低派生分值。我们把派生分数的分界点从-12缩小到-10时，不良率稳步下降，但同时批准的贷款数量也相应减少。从-1.5开始，Ⅱ型错误开始侵蚀利润。当把分界点从-2上调至-1.5时，进一步排除了5个违约者，但也同时牺牲了31个良好借款人，该比率是1：6.2。将分界点设定进一步提高超过0时，更多的违约者被排除了，但为其付出的代价（即被拒绝的良好借款人的数量）也在随之飙升。当分界点设定至1.25时，可批准的贷款申请只剩下了281笔。

表5.7　分界点与不良率之间的关系

合计样本量 25252
合计不良样本量 1580

良好但被拒绝/不良被拒绝	1.0		1.0		1.0	0.9	0.9	2.1		2.0			1.5	0.8	6.2	7.8	7.5	8.8	12.7	14.6	20.2	27.2	40.5	21.8
良好但被拒绝	1	1	2	2	4	14	98	236	238	240	240	243	246	277	425	1159	3599	6227	9379	14904	21702	23403	23599	
不良率	6.25	6.25	6.25	6.25	6.24	6.20	5.87	5.66	5.66	5.66	5.65	5.64	5.62	5.58	5.37	4.75	4.35	3.89	3.35	2.67	4.27	3.95		
不良	1579	1579	1578	1578	1576	1565	1471	1406	1406	1405	1405	1403	1399	1394	1375	1277	1001	794	578	304	54	12	3	
批准	25251	25251	25250	25250	25248	25238	25154	25016	25014	25012	25011	25009	25006	24975	24823	24579	24251	23078	19025	9072	2024	281	76	
分界点	-12	-11	-10	-9	-8	-7	-6	-5	-4	-3.5	-3	-2.5	-2	-1.5	-1	-0.5	0	0.25	0.5	0.75	1	1.25	1.5	

第9步：使用逻辑回归法计算信用分值

与线性判别分析法相比，逻辑回归法（LOGIT）通常被认为是更现代、更适用于信用评分计算的方法。但是在实践中我们发现，两者预测性能的差异不大，而逻辑回归法常略占优势。

逻辑回归与普通多元回归的区别在于从线性回归函数至逻辑函数的转换，如图5.8所示。逻辑函数更适用于预测分类变量，因为它的函数值在0~1。函数值非常接近于0或1时，x的区间跨度很小（在-4~4）。因此，"良好=0"或"不良=1"这类二进制结果也更容易被解释。标准的分界点为0.5，即高于0.5的分值的预测结果是1，否则预测结果为0。

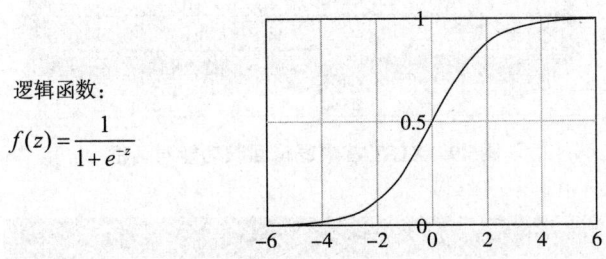

逻辑函数：
$$f(z) = \frac{1}{1+e^{-z}}$$

$z = \beta_0 + \beta_1 x_1 + \beta_2 x_2 + \beta_3 x_3 + \ldots + \beta_k x_k,$

图5.8　多元回归对逻辑回归的映射

标准的Excel内置函数中不包括逻辑回归功能，所以我们需通过软件插件导入。前节用到的StatistiXL插件不包括逻辑回归功能。所以我们建议使用另一个包括逻辑回归功能的Excel插件：XLSTAT插件（或其他专业统计分析软件，如SPSS），比StatistiXL价格更加昂贵，功能更加丰富，在官网（www.XLSTAT.com）可以免费下载一个月的试用版。

本节中，我们将使用XLSTAT中的逻辑回归功能，对前节线性判别分析中的样本数据进行分析，并判断是否能够运用逻辑回归来建立一个具有更强预测能力的评分模型。

如图5.9所示，在XLSTAT中我们预解释的二进制信用风险表现结果被称为"反应变量"（Response Variable），而解释变量数据列组需在"定量变量"框（Quantitative）中指定。

我们还需要在"输出"（Outputs）菜单中进行一些重要的设置（见图5.10），例如，输出一个分类表（混沌矩阵）和模型系数。另外，AUC（Area Under Curve）曲线也很有分析价值，可以在"图表"（Charts）菜单中勾选并在结果中导出。但当数据样本量超过60000条时，建议不要勾选导出图标，因为这样会大大降低计算机的运行速度。此外，我们可以在"输出"菜单中的"分界点"框中指定良好/不良的预测分界点数值。0.5是默认分界点，我们可以通过降低这个数值来提高模型的灵敏度。在本节这个例子中，我们会尝试将分界点降低至0.2甚至0.1。

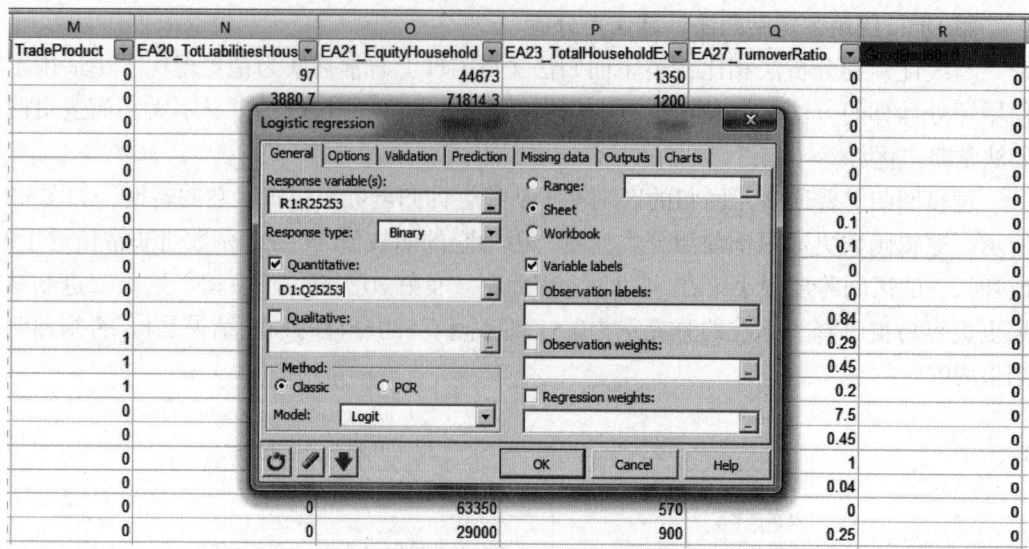

图5.9 XLSTAT中逻辑回归功能对话框

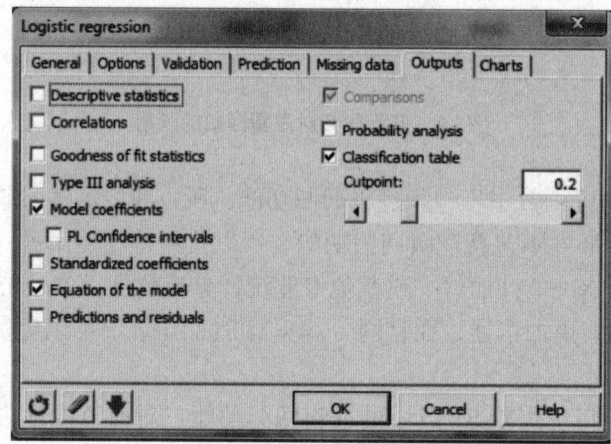

图5.10 XLSTAT中逻辑回归功能——"输出"菜单

最后,我们保留以0.1为分界点的设定,相应建立逻辑回归模型如下(见表5.8)。

表5.8 XLSTAT——逻辑回归模型系数

解释变量	系数	解释变量	系数
常数	−2.746	小型生产加工业	−0.258
贷款期限(月)	0.021	零售贸易行业	0.444
26~75 岁年龄组	−0.598	家庭负债总量	0.000
离异	0.466	家庭股权总量	0.000
未婚同居	0.533	家庭支出总量	0.000
R_民族	2.231	资产周转率	0.000

根据线性回归对逻辑函数的映射，我们可以使用以下模型方程计算特定观察样本（即特定贷款申请）的信用分值。

信用分值 = 1 / （1 = exp（-2.74552073910408 =2.05802616730141E-02 × 贷款期限- 0.597791179576787 × 26~75岁年龄组+0.46574363562213 × 离异+0.533027189776435 × 未婚同居+2.2312953754763 × R_民族-0.25812923806238 × 小型生产加工业+0.44368378194347 × 零售贸易行业+4.04561405365031E-06 × 家庭负债总量-4.4549222494558E-06 × 家庭股权总量+2.96375796782155E-04 × 家庭支出总量+1.3534542489054E-05 × 资产周转率））

在0.1分界点上，此模型的混沌矩阵结果如下（见表5.9）。

表5.9 XLSTAT——逻辑回归分类表（分界点为0.1）

实际 / 预测	0	1	合计	正确率
0 良好	22024	1648	23672	93.04%
1 不良	1215	365	1580	23.10%
合计	23239	2013	25252	88.66%

从表5.9可以看出，总体正确率为88.66%，略高于线性判别分析法模型的81.8%。为了尽可能多地排除不良数据，我们不得不把分界点值调得很低，这也导致原本可以远高于90%的总体分类正确率有所降低。当然，提高敏感度就意味着在拒绝违约者的同时也拒绝更多的良好贷款申请。但这已经是一个相当好的评分模型了。因为我们可以成功识别并排除近四分之一（365/1580=0.23）的违约，并且为拒绝每笔不良贷款而放弃的良好贷款少于5笔（1648/365=4.5）。而在信贷实践中的大多数情况下，这都是一个非常有效的评分模型，代表着一个有利可图的风控策略。

为进一步增强对分界点的选择和模型的理解，我们对2×2混沌矩阵中的每个象限分别定义如下：

（1）真阴性：预测为0，实际为0的样本数量；
（2）伪阳性：预测为1，实际为0的样本数量；
（3）真阳性：预测为1，实际为1的样本数量；
（4）伪阴性：预测为0，实际为1的样本数量。

相应地将"真阳性/（真阴性+伪阴性）"称为灵敏度（或敏感度），将"真阴性/（真阴性+伪阳性）"称为特异度（或特异性）（见表5.10）。

表5.10 灵敏度与特异度

		预测		
		0	1	
实际	0 良好	真阴性	伪阳性	真阴性 /（真阴性 + 伪阳性）= 特异度
	1 不良	伪阴性	真阳性	真阳性 /（真阳性 + 伪阴性）= 灵敏度

图5.11为本案例中逻辑回归模型导出的ROC与AUC示意图，其中横轴为1-特异度（即预测为不良但实际良好的样本占实际良好样本的比例，也可理解为模型的机会成本），纵轴为灵敏度（即预测和实际均为不良的样本占实际不良样本的比例）；实线曲线为ROC曲线（Receiver Operating Characteristic Curve，接收者操作特征曲线），ROC曲线与横坐标轴围成的面积称为AUC（Area Under Curve）。AUC的取值范围在0.5和1之间，AUC越接近1，模型总体预测正确率越高。反之，AUC越接近0.5，模型总体预测正确率越低。

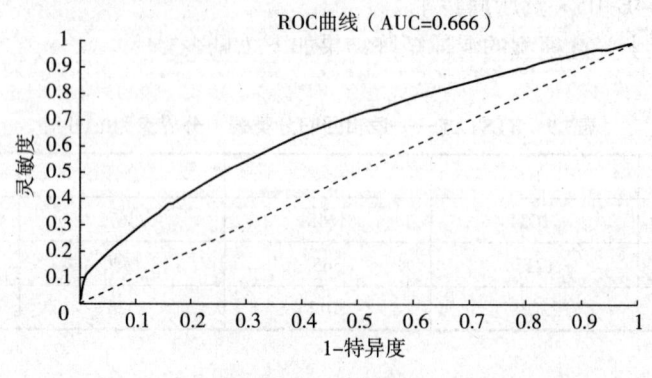

图5.11　ROC与AUC

如图5.12左图所示，在模型样本数据不变的前提下调整分界点，ROC曲线不变，即模型的整体预测准确率保持不变。但是不同的分界点（即ROC曲线上不同的点）会决定模型的灵敏度和特异度，并且我们需要在灵敏度和特异度之间取舍。图5.12右图中斜线区域代表良好贷款实际分布，点状区域代表不良贷款实际分布，竖线代表不同的分界值。当分界点数值减小时（即竖线由右向左移动），模型敏感度提高，真阳性样本增加，伪阴性样本减少，但同时模型特异性降低，真阴性样本减少，伪阳性样本增加。相反，当分界点数值增加时（即竖线由左向右移动），模型敏感度降低，真阳性样本减少，伪阴性样本增加，但同时模型特异性提高，真阴性样本增加，伪阳性样本减少。

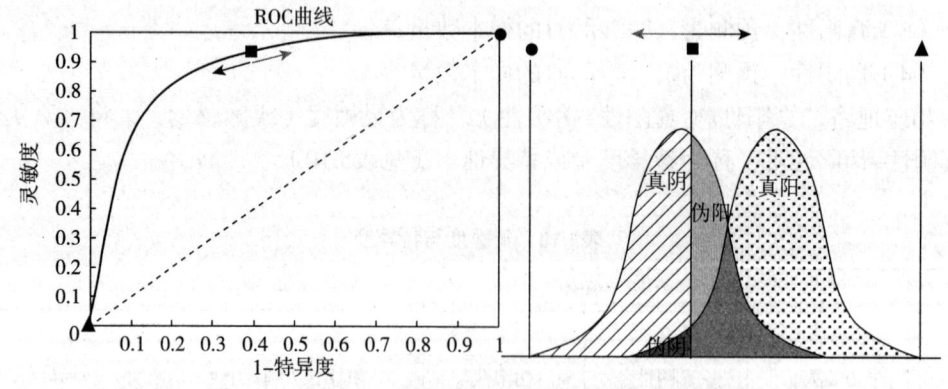

图5.12　分界值对预测准确率的影响

3.2 信用评分模型的使用与维护

回顾表5.18中的模型系数，其中三个对不良数据起重要作用的因素值得在此进一步讨论：

- 离异；
- 未婚同居；
- R_民族（罗姆人或吉卜赛少数民族）。

虽然此类评分维度对风控很有效，但对于一个以金融普惠及社会责任感为使命的小微金融机构而言，可能是不正确的，存在潜在的（由于社会歧视而造成的）声誉风险。因此我们需要引入更多的数据，并尝试不同的候选变量。此外，即使模型完美地通过了首次试验，模型也需要根据客户的近期贷款风险表现每6~12个月更新一次。这将有助于捕捉借款客户行为中出现的新变化、新趋势，并根据不断变化的宏观经济环境调整模型。也就是说，构建评分模型不是一次性的工作，而是而一个长期持续更新、不断迭代的进程。

最后，还有两条实用的建议。根据最新的贷款观察数据对一个具有判别能力的模型进行改进是相对容易的任务。而真正的考验是这些相关性在未来是否还能够继续成立，以及是否会由此对基于这些相关性逻辑决策而投向新的贷款的信贷资金造成内生性风险（即模型风险）。所以为了有效管理模型风险，我们应该做以下两件事。

第一，区分训练样本和验证样本，即将总样本数据分为两个子样本，分别为模型训练样本（或称建模样本）和模型验证样本（或称回测样本）。通常情况下，我们会在总样本中随机选择85%~90%的原始样本数据用于建立模型，其余10%~15%的原始样本数据用于模型回测。这样做可以避免模型偏差，同时也能让我们更好地了解模型对新贷款的预测能力。

第二，采用新旧版本模型并行的方式对新贷款进行评分。不同版本的模型互相竞争，而新的贷款决策基于这些不同模型结果间的随机选择。当我们用新的观测数据进行定期评分维护及参数调整时，新的问题就会出现。我们应该坚持使用旧的评分模型（及参数设定），还是在所有新的贷款决策中一律冒险地使用新版本的模型呢？如果模型维护人员人为混淆了一些数据而调试出一个糟糕的新模型该怎么办呢？将一组模型系数应用到新的贷款评分中并无难度，不过是系统中的一个小小的乘法。因此，我们应该计算和留存所有新贷款的新旧评分值，以便通过回测来了解模型的相对性能。当然，我们不能同时根据两个不同的评分结果来做出贷款决策。虽然我们计算和留存所有评分值，但是我们需在信贷决策中为每笔特定新贷款随机分配其中一个模型版本的评分结果，例如，设定提交信贷委员会的所有贷款申请中的三分之一基于新版模型，其他三分之二仍然以旧版模型评分结果为准。如果新版模型表现良好，我们可以在几个月后将此模型应用于所有贷款，直到下一个新模型向它挑战，以此类推。

4. 其他信用风险模型

前面章节中介绍的模型案例是一个狭义的信贷决策模型,即贷款申请审批统计模型。在小微金融实践中,我们还会经常遇到很多其他类别的模型。

按广义上的决策目标或应用场景划分,除了贷款申请审批模型外,还有营销模型、贷后监控模型、清收模型等。其中,营销模型也被称为获客模型(或客户画像),顾名思义就是通过对目标客户群体在社会经济活动中表现出来的特征属性的刻画,实现精准营销,从而提高营销获客转化率;而贷后监控模型则是基于借款客户贷后还款行为和其他经营活动中的细微变化及趋势,来预判可能出现的逾期,提供早期预警信号;清收模型的目的在于从已经出现逾期的贷款(客户)中甄别出最有可能、最快,或最大限度清还逾期欠款的客户(即最需要优先干预的客户),从而最大限度地避免不良损失。

按信用风险模型建立过程中依据的方法进行划分,模型可被分为统计评分模型、专家评分模型以及以混合评分模型。如图5.13所示,不同的评分方法取决于模型建立的客观背景环境,如特定金融机构对目标市场的已有经验、对评分模型的使用经验、已有历史数据的样本量及数据的广度等。

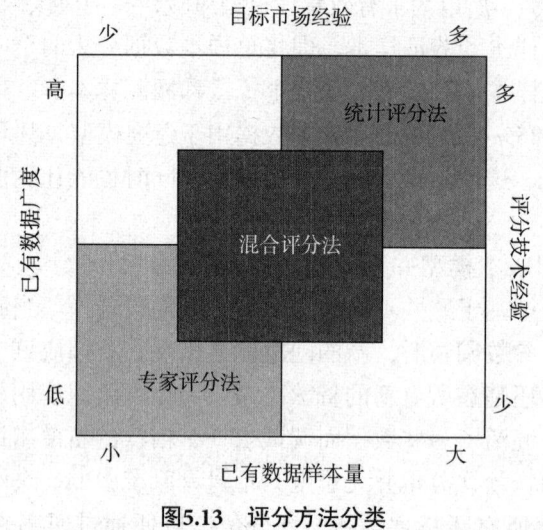

图5.13 评分方法分类

在最理想的情况下,小微金融机构已有对目标市场多年的服务经验,对评分模型具备较深入的认识,并在此过程中积累了大量的已有客户的历史信贷数据。同时这些已有历史数据及其他可得数据能够囊括目标市场所有主要潜在风险因素。正如我们前节中介绍的贷款申请审批模型案例,这是建立一个统计评分模型的最佳前提环境,可以使用统计分析软件(如STATA、SPSS、MATLAB等)对目标变量(如不良贷款)和潜在的解释变量的历史数据之间的相关关系进行大数据挖掘,从而可以建立有效的统计评分模型。(国际应用案例举例:南非Teba银行,www.usaid.gov)

在统计评分模型所需的上述前提条件均不具备的情况下，金融机构可综合机构内和机构外各相关领域专家的以往经验筛选出最主要的风险因子并配以权重，从而建立初始专家评分模型。随后基于试点测试结果和数据积累检验逐步对评分模型进行修正和完善。当小微金融机构处在对某一新市场的初始开发和发展阶段时，专家评分模型可有效并系统地加强该机构对目标市场的风险识别能力，建立并发展报告及流程管理机制，通过基于传统信贷分析的方法得出交叉检验辅助信贷评估的结果。（国际应用案例举例：南非Teba银行，www.usaid.gov）或者当金融机构的产品及客户的定位出现问题，导致其无法获得并积累统计模型开发所需的大数据样本时（如额度较高的中小企业贷款），专家评分模型也会被广泛使用，常见的呈现形式是企业信用评级（模型）。

当专家评分模型被引入金融机构后，数据会随着实际应用不断积累。到一定样本量时，我们便能够以此为基础开发统计评分模型雏形。充分结合并交叉检验统计评分模型和专家评分模型，此过程为混合评分，相应的模型被称为混合评分模型。（国际应用案例举例：斯洛伐克CAC租赁，www.dai.com）

接下来，我们将着重对清收模型和企业评级进行举例说明，并进一步讨论。

4.1 清收模型

贷款清收（或催收）评分模型可以帮助我们对逾期行为进行更有效的优先排序。在本单元第3节中我们已经详细了解过评分模型运作原理，并且分别使用线性判别分析和逻辑回归完成了第一次建模实操。因此，我们应该有能力去开发一个清收评分模型。

清收评分的基本理念是标准化且严格的跟踪干预流程必须覆盖所有的逾期风险敞口，这正是清收工作的底线要求。而每一个逾期的借款人都需要感受到来自金融机构的一定压力："我们是认真的，我们希望你尽快偿还欠款，你不能就这么躲着我们。"每一个企图不断逾期直至成为不良贷款而被注销的借款人都必须以更大的紧迫感始终如一地接受这一信息。

在保证了对每个逾期账户进行基本跟踪管理之后，问题就出现了。催收团队应优先对哪些逾期借款人付出额外的努力，以期收回尽可能多的欠款呢？这就是清收评分的作用所在。清收评分用于解释以往逾期账户（借款人）的已知社会经济特征、基础活动的性质、抵押品的质量等特征属性与其欠款偿付行为习惯之间的相关关系。

所以，从统计学的角度来看，这个问题非常类似于贷款申请评分。但是区别在于，我们现在不是试图在大多数良好还款人中发现可能的违约者，而是在所有的违约者中识别出相对更好的那些违约者。在债务额达到一定程度时，违约者中的"好人"至少会偿还部分欠款。

以位于非洲的某小微金融信贷机构开发的清收模型项目为例，其IT团队从系统中导出了2010年7月至2011年8月期间逾期达到60天及以上的35299笔贷款数据，以此作为开发清收模型的样本数据。对样本中任何一笔贷款进行记录，从其逾期达到60天的那天起（这天可能是2010年7月到2011年8月之间的任何一天）向后跟踪6个月，并且对此期间的所有回款加总。本质上，这些逾期60天后收回的还款就是我们想要解释的目标变量。我们需要识别出哪些逾期超过60天以上的借款人，对我们的催收管理工作反应最积极，并且偿还了更多的欠款。在确定催收干预措施的优先次序时，我们应该把额外的努力集中于这些更有希望的逾期账户上。

为了方便进一步操作，我们对逾期60天后的6个月内回款总额进行了标准化处理，即用"回款总额÷合同约定的分期还款额"来表示。这为我们提供了一个更具可比性的数字，说明逾期超过60天之后的6个月里，贷款人从借款人那里累计收到的欠款是合同约定的每期还款额的多少倍。最坏情况下，这个数值显然是0；若支付了3次的分期还款或更多，将是更高的结果；如果某人在6个月内支付了超过6次的分期还款，这意味着他的账户回到了逾期低于60天的状态，甚至全部还清了欠款。

通过快速排序和百分位分析过程，逾期后偿还的分期付款的样本分布情况如表5.11所示。这有助于我们分辨违约者中相对较好的还款者。分别为三个目标变量进行清收评分：

- 回款表现最佳的10%逾期贷款，支付超过3.925倍的合同约定分期还款额；
- 回款表现最佳的25%逾期贷款，支付超过2倍的合同约定分期还款额；
- 回款表现最佳的33%逾期贷款，支付超过1.666倍的合同约定分期还款额。

表5.11 排序及百分位分析摘选

观测样本序号	回款倍数	排名	百分位
2404	3.933787846	3525	90.00%
2366	3.932884237	3526	90.00%
12903	3.928120569	3527	90.00%
29346	3.925623197	3528	90.00%
29347	3.925623197	3528	90.00%
26686	3.925208221	3530	90.00%
16794	3.924425684	3531	89.90%
25922	2.000740527	8622	75.50%
31674	2.000740527	8622	75.50%
35122	2.000740527	8622	75.50%
19566	2.000619352	8635	75.50%
11016	1.997822583	8636	75.50%
1813	1.667636461	11751	66.70%
6812	1.667444127	11752	66.70%
16701	1.666956537	11753	66.70%
11252	1.665928269	11754	66.70%
17486	1.664314767	11755	66.60%
24226	1.664314767	11755	66.60%

然后，将二元目标变量编码为"这个逾期借款人是否属于10%、25%、33%回款范围？""是=1，否=0"。之后的其他分析都与本单元第3节中介绍的建模流程一样，包括从大量潜在的解释变量中挑选候选解释变量、处理异常值与缺失值、连续变量离散化、选择和编码分类模式等。

由此建立的清收评分模型及逻辑回归系数（见表5.12）将会被用于每月新增逾期贷款的预期回款预测，即逾期还款客户会按还款可能性被划分为最佳的10%、25%、33%等。我们会在逾期管理报告中的客户名字旁边标注：1颗星=最佳33%，2颗星=最佳25%，3颗星=最佳10%。这样一来，每一个清收管理负责人在当天的基本工作完成之后，都有了合理的依据用于决定下一个催收电话应该优先打给谁。

表5.12 三个逻辑回归模型系数汇总表（分界点均为0.5）

解释变量	系数			解释变量	系数			解释变量	系数		
	33%模型	25%模型	10%模型		33%模型	25%模型	10%模型		33%模型	25%模型	10%模型
常数	77.835	71.695	82.486	……				……			
分行1	0.000	0.000	0.000	信贷中介4	−0.376	−0.445	−0.450				
分行2	−0.172	−0.065	−0.133	信贷中介5	0.255	0.253	0.104	客户类别_0	−0.088	−0.094	−0.123
分行3	0.336	0.262	0.205	信贷中介6	0.402	0.457	0.392	客户类别_L01	0.051	0.107	0.132
分行4	0.000	0.000	0.000	信贷中介7	0.656	0.713	0.596	客户类别_L03	0.066	0.125	0.382
分行5	0.088	0.061	0.074	种植农业	−0.126	−0.335	−0.302	客户类别_U01	−0.094	−0.107	−0.169
分行6	−0.198	−0.142	0.031	加工制造	−0.168	−0.429	−0.204	客户类别_U05	−0.111	0.040	0.116
分行7	−0.079	−0.171	−0.338	贸易	−0.115	−0.360	−0.309	客户类别_U06	−0.070	−0.069	−0.073
分行8	−0.039	−0.177	−0.015	私营部门	0.000	0.000	0.000	女性	0.066	0.069	0.096
分行9	0.000	0.000	0.000	公共服务部门	0.188	−0.004	0.434	单身	−0.080	0.002	0.172
分行10	0.000	0.000	0.000	普通服务业	−0.047	−0.320	−0.223	离异	−0.140	−0.008	0.033
分行11	−0.090	0.033	0.349	养蜂业	0.338	0.609	0.979	已婚	−0.051	0.041	0.148
分行12	−0.227	−0.158	−0.006	其他工艺品制作	0.286	0.403	0.026	商务电话号码已知	0.035	0.029	−0.028

续表

解释变量	系数			解释变量	系数			解释变量	系数		
	33%模型	25%模型	10%模型		33%模型	25%模型	10%模型		33%模型	25%模型	10%模型
分行13	0.000	0.000	0.000	其他服务业	0.014	0.136	0.136	家庭电话号码已知	0.020	0.051	0.035
分行14	−0.022	0.133	0.163	租赁业	0.251	0.085	0.113	移动电话号码已知	0.103	0.105	0.142
分行15	−0.103	0.100	0.132	屠夫	0.124	0.304	0.150	担保类别_BO	0.320	0.205	0.344
分行16	−0.104	−0.045	0.117	美容美发师	−0.012	0.183	0.063	担保类别_CAU	0.002	0.109	0.362
分行17	0.505	0.551	0.546	裁缝	0.253	0.236	−0.039	担保类别_NFC	1.256	0.787	0.813
分行18	0.201	0.286	0.608	奶牛养殖	−0.055	−0.093	−0.009	担保类别_NMO	−0.116	−0.377	−0.321
分行19	−0.026	−0.040	0.477	公务员	0.000	0.000	0.000	担保类别_SP	0.283	0.056	0.130
分行20	0.112	0.091	0.313	木匠	0.069	0.112	−0.039	抵押类别=1	0.060	−0.132	−0.263
分行21	0.027	0.147	0.454	厨师	−0.178	−0.047	0.057	抵押类别=2	0.070	−0.178	−0.453
分行22	0.540	0.320	0.312	媒体主持	0.036	−0.137	0.204	信用担保	−0.755	−0.489	−0.341
分行23	0.168	0.096	−0.045	餐饮经营者	0.204	0.211	0.147	设备抵押	0.458	0.555	0.402
分行24	−0.238	−0.107	−0.305	工薪收入者	−0.008	−0.290	0.072	担保人	−0.178	−0.121	−0.165
分行25	−0.169	−0.142	−0.109	出租车司机	0.215	−0.017	−0.458	一个以上其他贷款	0.002	−0.027	0.047
分行26	−0.089	−0.045	−0.222	服装零售	0.033	0.095	0.232	以往本机构贷款发放笔数	0.000	0.000	0.000
分行27	0.440	0.173	0.273	谷物零售	−0.244	−0.123	−0.509	逾期时间	−0.002	−0.002	−0.003
地区1	0.068	−0.055	−0.104	家禽零售	0.097	0.040	0.164	贷款发放日期	0.000	0.000	0.001
地区2	−0.215	−0.282	−0.431	乳制品零售	−0.059	−0.068	−0.062	贷款额度	0.000	0.000	0.000
地区3	−0.218	−0.193	−0.233	海鲜零售	−0.271	−0.058	−0.260	家庭资产	0.000	0.000	0.000

续表

解释变量	系数			解释变量	系数			解释变量	系数		
	33%模型	25%模型	10%模型		33%模型	25%模型	10%模型		33%模型	25%模型	10%模型
地区4	0.041	−0.007	−0.071	民族_ER	0.142	0.347	0.378	家庭支出	0.000	0.000	0.000
地区5	0.002	−0.125	−0.158	民族_EU	0.073	0.325	0.262	以往良好贷款笔数	0.005	0.055	0.072
信贷中介1	−1.686	−1.790	−1.986	民族_LR	0.199	0.361	0.358	以往不良贷款笔数	−0.028	−0.032	−0.027
信贷中介2	−1.046	−1.140	−1.279	民族_LU	0.032	0.232	0.077	以往30天正常还款期数	0.034	0.040	0.030
信贷中介3	−0.714	−0.860	−0.913	民族_ZR	0.158	0.226	0.176	固定费率	0.000	0.000	0.000
……				……				储蓄率	0.265	−0.109	−0.005

4.2 企业信用评级

在很多人的语言习惯中,"信用评级"和"信用评分"往往代表相同的意义,但实际上二者之间有很大的差别。

评分和评级的相似之处在于,这两种方法都旨在对现有或潜在借款人的信用风险进行排序。在考虑了借款人的财务状况、从事的经营业务活动、整体宏观环境等被我们掌握的信息之后,两种方法都必须能做出借款人A是否比借款人B在下一年更可能违约的判断。

评分和评级最根本的区别在于,在评分中,我们是基于大量以往的观察数据确定可以解释风险的指标,再通过衡量借款人的还款行为与上述指标之间的相关关系进而评估贷款风险。而这些指标大多数是我们在建模过程中从数据库中可得的所有数据维度中筛选出的风险要素的替代指标。例如,我们想对"个人生活稳定性"这一风险因子进行评估时,我们往往只能观察到其替代指标并根据这些指标对其打分。比如,"是否拥有住房""婚姻状况",甚至"家里是否安装网线"等指标。

而在评级模型中,我们试图去直接寻找潜在的风险因素,并将其与专家对该风险因素以及特定客户的相关性的结构化判断相结合进行评级。例如,信贷客户经理对某贷款申请人的经营模式进行等级1至等级5的风险评级时,发现其经营高度依赖少数几个大客户。显然其中某个大客户如果停止从该贷款申请人处购买产品,就可能导致我们对他的贷款出现违约。

一般来说,我们选择评级方法和结构化判断是不得已而为之的。因为我们没有一个包含数千个观测样本的数据库,且每个样本都还能够囊括数以百计个数据维度。除非是个别大型国有银行或央行。一般金融机构的中型企业客户数量只有几百个,而不是像普惠性(小微)贷款那样动辄就有成千上万个客户。因此,为中小企业评分而提取一个可以满足统计建模的客户样本量,这种行为通常是不可能的。不仅如此,行业跨度、商业模式的多样性以及提供给中小企业的信贷产品也比标准化的普惠性(小微)信贷复杂得多。此外,对于风险因子的替代指标"盲目地"进行统计信用评分,确实难以公正地反映这种复杂性。

幸运的是,由于暴露在风险之中的单笔贷款金额往往较大,小微金融机构可以在中小企业信贷决策上投入更多时间,用于进行更多个性化的评估。因此,可以对所有可获得的中小企业借款人相关定量和定性信息进行系统的审查,最终得出对其信用的结构化总结判断,并不是一项不合理的工作。因为,评级模型本质上是一个框架,这个框架用于推导对中小企业违约概率实施结构化的研判。

在《巴塞尔协议Ⅱ》(2006年汇编)第394条中,巴塞尔委员会对评级系统的定义如下。

> 评级系统包括支持信用风险评估、内部风险评级分配、违约和损失量化评估的所有方法、过程、控制措施、数据收集和IT系统。

巴塞尔委员会不仅定义了评级系统,还为合规的内部评级系统的设计提供了指引。金融机构被允许使用合规的内部评级系统来计算其资本充足率,这可能是《巴塞尔协议Ⅱ》框架中最著名的创新之处,但随后爆发的2007年全球金融危机使其减少了些许魅力。但是在接下来的讨论中我们还是以巴塞尔委员会关于评级系统设计的建议为导向。我们并不期待或建议新兴及发展中国家市场中的小微金融机构在短期内采用基于内部评级的方法来对资本充足率进行测算。事实上,这会给小微金融机构带来的直接好处也难以想象。因为考虑到新兴及发展中国家市场中商业贷款的总体风险水平,使用内部评级方法计算出的资本金要求基本上要比使用《巴塞尔协议》或《巴塞尔协议Ⅱ》的标准计算方法得出的结果高得多。

尽管如此,掌握内部信用风险评级技术对于中小企业贷款业务来说依旧是至关重要的。完整的信用风险评级系统应当建立在一个严谨一致的评估框架的基础之上,并且涵盖所有重大风险因素,从而对中小企业借款人的信用风险做出可验证、可复制的判断。这也是对评级系统目标的另一种描述,在很大程度上这也等同于巴塞尔委员会的定义。因此,我们将遵循巴塞尔委员会关于内部评级系统的指导,因为它是全球主要金融机构和评级机构在常年构建维护评级系统的实践中总结沉淀下来的关键经验和智慧的结晶。

评级系统与和评分模型的根本区别可以被其背后的逻辑学方法的差异解释。评分模型基于归纳法,即从众多个别事例出发,试图从中发现一些较具概括性的规则,并最终得出一般性的概括性结论;而评级系统则基于演绎法,即从既有的普遍性或一般性事理出发，为个别事例推导出个别性结论。因此，在评分方法中，数据库是最重要的。我们必须拥有一个结构化的数据库，其中至少包含两年以上所有信贷业务的完整样本记录，否则建立评分模型是根本不可能的。然而，评级系统建立在对一般性常理、惯例和规律的总结的基础上，原则上只需几个经验丰富的信贷客户经理（或信贷专家）对以往中小企业贷款评估工作中的风险维度进行系统化的梳理总结，讨论确定关于这些风险维度的标准化问题及指标清单，设定各指标的评级标准并分配相应权重，这样就可以开发出一个基本的评级系统。

显然，做出这样一个评级表只是第一步。因为所有的评级结果必须能够客观反映并预测违约概率，并且需要通过实际的风险表现结果来验证。只有当获得较好评级的贷款的确最终出现更少的违约时，这才是一个有效的评级系统。当然，我们可以在没有数据库的情况下开始评级。不过从第一次进行评级的那一刻起，我们就必须将所有内容都保存在数据库中。我们说的"所有"是指：评级判断需考虑的所有（解释变量）输入数据（借款人财务数据、个人数据、抵押物、流程细节等）及每个借款人的每一项评级要素的评级结果和最终评级汇总结果。

外部评级机构做的事情也一样。它们的评级也是基于一长串的标准化指标清单，而且这些指标定义明确，分类清晰。各个指标成分被加权并总结为一个数字或字母的评级等级。唯一的不同点是，这些评级机构已经按上述方法在大量的公司中实践了很长时间。有着良好的经验基础，他们给出的评级等级可以相当准确和稳定地预判年度违约概率。诚然，资产证券化的评级中也曾出现过惊人的失误，但是对传统的大中型企业而言，这些评级一直保持相当的准确性。图5.14显示了标准普尔公司评级的评级等级与违约概率的实际历史分布情况。

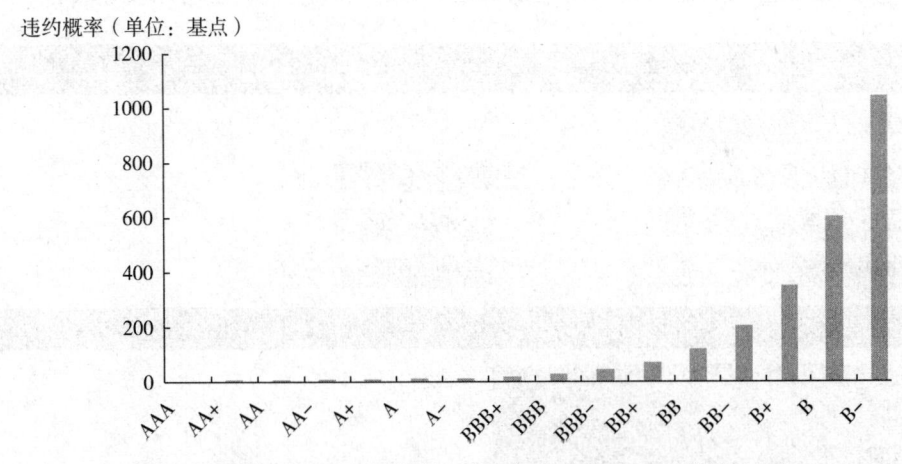

图5.14　标准普尔公司评级等级与违约概率分布（100个基点=1%）

虽然评级机构的数量不断增加，全球覆盖范围也在不断扩大，但发展中国家的小微金融机构依旧很少与定期更新公共评级的企业借款人打交道。不过在这种情况下，还是应该对外部评级予以重视，将外部评级纳入内部信贷决策过程，使其成为内部评级模型中的一个指标。

接下来以我们为中亚的一家商业银行开发的针对中小企业的评级模型为例。这家银行是随着全球小额信贷（微型信贷）运动而成长起来的，近年来该银行开始将业务范围从小额信贷市场拓展至中小企业信贷领域。事实证明，为标准化的短期流动资金贷款业务而开发的小额信贷技术和评分模型并不足以应对中小企业贷款中更复杂的风险。中小企业需要的资金额度更高，并且他们的资金来源以及使用的信贷产品和服务也更为多样，此外，他们对更为灵活多样的抵押担保措施提出了更高的要求。

此项目的资助方世界银行委托我们为此商业银行开发了一个中小企业评级模型，以使其评估中小企业风险的方式有序且一致。这样的中小企业评级在很多方面类似于我们在第二单元介绍的金融机构风险图谱。首先评级模型的目标是对借款人的业务经营描绘一个360°的风险全景图。如同金融机构风险图谱，顶层的汇总评级指标必须能够完全覆盖借款人可能面临的所有潜在风险维度。许多信贷客户经理会自然地想要深入研究财务状况，研究比率，并专注于硬数据。虽然财务状况是企业信用的重要驱动因素，但从去年的财务报表中很难预测明年突然的破产引发事件，如业务经营中重大失误、关键客户或供应商的流失、经营许可证被撤销和关键服务合同没有续约等。所以，财务报表分析对预测未来所能提供的信息是有限的，并且这一局限性在波动性非常强的新兴及发展中国家的商业环境下表现得尤为突出。我们在第四单元现金流分析技术中讨论过这个问题：只有信贷客户经理全面审慎地收集并交叉验证小型企业的所有关键财务科目，并做出必要和客观的调整之后，财务报表分析才显得有价值。

我们开发的中小企业信用评级模型分为借款人评级（反映预期违约概率）和债项评级（反映对违约损失率的预期）。图5.15顶部显示的是借款人评级的顶层指标和相应权重，底部显示的是我们协助该商业银行定义的7个良好和3个违约评级等级。

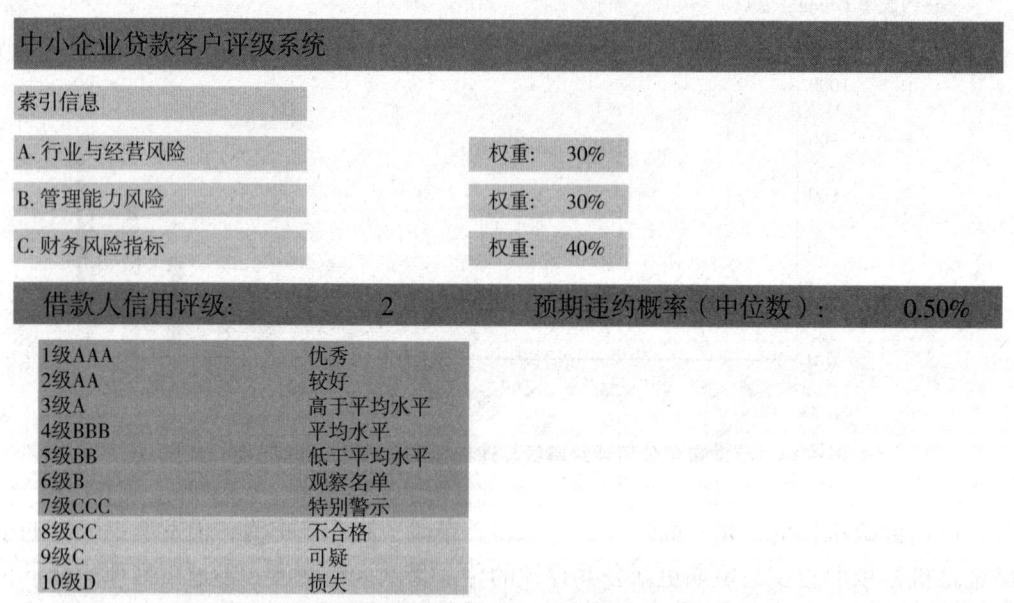

图5.15　中小企业评级系统样例（顶层借款人评级指标汇总）

借款人评级级别分类和定义、各次级指标的设定以及各顶级和次级指标的权重分配，都应当是在与该银行信贷部门的研讨会上做出决定的。它们并不客观，也没有经过统计验证，只是基于理性的专家判断，所以在实际信贷评估和审批过程中仍需测试并检验。

即使我们获得了通过审计或交叉检验的可信财务数据和报表，仍然会面临如何利用这些比率综合量化预测该借款人违约风险的问题。就如同我们借助逻辑回归或线性判别分析建模那样，最终能够得出一个违约概率预测数字，而不是用"高"或"低"对其进行抽象的定性描述。然而，统计建模要基于对该借款人的财务比率和随后的违约率进行数以千次的观察，显然这个条件是不具备的。为了从一些更易上手的方法开始，我们决定借用著名的阿特曼Z-score模型来建立一个数据库。

Z-score模型基于一小部分财务比率预测违约风险，其定义和各权重来自Altman教授在20世纪80年代开发的"非制造工业和新兴市场信用分值系统"。这是我们可以找到的最适合中亚市场商业环境的评分模式。当然这不是最优解，但比完全随意地假设应该包含哪些比例和权重来说要好得多。图5.16显示的是评级模型中阿特曼Z-Score模块示例。其中阿特曼Z-score的分值小于1.1时，是"危险区"，即高违约风险；处于1.1~2.6时，是"灰色区"，即中度违约风险；当其大于2.6时（如本示例中的3.196），是"安全区"，即低违约风险。

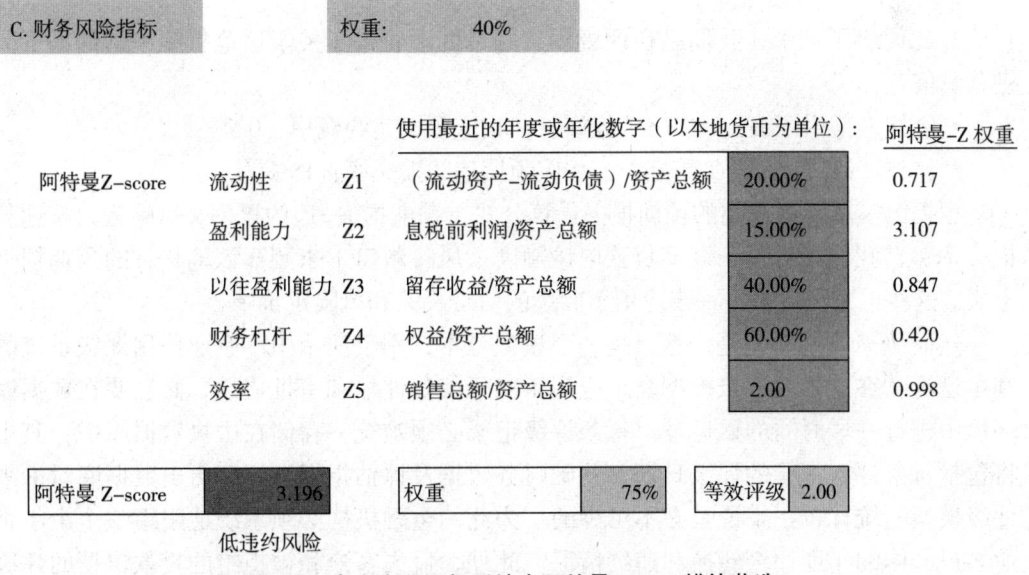

图5.16　中小企业评级系统中阿特曼Z-score模块节选

中小企业评级系统中的第二个评级维度是债项评级，图5.17显示了债项评级的顶层指标。实际上，债项评级比借款人评级简单得多，它关注的是特定交易的特征要素，而这些因素可能会在借款人违约时影响到债务的偿还。评级的目的是预测违约损失率，这取决于为特定交易提供的抵押物的性质、质量和数量。

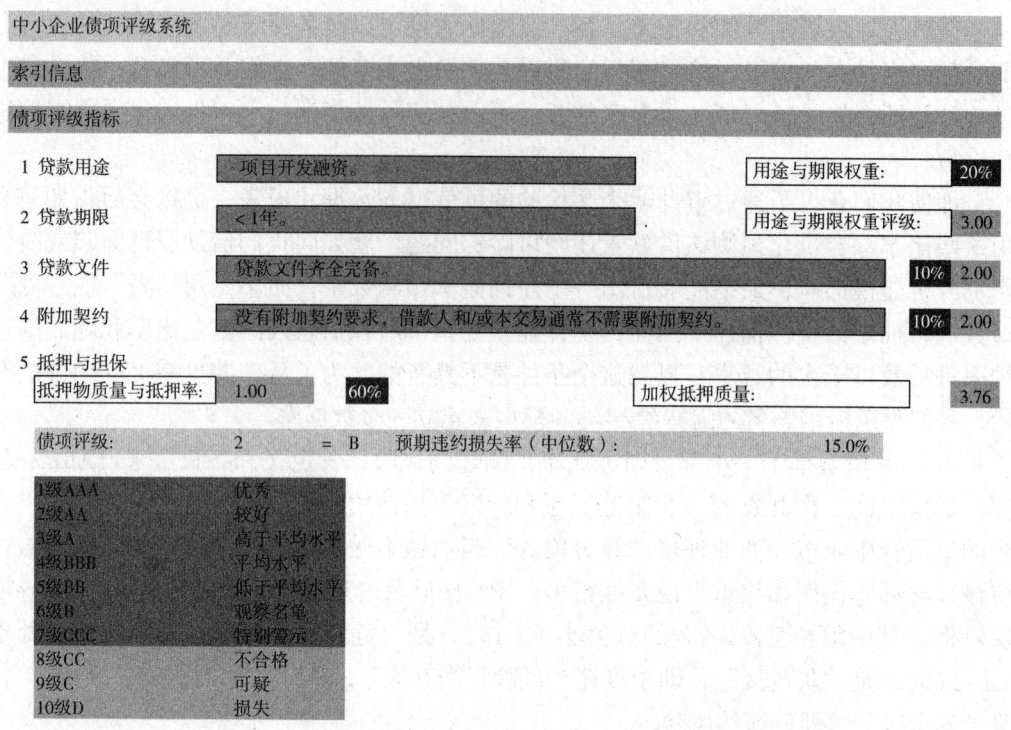

图5.17 中小企业评级系统样例——顶层债项评级指标汇总

在此评级示例中，我们已在评级模型的帮助下获得了关于这笔贷款申请的如下关键预测信息：

- 借款人信用评级：2级AA（较好），相应预期违约概率：0.5%；
- 债项评级：2级AA（较好），相应预期违约损失率：15%。

根据第三单元中介绍的预期损失计算公式（预期损失=违约概率×风险敞口×违约损失率），我们即可基于该笔贷款申请额度（风险敞口）来测算该笔贷款的预期损失金额。这些信息可以被进一步应用于后续的信贷决策和风险定价中。

然而，需要明确的是，这只是一个模型范本，用于演示中小企业信用评级系统的基本逻辑。在这样的评级模型真正应用于实际信贷评估和审批之前，必须要在数据库环境中进行一段时间的试运行。每条评级记录必须被统一存储在中央数据库中，其中将包括每条评级记录的评级日期、基础财务数据及评估指标。评级历史数据库对未来评级模型的统计校正来说是必不可少的。为此，金融机构必须系统地跟踪整个中小企业客户群体的年度评级转换和违约情况。此外，流失客户和被拒绝的贷款申请的评级记录也应该被保存在数据库中，并通过征信和企业注册信息查询跟踪他们随后的还款表现。因此，不要在Excel中使用评级模型，也不要将贷款文件打印成纸质版，这都会为未来评级模型的校正升级带来很大的阻碍。

小微信贷组合风险管理

Chapter Six
第六单元

1. 信贷组合账龄分析

1.1 欠款的定义

欠款是一项重要的风险指标。

> 欠款是贷款协议中到期但尚未偿还款项的货币金额。欠款对应着特定的金额和账龄,通常以逾期天数表示。

如果借款人未能按还款计划偿还贷款本息,这往往会形成多笔欠款,且每笔欠款的还款期限不同。之后借款人的第一笔还款将首先用于清偿最早的一笔欠款,然后以此类推,直至还清最近的一笔欠款。

对于具有循环透支信贷额度的经常性账户(指通常合同中没有规定具体的还款付款),上述欠款的定义就存在技术性问题。因此,在这种情况下贷款人通常在借款人透支余额产生的第91天起,将其认定为欠款,并开始计算逾期天数。

在消费信贷、小微信贷,以及其他单笔贷款等金额相对较小、借款人数较多且存在流动性限制的信贷场景下,欠款可作为信贷风险恶化及违约概率增加的指标。然而,在对公信贷领域,金融机构的交易对象是具备专业财务管理能力,并且能够获得各种信贷额度的大中型借款企业,将欠款作为信贷风险指标显然不适用。在著名的安然公司破产事件中,欠款不但没有发挥风险预警的信号作用,甚至是滞后于实际违约产生(即在其申请破产后的90天后欠款刚好达到90天逾期)。

欠款是否可以作为风险预警信号取决于借款企业的规模,以及其所对应的流动性局限水平。通常欠款是适用于小微企业信贷中的一个早期风险预警信号,然而在一些发达国家,中小企业也可能是管理高度专业化且业务规模相对可观的家族企业,其流动性极强,信用风险的增加通常不会直接导致其银行贷款逾期。

表6.1呈现的是一个典型的欠款账龄表样例。账龄表是一份列出所有逾期贷款的清单,包括每笔逾期贷款的逾期金额和逾期期限。账龄表可以按分支行、贷款产品、负责的客户经理等不同维度做进一步细分。

表6.1 欠款账龄表样例

欠款账龄报告（截止日期：×××）				欠款金额					
借款人代码	账户号码	借款人姓名	贷款余额（元）	1~30天	31~60天	61~90天	91~120天	121~160天	……
1	1234567	XXX	1025000	12000	14500	15000	15500	15500	
2	2345678	XYZ	237900	8500	8500	8500			
3	3456789	ABC	456900	11500					
4	4567891	BCD	53700	5000	5000				
……									……
合计			238967900	805000	453500	360000	213500	150500	

贷款的总体逾期期限以该笔贷款最早的欠款时间来确定。因此，借款人XXX的逾期已超121天，这显然已经超出了风险的讨论范畴，而应被认定为已经发生了信贷违约。借款人XYZ逾期达到61天以上，这已接近违约的认定门槛。借款人ABC目前是第一次出现逾期，逾期天数在1~30天内，这是一个新出现的风险信号，需立即予以关注。我们需要查明其逾期的原因，并让借款人知道其逾期行为以引起贷款人的高度关注，进一步的拖欠会对其产生不良影响。

账龄表除了可以锁定每个逾期借款人是谁以外，其最后加总行的作用同样非常重要，我们可以从中看出贷款组合的累计逾期贷款分布是左倾还是右倾，以此判断整个贷款组合的风险趋势。左倾是我们希望看到的情况，即各累计金额随逾期期限的增长而减小；右倾则指的是各累计金额随着逾期期限的增长而增加。

一些初学者会以欠款账龄报告中逾期金额的大小来判断该笔贷款逾期的相对严重性，并认为只有逾期金额才是损失或正面临损失的风险。这显然是错误的，客户XXX的全部贷款余额很可能将被贷款人拨备或核销。即便是对于借款人ABC的第一笔1~30天的逾期而言，需归入较高风险等级的金额不仅仅是11500元，而是其全部余额456900元。

用途和释义

为了避免上述错误，小微金融机构通常采用"在风险组合"（PAR，Portfolio at Risk）的欠款表示法。表6.2提供了与表6.1中样本数据等价的在风险组合表示。同样，PAR实际上并不包含欠款账龄报告以外的其他信息。唯一不同的是，PAR报告突出逾期贷款的风险敞口总额。PAR数额表示的是未扣除应收款项已计提的任何潜在损失拨备的总风险敞口。

> PAR1是所有逾期1天或以上的贷款合同的贷款余额总和。
> PAR30则是所有逾期30天或以上的贷款合同的贷款余额总和。
> 以此类推。

表6.2　PAR报告样例

PAR 报告（截止日期：XXX）				PAR			
借款人代码	账户号码	借款人姓名	贷款余额（元）	PAR1（元）	PAR30（元）	PAR60（元）	PAR90（元）
1	1234567	XXX	1025000	1025000	1025000	1025000	1025000
2	2345678	XYZ	237900	237900	237900	237900	
3	3456789	ABC	456900	456900			
4	4567891	BCD	53700	53700	53700		
……	……	……	……	……	……	……	……
合计			238967900	21570100	14338100	7169000	5974200

小微信贷中最常使用的PAR统计数据是PAR30。逾期30天以上是合理的预警阈值，此时小微金融机构应重点关注该借款人出现全面违约的可能性。如果将阈值定得过高（如PAR90），我们面临的基本上就不再是违约的风险，而是很快就会因实际违约的发生而将该贷款账户移交清收部门。相反，如果将阈值定得过低（如PAR1，逾期1天以上），风险敞口总额就会因许多"技术性问题"（如到期还款日是节假休息日或突发恶劣天气使借款人无法到银行网点办理还款等）临时性逾期的短期激增，这些技术性波动会使PAR统计数据失去其风险预警的意义。

在结合使用PAR30和PAR60的情况下，PAR1可被用作早期风险指标。这并不是说逾期1天就构成违约，而是综观整个贷款组合而言。如果当月逾期1~30天的贷款总额激增，这可能说明某些问题对较多借款人的流动性状况造成了负面影响。尽管他们最终完成了本期还款，但显然资金紧张使按时还款出现了困难，越来越多的借款人错过了合同规定的分期还款期限。因此，出现逾期的贷款（即便仅逾期1天或2天）总比其他没有出现任何逾期的贷款面临着更大的违约风险。

在小微信贷实践中，PAR统计数据还可以按照不同维度进行细分，如分支行、贷款产品、借款人经营类别和负责的客户经理等。这非常有助于检测贷款组合中某些特定部分的风险和违约集中度。细分也可以在一定程度上解释哪些潜在的风险因素可能会导致逾期行为的发生。许多小微金融机构经常使用PAR细分分析来回答以下问题：

- 女性借款人的违约风险是否比男性低？
- 进口消费品零售贸易的风险是否低于建筑业风险？
- 区域1的违约风险是否比区域2风险更高？
- 展期贷款借款人的风险是否低于首次借款人风险？等等。

然而，我们也要注意不能过度依靠细分分析。上述单维度细分分析确实可以为进一步分析提供有价值的指向信息。然而，很少存在我们可以只凭某个单一风险因素来进行决策的情况。例如，如果区域1确实存在更高的违约风险，那么我们是应该不再为该区域的借款人提供贷款，还是继续展业但将单笔贷款额度降低或要求借款人提供双倍价值的抵押物？

许多小微信贷从业者不断地进行单维度PAR细分,然而事实上可能存在的维度很多,它们之间的差异很少达到统计学意义上的显著性要求且往往相互矛盾。同时,若按三个及以上的维度进行分类会使PAR失去作用,例如,按分行、借款人经营业务类别生成女性借款人的PAR报告。这样的PAR报告只会更令人困惑,因其隐含的规律过于微妙,仅仅通过肉眼观察细分表很难发现它们的差别。但是,基于多维度样本数据分析逾期及违约概率的思路是正确的。只是相较于"男性的平均违约率是否高于女性平均违约率"这样的单维度问题,我们需要改变问题本身的问法,例如,一个在区域3从事2号行业,具备5~10年经营管理经验,雇佣了2~5名人员,第3次向我们借款,分期还款额与现金流比率为25%,拥有自有房产并在过去10年以上从未更换过手机号码的已婚男性借款人,预期的违约风险如何?我们当然不可能仅仅通过查看数千笔贷款的PAR报告来回答这类多维度问题,但我们可以借助于第五单元讨论的统计信用评分模型。

总体而言,小微贷款的逾期预示着借款人正在出现流动性困难甚至经营危机,因此逾期可以作为信贷违约的预测指标。基于这一逻辑,PAR分析在小微贷款组合风险趋势的分析中具有重要作用。

1.2 账龄曲线

> 账龄曲线是自贷款发放后违约余额随时间变化情况的可视化表示。在账龄曲线中,坏账率被定义为逾期贷款余额占该贷款组合总原始发放余额的比值。通常,按每笔贷款的起始发放月份对贷款组合进行分组,因此每个月发放的贷款就构造了不同的子贷款组合,并成为账龄曲线中的一条单独的曲线。

账龄曲线是一种重要的基于欠款的贷款组合统计方法,用于发现整个贷款组合中按产品、地区或业务单位等维度细分的部分贷款组合违约趋势发展的早期迹象。如图6.1所示的南非某银行的一个微型消费类贷款组合的账龄曲线为例,每一条曲线分别代表了其对应月份发放贷款的"成熟期"走势(英文名称为vintage,类比葡萄酒的不同酿造年份的成熟期进度)。

该账龄曲线显示,各月份曲线的走势均严格遵循一个统一的模式,即最高坏账率均集中在12%~16%的区间内。这通常是一个具备成熟信贷业务模式的小微金融机构业务,是凭借其良好的统计信用评分或评级才能实现的组合风险表现。需要注意的是,由于其高定价/高风险的微型消费类信贷业务模式,该银行在15%~20%的坏账率的情况下仍可获得客观的经营利润。通过仔细观察,我们可以看到图中较近期的月份曲线逐渐向12%的较低坏账率水平聚敛,而较远期的月份曲线最终走势更趋向于16%的较高坏账率水平。这是由于2007年6月所颁布实施的消费者保护条例限制了利率和其他收费上限,该银行有意识地收紧了评分模型的审批通过率。

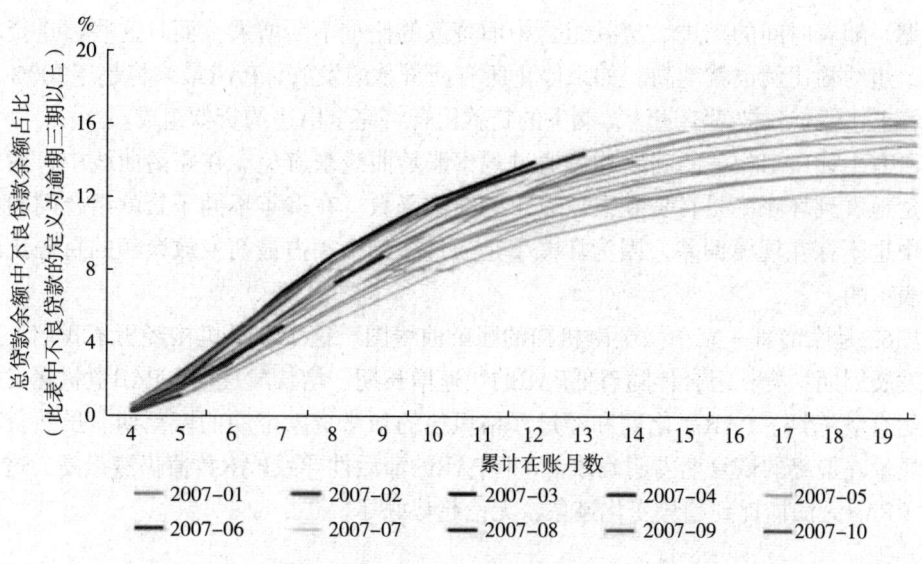

图6.1　南非某银行微型消费类贷款账龄曲线样例

当最近的一条曲线明显偏离了预期的灰色轨迹时，账龄曲线作为预警指标的意义就显而易见了。在图6.1中，某月份贷款组合若在6个月后就已经达到了12%的坏账率，将会立即触发预警，迫使该银行对异常高的逾期率产生的原因进行调查。然而，在传统的PAR统计中，在发生的早期，这种显著的业绩恶化被总体贷款组合表现平均后很难被发现。只有当这种恶化持续蔓延到相当严重的程度以致明显影响了总体贷款组合表现时，问题才会显现出来。

账龄曲线分析相较于传统PAR统计的这个优势是非常重要的。PAR是贷款组合表现的滞后指标，而账龄曲线可以提供早期的预警信号。无论是在贷款组合危机的潜伏期，还是在不良高发期过后贷款组合表现再次改善时，账龄曲线都会给出清晰的信号。

PAR的根本问题是它没有明确考虑到违约是时间的函数，即新发放的贷款的违约率总是低于前期发放的贷款。如果违约的定义是超过3个月的逾期，那么2个月前发放的贷款是不可能出现符合这个定义的违约的。甚至直至贷款发放后的第4个月，只有那些没有任何一期还款记录的贷款才会出现在PAR90中。况且即便是最糟糕的借款人通常也能用他们刚刚借的流动资金支付第1个月的分期还款。很明显，新贷款的坏账率总是比老贷款低是一个基本定理。

因此，如果一个贷款组合的余额快速增长，新贷款的数量将始终高于旧贷款，而旧贷款的违约率将被所有尚未违约的新贷款分摊，这就是PAR滞后效应产生的原因。在实践中我们经常遇到这种情况，贷款组合余额正以指数级增长，PAR低得可以被忽略不计，于是绩效奖金支付了，明星客户经理诞生了；而当贷款组合增速最终放缓时，PAR突然激增。事实上，只有发放足够久远的（即有足够长的时间被认定为违约的）贷款，其PAR才会趋同于真实违约率。通常当违约危机出现时，很多小微信贷机构的第一反应是减少新的贷款发放，而贷款组合余额开始随

PAR滞后效应

之收缩。随着时间的推进，贷款组合中旧贷款的比重不断增大，而且这些存量贷款越久远，违约的比例也就越高。如果停止所有新贷款的发放，PAR最终将趋于100%，因为随着未违约贷款被逐渐还清，剩下的贷款组合将完全由违约贷款组成。

所有上述PAR相关的问题均可通过观察账龄曲线来避免。在账龄曲线中，我们可以清楚地看到坏账率是自贷款发放以来的时间函数。在多年不同子贷款组合间的相互比较中也不存在规模偏差，因为坏账率是通过违约余额占最初发放余额的百分比的形式来表示的。

图6.2是摩洛哥一家小微金融机构的账龄曲线图。这个金融机构经历了我们上面描述的发展周期：贷款组合伴随着低PAR的快速增长期、增长放缓期、PAR危机爆发期、贷款组合萎缩期、PAR恶化期和经过严格风控的新增贷款带动的恢复期。虽然贷款组合的质量在最终的恢复期内明确改善，但PAR的滞后性导致PAR数值仍然很高。这再次说明了PAR无法捕捉到趋势变化迹象，无论趋势好坏。

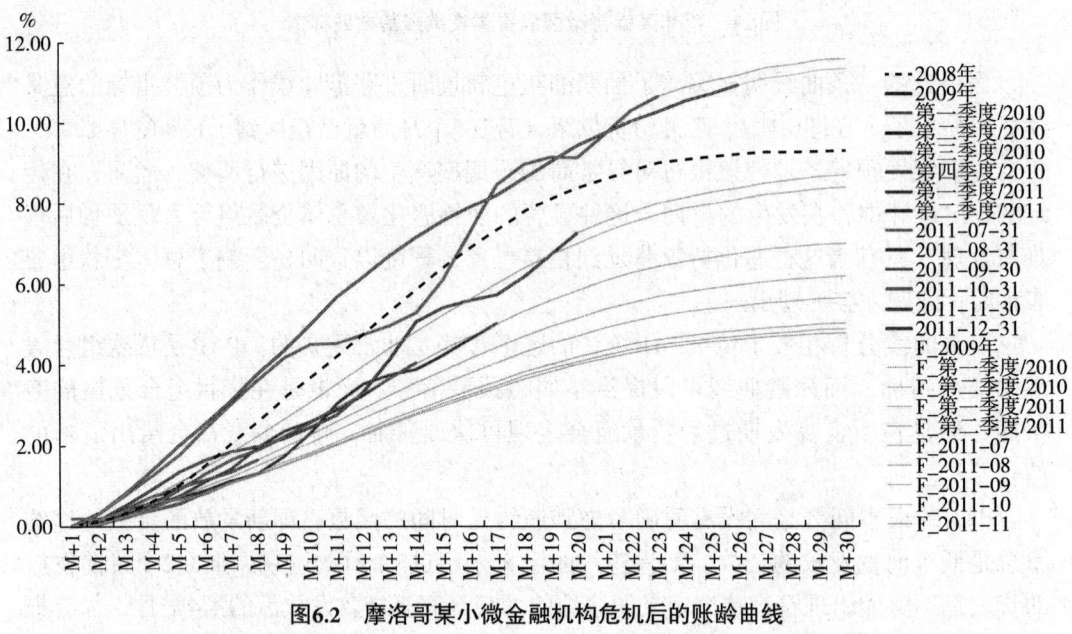

图6.2　摩洛哥某小微金融机构危机后的账龄曲线

在摩洛哥的案例中，2008年是PAR危机爆发的一年。我们把2008年所有月度的子贷款组合汇总为年度子贷款组合，并在图中以虚线表示12个月度子贷款组合的平均坏账率走势。其中，坏账的定义标准是逾期90天以上。在2008年全球金融危机中发放的这些贷款，在24个月后达到9%左右的坏账率顶峰。2009年全年和2010年全球第一季度发放的贷款表现更糟，坏账率几乎达到12%。但在此之后发放的各月度子贷款组合的账龄曲线走势趋向一致。

图中的实线是基于实际数据，而灰色的延续线是预测走势。较短的实线代表较近期的季度或月度发放的贷款。从图中可以看出近期趋势是相对较好的，在每个账龄点上，较短的实线几乎总是低于较长的实线。尤其是最近发放的几期子贷款组合最终的坏账率预期将降至5%左右，并且还在保持继续下降的趋势。显然，账龄曲线分析避免了PAR分析的错误，账龄曲线证明了新发放的贷款比旧贷款"年轻时"（即旧贷款和新贷款在同一账龄下的相互比较）表现得更好。

> 当年我们作为这家摩洛哥小微金融机构的咨询顾问与其管理层和投资方进行讨论时，其总体PAR90仍处于9%左右的高位水平。构成9%坏账率的大部分贷款是2008—2009年发放但已基本无法收回的呆账，如果没有新增贷款的发放，降低PAR的唯一方法是将这些呆账冲销，从而在PAR比率的分子和分母中同时将其剔除。但当管理层这样操作后，投资方提出了质疑："不行，你们这是在试图操纵PAR，必须将核销的贷款加回PAR。"尽管自2010年年中以来发放的新贷款确实反映出借款人的选择和风险控制得到了很大改善，但投资方的提议事实上还是在因为2008—2009年的PAR而继续惩罚管理层。由此，管理层陷入了一个不可能完成的任务：在PAR下降之前，投资方不允许其再增加贷款组合余额，即停止新的贷款发放。随后，我们使用图6.2这张账龄曲线图将管理层从这个困局中解救了出来，并向投资方证明了继续发放新的贷款是更明智的选择。投资方不但不应该停止投资，相反应该为改进后的风险控制和信贷决策扩大其投资规模，这样表现良好的新贷款将使贷款组合整体PAR更快地下降至正常水平。因此，继续新的贷款发放是对投资人、管理层和小微借款客户群体都有利的共赢决策选择。

除非金融机构的核心系统中已内置账龄曲线模型，否则我们通常需要手动测算账龄曲线。为此，需要金融机构提供以下基本数据：
- 贷款编号；
- 观测日期；
- 贷款发放日期；
- 贷款发放金额；
- 观察日的贷款余额；
- 观察日的贷款预期情况（即良好/逾期及逾期天数）；
- 账龄，即观察日与贷款发放日期之间相隔的月数；
- 其他分类要素，如贷款类型、分支行等；

通常情况下，我们会使用至少24个连续月度的观测数据来构成一个有意义的账龄曲线观察时间窗口。坏账率的定义应考虑已核销的贷款和减值贷款：

$$坏账率 = \frac{核销贷款总额 + 减值贷款总额}{贷款发放总额}$$

我们可以使用选择查询功能从核心数据库中过滤出需要的观测数据，过滤条件包括市场细分、产品类别（如个人贷款、微型企业贷款、中小企业贷款）和起始发放日期。对于选定的产品类别和起始日期，我们需要检索不同账龄值的原始发放金额和已减值后贷款余额。数据透视表报告根据账龄（即自发放日期以来至今的累计月数）对“已减值的贷款金额”和“贷款原始发放金额”的观察值进行分组求和。实际的账龄曲线则是已减值的贷款金额（Outstanding LEK）除以贷款原始发放金额（Approved LEK）的商。图6.3是阿尔巴尼亚一家银行的计算示例。

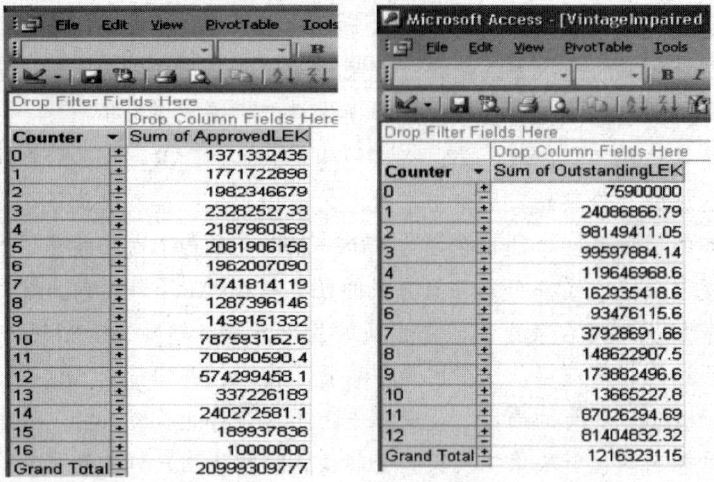

Counter	Sum of ApprovedLEK
0	1371332435
1	1771722898
2	1982346679
3	2328252733
4	2187960369
5	2081906158
6	1962007090
7	1741814119
8	1287396146
9	1439151332
10	787593162.6
11	706090590.4
12	574299458.1
13	337226189
14	240272581.1
15	189937836
16	10000000
Grand Total	20999309777

Counter	Sum of OutstandingLEK
0	75900000
1	24086866.79
2	98149411.05
3	99597884.14
4	119646968.6
5	162935418.6
6	93476115.6
7	37928691.66
8	148622907.5
9	173882496.6
10	13665227.8
11	87026294.69
12	81404832.32
Grand Total	1216323115

图6.3　用于账龄曲线测算的数据透视报告表样例

原则上这也可以在Excel中使用查找函数和数据透视表来完成，但通常由于数据文件过大，这一方法太过消耗内存——我们需要一份3年期内发放的所有贷款的详细清单，而所有贷款至少包含24个月度观察日的逾期情况，这就形成了一个包括数十万行数据的Excel文件。

为明晰账龄曲线的测算步骤，我们使用随机生成的违约和贷款金额制作了一个简单的贷款组合样本。该贷款组合样本只包含账龄曲线测算所需的基本数据（见表6.3）。

表6.3　用于账龄曲线测算的贷款组合样本

单位：美元

			观测日逾期 90 天以上？1= 是，0= 否											观测日贷款余额					
贷款编号	发放日期	发放金额	2009-03-31	2009-04-30	2009-05-31	2009-06-30	2009-07-31	2009-08-31	2009-09-30	2009-10-31	2009-11-30	2009-12-31	2020-01-31	2020-05-31	2020-06-30	2020-07-31	2020-08-30	2020-09-30	2020-05-31
L1	2009-01-31	1700	0	0	0	0	0	0	0	0	0	0	0	1373	1287	1199	1110	1019	926
L2	2009-01-31	2400	0	0	0	0	0	0	0	0	0	0	0	1938	1817	1693	1567	1438	1307
L3	2009-01-31	3700	0	0	0	0	0	0	0	0	0	0	0	2988	2801	2610	2415	2217	2014

续表

			观测日逾期 90 天以上？1= 是，0= 否											观测日贷款余额					
贷款编号	发放日期	发放金额	2009-03-31	2009-04-30	2009-05-31	2009-06-30	2009-07-31	2009-08-31	2009-09-30	2009-10-31	2009-11-30	2009-12-31	2020-01-31	2020-05-31	2020-06-30	2020-07-31	2020-08-30	2020-09-30	2020-05-31
L4	2009-01-03	3500	0	0	0	0	0	0	0	0	0	0	0	2826	2649	2469	2285	2097	1906
L5	2009-01-03	4100	0	0	0	0	0	0	0	0	0	0	0	3311	3104	2892	2676	2457	2232
L6	2009-01-03	1000	0	0	0	0	0	0	0	0	0	0	0	808	757	705	653	599	544
L7	2009-01-03	3900	0	0	0	0	0	0	0	0	0	0	0	3149	2952	2751	2546	2337	2123
L8	2009-01-03	4700	0	0	0	0	0	0	0	0	0	0	0	3795	3558	3315	3068	2816	2559
L9	2009-01-03	4900	0	0	0	0	0	0	0	0	0	0	0	3957	3709	3456	3199	2936	2668
L10	2009-01-03	2800	0	0	0	0	0	0	0	0	0	0	0	2261	2119	1975	1828	1678	1524
L11	2009-01-03	3700	0	0	0	0	0	0	0	0	0	0	0	2988	2801	2610	2415	2217	2014
L12	2009-01-03	1000	0	1	1	1	1	1	1	1	1	1	1	906	906	906	906	906	906
L13	2009-01-03	3600	0	0	0	0	0	0	0	0	0	0	0	2907	2725	2539	2350	2157	1960
L14	2009-01-03	1500	0	0	0	0	0	1	1	1	1	1	1	1211	1135	1058	1058	1058	1058
L15	2009-01-03	1200	0	0	0	0	0	0	0	0	0	0	0	969	908	846	783	719	653
L16	2009-01-03	3000	0	0	0	0	0	0	0	0	0	0	0	2423	2271	2116	1958	1797	1633

样本中包含36个月内发放的9000笔贷款，每个月发放250笔贷款。单笔贷款金额在1000~5000美元随机变化，期限均为18个月，年利率为24%，还款方式为每月等额本息。样本文件中提供了账龄曲线测算所需的基本数据：贷款编号、贷款发放日期、贷款发放金额、连续36个月度观察日的违约状态（黑色标题列）以及每个观察日的每笔贷款余额（深灰色标题列）。深灰色标题列的这些余额等于按照18个月还款计划对应的相应观测日期的余额，除非贷款在此期间出现了违约以至于余额不再进一步减少。

有了这些必要的信息，我们只需要用一些辅助公式生成一个数据透视表，显示每个月度发放的贷款组合在后续的每个账龄时间点的违约贷款余额（即所有逾期90天以上贷款余额）。基于这个数据透视表，我们测算出账龄曲线图（见图6.4）。

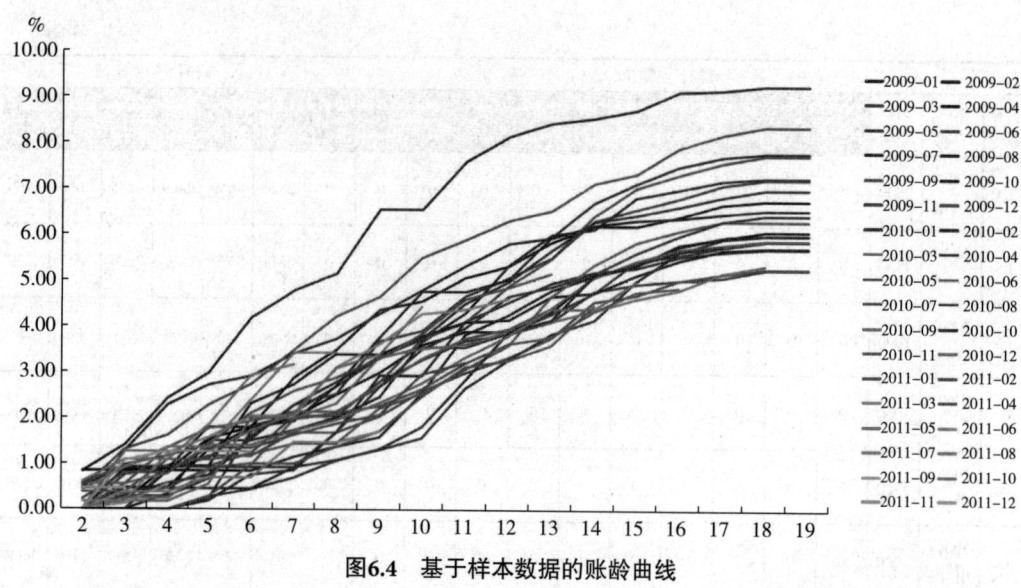

图6.4 基于样本数据的账龄曲线

在实践中，金融机构从核心系统中导出的数据在格式上并不像我们上例中创建的样本数据这么整齐（即每笔贷款一行，每列代表一个观察日期）。通常情况下，金融机构获得的是多个月度贷款组合明细，包括当月月末贷款余额、逾期状况、逾期金额，每个月度贷款组合明细文件为一个独立的Excel表格。我们需要将这些月度贷款组合明细汇总为一张类似于上例中9000×36（即9000笔贷款×36个月度观测日）的合并矩阵数据总表。一般情况下，需要在该总表中插入一列账龄计数器。

= ROUND（（观测日期 − 贷款发放日期）/30，0）

基于总表数据得到测算账龄曲线所需数据透视表的方法，是按贷款发放月份对所有贷款进行分组合并，并同时按账龄计数器加总各贷款余额列。由此形成的数据透视表中，每行显示的便是特定月度发放的贷款组合随着账龄递增与其对应的违约贷款余额的变化情况。

如果使用Excel生成此类数据透视表需使用Excel 2007或更高版本（最高可兼容640000行数据）及配备了足够强大的处理器和内存的电脑，否则会由于Excel处理能力过载而死机。因此，我们通常会将各月度观测数据表直接导入Access数据库中，运用其内置的透视表报告函数导出结果。Access的运算逻辑与Excel不同，它是按顺序工作的，而不是像Excel那样在内存中缓存所有查询数据，因此不存在占用过多电脑处理器和内存的问题。

账龄曲线的延展预测

图6.1和图6.2中的灰色曲线是如何测算出来的呢？这些曲线代表了特定月份发放的贷款组合的坏账率将如何进一步发展至这些贷款的平均最终到期日。这需要在当前实际坏账率的基础上通过对账龄曲线的发展态势做出的基本假设来实现。

账龄曲线的走势似乎总是在最初几个月急剧上升，然后经过一个拐点，逐渐变平滑，并最终趋向水平线。有时候，一旦账龄超过了贷款组合的平均到期日，曲线会再次轻微回落。此时只有违约贷款还留存在该贷款组合中，如果通过法律清收措施收回了部分本金，坏账率会逐渐下降。然而，账龄分析的目标并不是测量清收工作成效，因此我们对账龄曲线的走势预测截至贷款组合的平均到期日。

基于账龄曲线至今的发展形态来预测其未来走势是最直接且易懂的方法。为此，我们简单地将某特定账龄x的实际坏账率除以账龄x-1的坏账率，得到从账龄x-1过渡到账龄x时的坏账增长率乘数。基于数据样本，计算出所有的实际坏账率的过渡增长率并进行平均。从某个账龄曲线的最后一个实际观察数据点开始，我们简单地将坏账率乘以一系列的月度增长率，从而得到灰线延迟线的未来预期数据点。

为了使预测更接近实际情况，建议在测算预期坏账率时以历史坏账增长率的指数移动平均值取代简单算术平均值，因为在指数移动平均值的计算中对较近期的实际增长率赋予较高的权重。

> 指数移动平均（EMA）采用指数递减的加权因子，对更近期的观测结果（如P_t）赋予更高权重的同时，并没有完全抛弃更久远的观测结果（如P_{t-n}）。加权程度以常数平滑因子α表示，介于0~1。指数移动平均值随着各观测值离当前越久远，其权重也随之沿着平滑的指数曲线迅速下降（即下图中向左侧延伸）。
>
> $$EMA = \frac{p_t + (1-a) \times p_{t-1} + (1-a)^2 \times p_{t-2} + \cdots + (1-a)^n \times p_{t-n}}{1 + (1-a) + (1-a)^2 + (1-a)^3 + \cdots}$$
>
>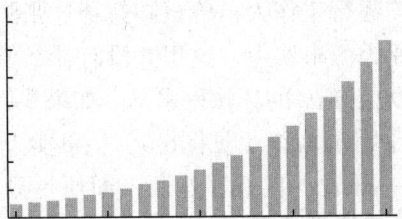

根据上述公式计算出样本数据中所有历史月度贷款组合在发放月后第1，2，3，…，m个月的坏账指数移动平均增长率EMA_{t+1}，EMA_{t+2}，EMA_{t+3}，…，EMA_{t+m}后，便可基于这些指数移动平均增长率来预测未来的坏账率走势。例如，4个月前发放的贷款组合的当前坏账率为PD_{t+4}，那么该贷款组合未来的月度坏账率预测结果将分别为$PD_{t+4} \times EMA_{t+5}$、$PD_{t+4} \times EMA_{t+5} \times EMA_{t+6}$、$PD_{t+4} \times EMA_{t+5} \times EMA_{t+6} \times EMA_{t+7}$等，以此类推。

在实践中，金融机构进行账龄曲线分析时会犯一些常见的错误。如在定义坏账率时沿用PAR的分析思路，则意味着我们将用违约的逾期贷款余额除以该月份贷款组合的总余额，而不是除以原始发放金额。由于分母会随着每月的本金偿还而减少，因此得出的坏账率数字总是被扭曲的。当账龄变得很长时，随着组合中良好贷款的本金不断被偿清，分子中剩下的违约贷款余额和分母中所剩的贷款组合余额基本上会变成同一个值。因此，违约率将趋于100%。

<small>账龄分析中的常见错误</small>

不良贷款核销可能会引发另一个技术问题。由于贷款被核销，它们通常从贷款

组合中被移除并转入不良债务清收管理系统，由此它们将不再出现在标准的月度贷款清单和账龄报告中。这可能会导致某个账龄曲线的坏账率突然大幅下降。坏账率当然有可能合理下降，但这应该是由于逾期贷款恢复还款从而重新被认定为良好贷款的结果，而不应是因为不良贷款被核销而被人为从贷款组合统计中移除所造成的。事实上，如果我们将违约的认定门槛定得较高（如逾期90天以上），坏账率的显著下降是非常罕见的。最常见的坏账率下降是计算错误造成的，即忘了在分子中加回已核销的贷款本金。一笔贷款一旦被核销，它就永远都是违约的情况。这个规则也适用于由于逾期而被迫重新调整还款计划的贷款，重组贷款的本金应永远保留在其所在贷款组合账龄曲线的坏账率中。

另一个常见错误是把违约的认定门槛设定得太低，从而导致测算出的账龄曲线出现"方便面形态"。如果将违约的认定门槛设定成一个非常敏感的水平（如逾期1天以上），肯定会得到波动性异常强的账龄曲线，因为借款人会由于其还款行为的微小变化而影响其贷款状态的认定，即频繁在良好和逾期之间切换。

当对按产品、地区或借款客户类型细分的账龄曲线进行分析时，必须确保用于测算账龄曲线的子类别样本量足以稳定地反映该类别群体的平均行为。如果一年内只有少数几笔大额的中小企业贷款，违约率可能会变得非常不稳定，一个借款人的还款行为即可推高或拉低整个子类别的违约率。所有统计数据仅在样本量足够大的前提下才有意义。

最后，我们以图6.5中柬埔寨某小微银行的账龄曲线为例介绍另一种造成"方便面形态"曲线的可能原因。该银行工作人员曾试图解释这张图并推测特定的账龄曲线呈现某些最大值和最小值的原因。事实上，这里并没有什么值得讨论的。问题的根本在于不应该将y轴的分度值放大至0.1%的坏账率水平。如果我们将坏账率缩小到一个合理的百分比水平，结果将是平滑的曲线（见图6.6）。事实上，坏账率一直处于较低水平，新的账龄曲线和旧的一样表现良好。然而，即便是具有出色风控表现的金融机构，仍然可以通过分析账龄曲线发现早期预警信号。如图6.6所示的账龄曲线就像是一个雷达屏幕，并不能因为此时没有出现危险信号而认为雷达系统没有价值。如果有一天，该银行的贷款组合出现了问题，迅速飙升的坏账率和账龄曲线会立刻在雷达上显现出来，而此时整个贷款组合的平均PAR还仍未呈现任何变化。

账龄分析的系统实施

账龄曲线是将贷款组合表现直观呈现出来的有效工具。我们在本单元中讨论的所有Excel技巧都是为了帮助读者能够深入理解并掌握账龄曲线的测算逻辑，从而可以根据金融机构提供的部分基础数据自行测算以获得账龄曲线。当然，金融机构的风险部门不应每月花费数天时间通过复制/粘贴去制作账龄曲线，应由IT部门编写一个脚本，将自动生成曲线的格式化数据作为月度报告流程中的一部分。我们目前基于Excel的讨论可以大大提高风险部门与IT部门之间的沟通效率。风险部门可以使用Excel公式和函数编写一个账龄曲线分析模板向IT部门阐明所需数据和运算逻辑，这远比写一份冗长的需求说明更有效率。而事先搭建Excel分析模板还将有助于质量控制和后续的系统审计。

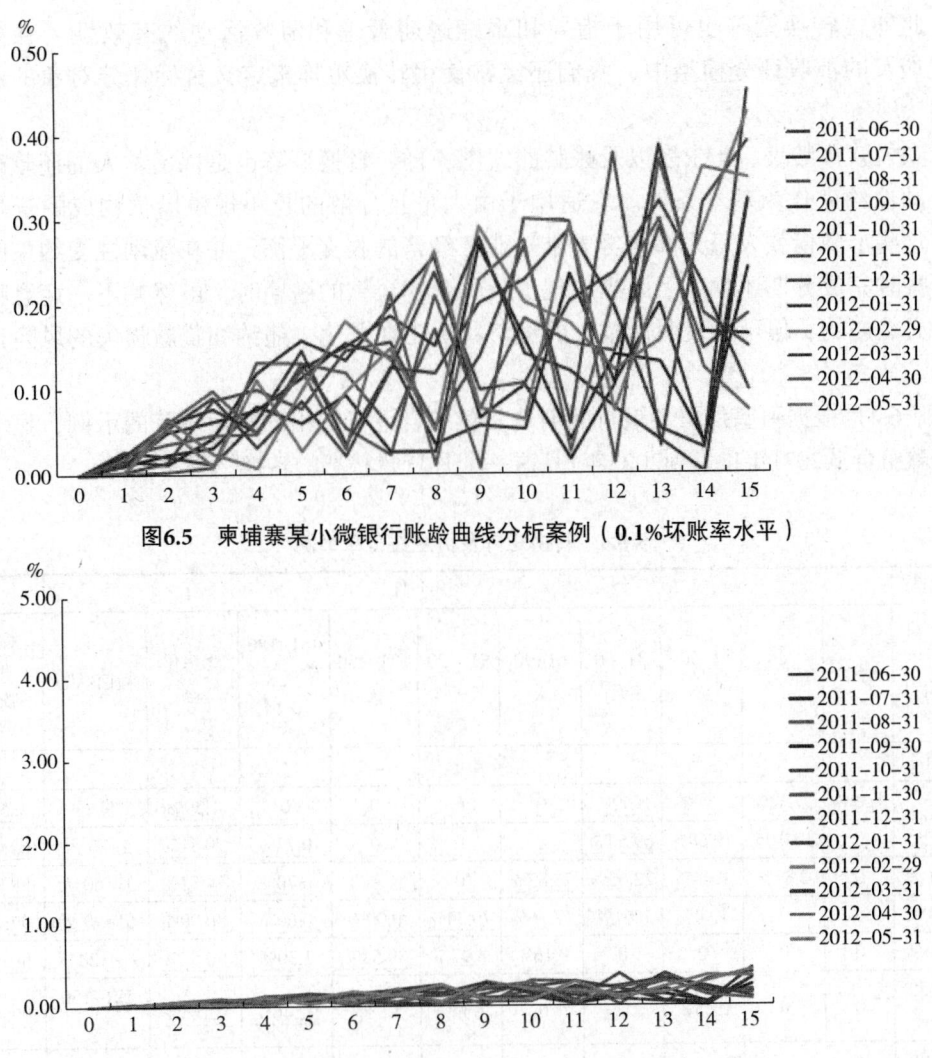

图6.5 柬埔寨某小微银行账龄曲线分析案例（**0.1%坏账率水平**）

图6.6 柬埔寨某小微银行账龄曲线分析案例（**1%坏账率水平**）

2. 转换矩阵与信用风险拨备

2.1 转换矩阵

用途与释义

> 转换矩阵是一种分析欠款状态转换的表格工具，用于计算应收款项当前欠款状态进一步恶化为违约/核销的频率。结合不同类型抵押物的违约损失率或清收经验，转换矩阵可计算得出风险拨备率的经验值。这种基于可能的剩余现金流来计算风险拨备的方法符合国际会计准则第39项、国际财务报告准则第9项的规定。

此外，转换矩阵也可用于指导和跟踪逾期管理和清收活动的有效性。在第五单元谈及的清收评分模型中，我们还经常使用转换矩阵来定义目标评分对象的逾期类型。

和欠款账龄表、PAR表以及账龄曲线图一样，转换矩阵也是以借款人的还款行为受流动性约束作为基本条件。它适用于由大量且分散的较小规模借款构成的贷款组合，这些小微借款人每天都在努力维持业务经营的收支平衡，并在流动性受约束的情况下按时完成分期还款。因此当出现了一笔分期还款的逾期时，虽然并不一定意味着最终必然违约，但至少表明借款人的经济状况正在恶化，违约和贷款损失的风险正在增加。

表6.4是根据阿塞拜疆某银行的消费贷款组合计算得出的转换矩阵的示例，显示了该贷款组合从2021年12月到2022年1月这一个月贷款状态的转换结果。

表6.4 转换矩阵及衍生拨备率举例

转换矩阵 2019年12月—2020年1月	下个月										
	清偿	良好	1~30天	31~60天	61~90天	91~120天	121~150天	151~180天/核销	总恶化率	当前状态	所需拨备
本月											
良好	1.39%	97.32%	1.29%	0.00%	0	0	0	0	1.29%	良好	0.56%
1~30天	0	10.01%	19.68%	69.54%	0	0	0	0.77%	70.31%	1~30天	62.46%
31~60天	0	2.39%	0.44%	22.65%	73.82%	0	0	0.70%	74.52%	31~60天	88.84%
61~90天	0	0	1.94%	0.61%	17.36%	79.44%	0.00%	0.66%	80.09%	61~90天	97.42%
91~120天	0	0	0	0	0.16%	8.97%	89.58%	1.30%	90.87%	91~120天	99.61%
121~150天	0	0	0.35%	0	0	1.32%	5.88%	92.46%	92.46%	121~150天	99.75%
151~180天	0	0	0	0	0	0	0	100.00%	100.00%	151~180天	100.00%

将贷款组合中的所有贷款按逾期每30天为一档分为若干个状态等级，这些状态等级各自所占比重的月度转换构成了一个典型的转换矩阵。与传统的PAR定义一致，最早出现逾期的时间决定该笔贷款余额的状态等级。本质上，转换矩阵显示了一笔贷款在某特定逾期状态下，其逾期状态等级在一个月后进一步恶化或得到改善的频率。相比于频率这一说法，我们更愿将其称为概率。因为在根据历史观测数据计算转换矩阵时，我们默认观测到的历史频率是具有典型性的，即下个月将会重复类似的情况。由此，所观察到的（这个月）频率即代表了我们预期的（下个月的）概率。

转换矩阵中的每一行表示在某个特定时点贷款组合中每笔贷款的不同状态等级，由良好（即未出现逾期）直至核销点。逾期每30天为一个状态等级，从未逾期直至逾期6个月，金融机构通常会核销逾期6个月以上的贷款。在表6.4中，以61~90天为例：在2021年12月处于逾期61~90天状态的贷款，在2022年1月底前被清偿以及变为良好的概率均为0；状态改善为逾期1~30天的概率为1.94%；状态改善为逾期31~60天的概率为0.61%；保持当前状态（即逾期61~90天）的概率为17.36%，以此类推。将一笔贷款从逾期61~90天改善为逾期31~60天意味着借款人1月必须支付2笔分期还款，即按计划完成1月还款的同时还需额外偿还前一期欠款。

我们发现一笔贷款的下一期分期还款是否可以按时完成取决于该笔贷款是否已经出现了逾期及逾期的严重程度。如表6.4所示，12月状态为良好的贷款在1月被清偿的概率高于逾期，分别是1.39%和1.29%。然而，一旦当前状态已经为逾期，即便只逾期了几天（如1~30天），借款人也已经打破了按时还款这一行为底线，因此其进一步逾期的概率将大大增加。示例中12月状态为逾期1~30天的贷款在1月状态进一步恶化为逾期31~60天的概率高达69.54%。表6.4中总恶化率一列也汇总了每个状态类别在2021年12月至2022年1月期间可能出现的恶化情况的概率之和（加下划线数字）。

而为了使矩阵中的百分比更好地发挥其条件概率的作用，我们在分析时不应仅局限于一个月的转换矩阵。在实践中，我们通常使用最近6个月的滚动平均转换矩阵来稳定转化百分比。然后再将本月最新的转换矩阵和前6个月的平均值进行比较，从而来判断其是否存在显著差异。平均值的计算非常简单，将6个月度矩阵的特定单元格加总后除以6即可。

表6.4的最后一列显示了转换矩阵算出的风险拨备率。需要注意的是，这只反映了2021年12月至2022年1月一个月周期内的状态转换情况，如果要在会计系统中使用这些比率来计提拨备，需要使用多个月度周期（最好是一整年内）的平均拨备率。但我们根据矩阵中的转化百分比来计算得出拨备率的基本逻辑是没有改变的。

转换矩阵的（恶化百分比）对角线相乘的结果0.46%（1.29%×69.54%×73.82%×79.44%×89.58%×92.46%=0.46%），代表当前状态等级为良好的贷款在6个月后状态变为逾期151~180天（即被核销）的概率。2021年12月处于逾期1~30天的贷款未来6个月后被核销的概率为33.77%（69.54%×73.82%×79.44%×89.58%×92.46%=33.77%）。这只是计算拨备率的基本思路，我们还需要考虑转换矩阵中贷款最终转变为核销状态的所有其他可能途径。例如，逾期1~30天的贷款也可能直接变为核销状态，概率为0.77%；逾期31~60天的贷款直接被核销的概率是0.70%，以此类推。这些特殊的核销路径看上去有些异常，它们最常见的发生场景是由于借款人的欺诈行为或死亡导致贷款已无偿付可能，因此立刻被全额核销。除了这些贷款直接变为核销状态的路径外，矩阵中还包括更多间接路径。例如，一笔逾期61~90天的贷款借款人可能在后续3个月中正常按时还款，使该笔贷款3个月后的状态仍保持为逾期61~90天，但之后又额外逾期了3期，最终导致6个月后才被核销。或者，该借款人也可能在下个月一次性支付3期欠款将该贷款的状态改善为逾期1~30天，然后再也没有后续还款直至贷款在6个月后被核销，依此类推。

事实上，我们必须从矩阵中的每个可能的起始点出发追踪所有可能的最终达到核销状态的直接和间接路径。在本例中逾期6个月作为核销门槛，如果我们将这个门槛提升至9个月或12个月，那么可能的路径数量会更多。矩阵乘积可以确保我们找到每一条路径的发生概率且不遗漏任何一条可能的路径。图6.7是一个矩阵X乘以另一个矩阵Y的简单示例，右下角的深灰色矩阵即为X×Y的乘积。

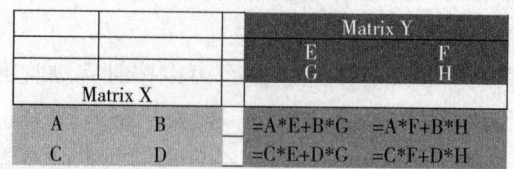

图6.7　矩阵乘积示例

在Excel中可以使用数组函数（=MMULT{}）来计算矩阵乘积。有了这个公式，我们现在可以很容易地推算出本月处于各状态类别的贷款在未来的某个时间后（如6个月后）最终被核销的概率。而推算6个月后的拨备率，我们只需将转换矩阵乘以自身6次，然后查看位于矩阵最右列的拨备率即可。

若假设贷款违约损失率（LGD）为100%，我们就可以直接使用表6.4中最右列的拨备百分比，因为这意味着一笔贷款一旦被核销，就不会再产生任何的剩余回收现金流。阿塞拜疆的这家银行则肯定会通过合法的催收和抵押物的变现尽量弥补核销贷款造成的损失。因此，在实践中计算实际拨备金额时需要从基于转换矩阵计算所得出的拨备金额中减去通过清收活动回收的现金流的现值。

仔细观察表6.4中的转换矩阵，我们会发现一笔贷款一旦出现逾期，就会快速滑向完全违约和核销。第一期还款就出现逾期的可能性相对较小，但一旦借款人出现了逾期，接下来的还款可能性就会变得越来越低。在这家阿塞拜疆银行的消费贷款组合的案例中，很容易可以解释这种行为的成因。工薪阶层发生首次逾期的原因通常是由于其经济状况的突然变化，如失业、伤残、疾病、离婚等。导致首次逾期的问题很可能会持续到第2个月、第3个月甚至更久，最终导致违约和核销。在工薪消费贷款组合中，首期逾期的概率非常低，通常只有1%左右（在示例中为1.29%）。然而，当麻烦一旦开始出现，大多数借款人将永远无法从欠款逾期中再次恢复过来。这是因为很少有工薪阶层有能力在1个月内负担两倍以上的分期还款。因此，即使问题很快得到解决，借款人重新开始按时还款，其贷款状态也很难再次恢复为良好状态。相反，他们通常将在较长的一段时间内每期按时还款的同时保持着之前的逾期状态，直至贷款期满并偿还所有本息。

从表6.5阿塞拜疆某银行的个体工商户（微型企业）贷款组合示例可以看出，与之前案例中的工薪阶层消费贷款相比，微型企业更有可能从良好状态转化为逾期1~30天。因为对于工薪阶层而言，只要工资准时发放，在没有出现其他个人或家庭危机的情况下就能够按时还款。而微型企业的现金流则更不稳定，因此微型企业借款人更有可能随时陷入逾期，但同时也更有可能从短期逾期中恢复过来。这恰恰也是微型企业现金流波动性的负面和正面影响。微型企业借款人在逾期2周后仍有可能补上分期还款，或在下个月同时支付两期的分期还款。但对于工薪阶层而言，这类情况发生的可能性要小得多。通常，如果一个工薪层借款人在发薪日后的几天内没有还款，就很难指望能在短期内收回这笔分期款了。这是因为这笔钱可能已经被花光了，至少需等到下一个发薪日借款人手上才可能有多余的钱。

表6.5 阿塞拜疆某银行的个体工商户（微型企业）贷款组合转换矩阵示例

转换矩阵 2019年10月—2021年12月	月度转换矩阵均值										拨备率
	清偿	良好	1~30天	31~60天	61~90天	91~120天	121~150天	151~180天	181~210天	211~240天	
良好	1.04%	97.06%	1.91%								0.15%
1~30天	1.94%	32.54%	38.00%	27.53%							8.09%
31~60天	2.48%	7.03%	8.00%	18.89%	63.60%						29.38%
61~90天	0.00%	2.05%	1.84%	4.36%	12.57%	79.17%					46.19%
91~120天	0.00%	1.13%	0.52%	1.36%	3.21%	11.45%	82.33%				58.34%
121~150天	0.00%	0.83%	0.10%	0.36%	1.07%	2.05%	8.37%	87.10%			70.87%
151~180天	0.00%	0.69%	0.09%	0.00%	0.23%	0.15%	1.73%	7.47%	89.64%		81.27%
181~210天	0.00%	0.43%	0.03%	0.04%	0.07%	0.11%	0.41%	1.76%	6.49%	90.66%	90.66%
211~240天	0.00%	0.31%	0.01%	0.00%	0.00%	0.04%	0.06%	0.11%	0.33%	99.13%	100.00%

测算一个月度转换矩阵需要两个连续的月末的贷款组合观察值。表6.6是我们模拟的一个小微贷款组合数据表的摘录，用于演示2021年3月至2021年4月期间转换矩阵的测算。生成转换矩阵需要的数据维度包括贷款编号、第一个观察日的贷款余额以及两个观察日每笔贷款的逾期状态类别。

测算转换矩阵的数据要求

表6.6 2021年3月至2021年4月贷款组合数据表摘录

贷款编号	2021年3月31日余额（元）	2021年3月逾期状态	2021年4月逾期状态
ZDG15	747144	0	0
MHU16	133736	0	0
YOA17	611148	0	1
OPA18	594355	0	0
UYR22	516940	5	6
YTF43	237736	0	0
XIJ44	571002	1	2
PQG55	635908	0	1
NFS56	414849	0	0
AEV57	592979	7	8
DUB58	121230	0	0

在我们的模拟案例中，贷款逾期状态分为14类，分别用数字−1至12表示，每个数字的具体含义如下：

- −1：已清偿；
- 0：良好（未逾期）；
- 1：逾期1~30天；
- 2：逾期31~60天；
- 3：逾期61~90天；
- 4：逾期91~120天；
- ……
- 12：逾期超过330天（核销）。

判断类别为12（核销）和−1（已清偿）的贷款通常需要一些额外辅助信息。如果一笔贷款在2021年3月至4月被清偿或核销，它通常不会再出现在4月的贷款明细中。因此，需要将两个月度贷款组合明细与期间的核销贷款清单（包括贷款编号、核销日期、核销金额、核销原由）进行比对，从而区分出是核销还是清偿的贷款。如果没有详细的核销信息文件可供查询，我们仍然可以用一些简单的经验法则来区分核销和清偿。假设一笔贷款在3月末仅有很少的贷款余额并且未逾期或仅逾期1~30天，如果这笔贷款没有再出现在4月的贷款明细中，它应该是被清偿了。相反，如果3月末有大量余额并且逾期很久但没再出现在4月贷款明细中的贷款，那么则应该是被核销了。

在上述贷款数据的基础上，我们可以使用Excel中的数据透视表函数生成转换矩阵，如表6.7所示。在图下方格式化后的转换矩阵中，单元格显示的是上方数据透视表矩阵中相应单元格中的余额数字与该行合计余额总数的百分比，并添加了总恶化率的计算。

表6.7 借助数据透视表生成的2021年3月至4月转换矩阵

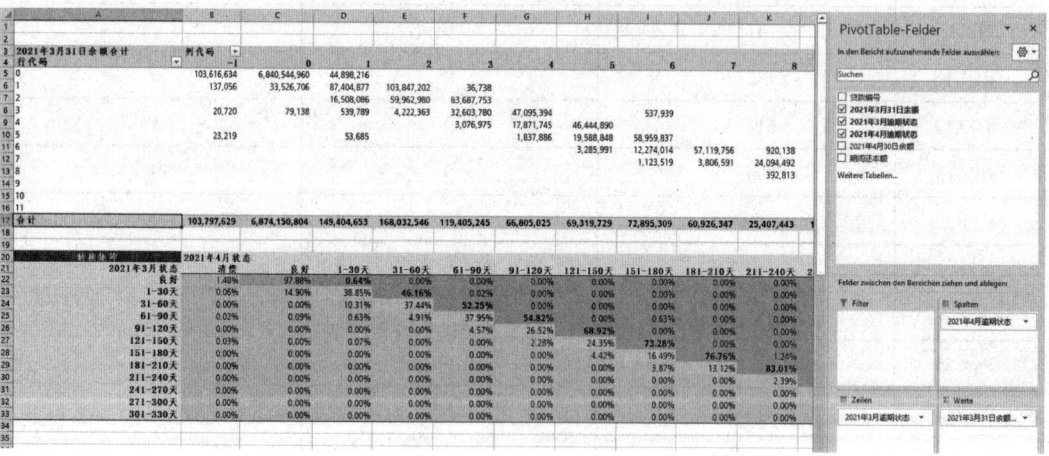

金融机构可以根据全部贷款组合（不包括大型企业）生成转换矩阵，也可以基于消费信贷、微型企业贷款或小企业贷款数据来测算这些子贷款组合的转换矩阵。而为

了得出具有一定预测价值、有意义的结果，用于生成转换矩阵的贷款组合必须要有足够数量的贷款观测数据，建议的贷款组合样本量应至少为1000笔。

逾期是一种还款出现延迟的状态，债务人后续的还款行为是不确定的。但如果通过转换矩阵分析发现某些稳定的状态转换规律，我们便可以基于转换矩阵预测一段时间后的在风险贷款组合规模。我们接下来将通过模拟数据来演示这一逻辑。在目前的模拟数据样本中，如果一笔贷款3月的余额在4月底之前被全部还清，这笔贷款4月的状态将被认定为已清偿。实际上，即便一笔贷款在4月底之前没有被全部还清，其借款人在3月底至4月底期间完成的还本部分金额事实上也应属于"已清偿"。但在目前的样本中，这部分期间还本额仍被包含在良好类别内。如果我们的主要关注点是在恶化率和最终的核销率上面，这当然不是一个大问题，因为逾期状态进一步恶化的贷款也不会出现任何期间还本。但如果要考虑这些期间还本，我们需要补充4月的贷款余额数据，并通过比较3月和4月贷款余额之间的差异计算出期间还本金额，如表6.8所示。

转换矩阵与PAR

表6.8　2021年3月至2021年4月贷款组合数据表（包括期间还本额）

贷款编号	2021年3月31日余额（元）	2021年3月逾期状态	2021年4月逾期状态	2021年4月30日余额（元）	期间还本额（元）
ZDG15	747144	0	0	728585	18559
MHU16	133736	0	0	110521	23216
YOA17	611148	0	1	623371	0
OPA18	594355	0	0	571548	22807
UYR22	516940	5	6	527279	0
YTF43	237736	0	0	202191	35545
XIJ44	571002	1	2	582422	0
PQG55	635908	0	1	648626	0
NFS56	414849	0	0	381400	33448
AEV57	592979	7	8	604839	0
DUB58	121230	0	0	91316	29914

如图6.8所示，我们可以基于上述数据生成两个数据透视表，其中上面的表格是和之前一样的贷款余额转换矩阵，下面的表格则是期间还本金额转换矩阵。通过这两组矩阵，我们即可将期间还本金额正确地划归为已清偿类别。

表6.9中在下方的是之前表6.7中未考虑期间还本的转换矩阵，上方的则是对期间还本金额重新归类后的转换矩阵。我们可以看到，主要的改善实际上是使"良好"至"清偿"以及"良好"至"良好"之间的月度转换更加符合实际情况，而两个矩阵的状态恶化情况（深色部分）完全一样。但如果我们在使用多个月度转换矩阵进行远期预测，且关注点除了最终的核销率还包括PAR的预期规模时，这一点改进是尤其重要的。

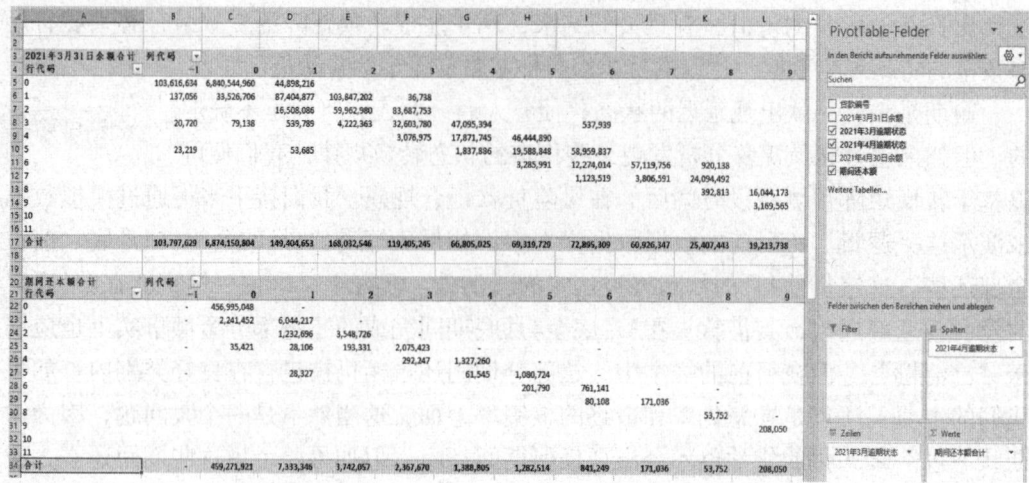

图6.8 数据透视表生成的2021年3月至4月的余额和还本额矩阵

表6.9 包括和不包括期间还本的转换矩阵对比

转换矩阵 (包括期间还本) 2021年3月状态	2021年4月状态												
	清偿	良好	1~30天	31~60天	61~90天	91~120天	121~150天	151~180天	181~210天	211~240天	241~270天	271~300天	301~330天	331~360天
良好	8.02%	91.34%	0.64%	0.00%	0.00%	0.00%	0.00%	0.00%	0.00%	0.00%	0.00%	0.00%	0.00%	0.00%
1~30天	3.74%	13.91%	36.17%	46.16%	0.02%	0.00%	0.00%	0.00%	0.00%	0.00%	0.00%	0.00%	0.00%	0.00%
31~60天	2.99%	0.00%	9.54%	35.22%	52.25%	0.00%	0.00%	0.00%	0.00%	0.00%	0.00%	0.00%	0.00%	0.00%
61~90天	2.74%	0.05%	0.60%	4.69%	35.53%	54.82%	0.00%	0.63%	0.00%	0.00%	0.00%	0.00%	0.00%	0.95%
91~120天	2.40%	0.00%	0.00%	0.00%	4.13%	24.55%	68.92%	0.00%	0.00%	0.00%	0.00%	0.00%	0.00%	0.00%
121~150天	1.48%	0.00%	0.03%	0.00%	0.00%	2.21%	23.00%	73.28%	0.00%	0.00%	0.00%	0.00%	0.00%	0.00%
151~180天	1.29%	0.00%	0.00%	0.00%	0.00%	0.00%	4.14%	15.47%	76.76%	1.24%	0.00%	0.00%	0.00%	1.09%
181~210天	0.87%	0.00%	0.00%	0.00%	0.00%	0.00%	0.00%	3.59%	12.53%	83.01%	0.00%	0.00%	0.00%	0.00%
211~240天	0.33%	0.00%	0.00%	0.00%	0.00%	0.00%	0.00%	0.00%	0.00%	2.06%	97.61%	0.00%	0.00%	0.00%
241~270天	5.28%	0.00%	0.00%	0.00%	0.00%	0.00%	0.00%	0.00%	0.00%	0.00%	75.09%	0.00%	0.00%	19.63%
271~300天	1.08%	0.00%	0.00%	0.00%	0.00%	0.00%	0.00%	0.00%	0.00%	0.00%	0.00%	15.39%	83.53%	0.00%
301~330天	0.00%	0.00%	0.00%	0.00%	0.00%	0.00%	0.00%	0.00%	0.00%	0.00%	0.00%	0.00%	0.00%	100.00%

转换矩阵 2021年3月状态	2021年4月状态												
	清偿	良好	1~30天	31~60天	61~90天	91~120天	121~150天	151~180天	181~210天	211~240天	241~270天	271~300天	301~330天	331~360天
良好	1.48%	97.88%	0.64%	0.00%	0.00%	0.00%	0.00%	0.00%	0.00%	0.00%	0.00%	0.00%	0.00%	0.00%
1~30天	0.06%	14.90%	38.85%	46.16%	0.02%	0.00%	0.00%	0.00%	0.00%	0.00%	0.00%	0.00%	0.00%	0.00%
31~60天	0.00%	0.00%	10.31%	37.44%	52.25%	0.00%	0.00%	0.00%	0.00%	0.00%	0.00%	0.00%	0.00%	0.00%
61~90天	0.02%	0.09%	0.63%	4.91%	37.95%	54.82%	0.00%	0.63%	0.00%	0.00%	0.00%	0.00%	0.00%	0.95%
91~120天	0.00%	0.00%	0.00%	0.00%	4.57%	26.52%	68.92%	0.00%	0.00%	0.00%	0.00%	0.00%	0.00%	0.00%
121~150天	0.03%	0.00%	0.07%	0.00%	0.00%	2.28%	24.35%	73.28%	0.00%	0.00%	0.00%	0.00%	0.00%	0.00%
151~180天	0.00%	0.00%	0.00%	0.00%	0.00%	0.00%	4.42%	16.49%	76.76%	1.24%	0.00%	0.00%	0.00%	1.09%
181~210天	0.00%	0.00%	0.00%	0.00%	0.00%	0.00%	0.00%	3.87%	13.12%	83.01%	0.00%	0.00%	0.00%	0.00%
211~240天	0.00%	0.00%	0.00%	0.00%	0.00%	0.00%	0.00%	0.00%	0.00%	2.39%	97.61%	0.00%	0.00%	0.00%
241~270天	0.00%	0.00%	0.00%	0.00%	0.00%	0.00%	0.00%	0.00%	0.00%	0.00%	80.37%	0.00%	0.00%	19.63%
271~300天	0.00%	0.00%	0.00%	0.00%	0.00%	0.00%	0.00%	0.00%	0.00%	0.00%	0.00%	16.47%	83.53%	0.00%
301~330天	0.00%	0.00%	0.00%	0.00%	0.00%	0.00%	0.00%	0.00%	0.00%	0.00%	0.00%	0.00%	0.00%	100.00%

如果以2021年4月30日为当前时间点预测6个月后的PAR规模，首先需要将表6.9中包括期间还本的月度转换矩阵通过连续6次矩阵乘法得出矩阵乘积。如表6.10所示，该矩阵乘积显示了当前贷款组合6个月后的逾期状态转换结果。最右边一列显示的是当前各类别的贷款直至2021年10月31日才被核销的比例，例如，当前状态为逾期61~90天的贷款中的6.49%将在6个月后被核销。

表6.10　未来6个月后的转换矩阵

转换矩阵（2021年4月30日）当前状态	6个月后的预期状态													
	清偿	良好	1~30天	31~60天	61~90天	91~120天	121~150天	151~180天	181~210天	211~240天	241~270天	271~300天	301~330天	331~360天
清偿	100.00%	0.00%	0.00%	0.00%	0.00%	0.00%	0.00%	0.00%	0.00%	0.00%	0.00%	0.00%	0.00%	0.00%
良好	43.91%	53.56%	0.71%	0.59%	0.50%	0.33%	0.22%	0.12%	0.04%	0.00%	0.00%	0.00%	0.00%	0.01%
1~30天	23.48%	15.49%	1.50%	3.39%	6.89%	8.96%	12.29%	12.58%	9.48%	4.53%	0.29%	0.00%	0.00%	1.13%
31~60天	16.02%	2.84%	0.80%	1.95%	4.39%	6.42%	10.93%	14.66%	16.05%	14.03%	9.80%	0.00%	0.00%	2.12%
61~90天	13.00%	0.43%	0.19%	0.48%	1.23%	2.12%	4.83%	8.65%	12.83%	16.11%	33.63%	0.00%	0.00%	6.49%
91~120天	12.58%	0.03%	0.02%	0.06%	0.17%	0.35%	1.15%	2.75%	5.25%	8.53%	51.70%	0.00%	0.00%	17.40%
121~150天	13.67%	0.01%	0.01%	0.01%	0.02%	0.04%	0.20%	0.62%	1.38%	2.62%	47.99%	0.00%	0.00%	33.44%
151~180天	15.46%	0.00%	0.00%	0.00%	0.01%	0.03%	0.12%	0.28%	0.57%	36.05%	0.00%	0.00%	0.00%	47.48%
181~210天	16.80%	0.00%	0.00%	0.00%	0.00%	0.01%	0.03%	0.07%	25.84%	0.00%	0.00%	0.00%	0.00%	57.24%
211~240天	17.63%	0.00%	0.00%	0.00%	0.00%	0.00%	0.00%	18.00%	0.00%	0.00%	0.00%	0.00%	0.00%	64.37%
241~270天	18.33%	0.00%	0.00%	0.00%	0.00%	0.00%	13.46%	0.00%	0.00%	0.00%	0.00%	0.00%	0.00%	68.21%
271~300天	1.28%	0.00%	0.00%	0.00%	0.00%	0.00%	0.00%	0.00%	0.00%	0.00%	0.00%	0.00%	0.00%	98.72%
301~330天	0.00%	0.00%	0.00%	0.00%	0.00%	0.00%	0.00%	0.00%	0.00%	0.00%	0.00%	0.00%	0.00%	100.00%
331~360天	0.00%	0.00%	0.00%	0.00%	0.00%	0.00%	0.00%	0.00%	0.00%	0.00%	0.00%	0.00%	0.00%	100.00%

预期6个月后的PAR30规模是用届时逾期超过31天以上的合计贷款余额除以贷款组合总合计余额来表示的。如表6.11上半部分所示，2021年4月30日的当前贷款组合合计余额为71.69亿元，第三列数字是其各状态类别贷款在未来6个月后状态转换达到逾期31天以上级别的比例，第四列是对应的PAR30余额（合计7.16亿元），最右一列是其各状态类别贷款在未来6个月后的余额（合计42.29亿元）。换言之，2021年4月30日71.69亿元的当前贷款组合中，截至2021年10月31日将还剩42.29亿的余额（其中7.16亿元为PAR30），而29.4亿元的差额为在此期间被清偿和核销的贷款总额。

此外，6个月后的PAR30中不仅包括2021年4月30日当前贷款组合余额的部分，还应包括未来6个月期间的新增贷款发放。也就是说，5—10月新发放的贷款也有可能在此期间转换为PAR30状态，例如，5月新发放的贷款将经过5个月度转换，6月新发放的贷款将经过4个月度转换，以此类推。因此，在表6.11中的下半部分，我们首先需要预估未来6个月期间每个月的新增贷款发放金额（即第一列数字），合计发放新增贷款10亿元。根据每个未来月度发放的对应转换矩阵确定其于2021年10月31日达到PAR30状态的比例（即第二列数字）和金额（即第三列数字），合计PAR30金额为754万元。最右一列是未来6个月期间新发放的贷款至2021年10月31日的余额，合计7.63亿元。

我们将表6.11中上下两部分计算汇总，得出以下预测结果：6个月后，在当前71.69亿元的存量贷款外加10亿元的期间新增贷款中，截至2021年10月31日将剩下49.92亿元的贷款余额，其中PAR30规模为7.24亿元（相当于余额的14.5%）。

表6.11 未来6个月后的PAR30规模预测

未来6个月后的PAR30规模预测						
（2021年4月30日）当前贷款组合	贷款余额		6个月后状态为逾期30天以上	PAR30	6个月后贷款余额	
良好	6414878884	当前贷款组合分类余额	1.81%	116032501	56.09%	3597887336
1~30天	142969271		59.53%	85108011	76.52%	109402132
31~60天	166367433		80.35%	133674043	83.98%	139719269
61~90天	118712065		86.37%	102535250	87.00%	103274860
91~120天	66358128		87.37%	57974923	87.42%	58009648
121~150天	68966113		86.32%	59528424	86.33%	59535693
151~180天	73244015		84.54%	61922967	84.54%	61923430
181~210天	61897706		83.20%	51500296	83.20%	51500315
211~240天	25853984		82.37%	21295501	82.37%	21295501
241~270天	19326572		81.67%	15784339	81.67%	15784339
271~300天	704485		98.72%	695481	98.72%	695481
301~330天	3899347		100.00%	3899347	100.00%	3899347
331~360天	6231606		100.00%	6231606	100.00%	6231606
	7169409608			716182690		4229158958
未来第1个月的新增贷款发放	160000000	预期新增贷款发放金额	1.56%	2491239	60.85%	97360683
未来第2个月的新增贷款发放	170000000		1.28%	2171586	66.05%	112277983
未来第3个月的新增贷款发放	150000000		0.97%	1454583	71.71%	107567386
未来第4个月的新增贷款发放	140000000		0.64%	892900	77.89%	109046052
未来第5个月的新增贷款发放	180000000		0.30%	533999	84.63%	152331004
未来第6个月的新增贷款发放	200000000		0.00%	0	91.98%	183957451
	1000000000			7544306		762540559
6个月后的PAR30规模：%				723726996 14.50%		4991699517

2.2 信用风险拨备

在了解了贷款组合信用风险拨备的测算方法后，我们接下来将简单介绍金融机构对信用风险的会计处理。一般而言，为借款人提供的贷款应作为贷款人（即金融机构）的应收款项，并计入贷款资产。每笔客户贷款在金融机构的资产负债表中以资产负债表结算日的当前余额入账。如果有理由相信某借款客户可能无法履行贷款合同或者无法按计划完成所有未来的本息偿付，根据会计的审慎性惯例应将预期的未来损失作为非现金费用计入损益表，并同时按此额度减计该笔贷款在资产负债表中的账面价值。

> 应收贷款的信用风险费用被称为贷款损失准备（或拨备）。会计记账通过在相应的成本账户借方登记拨备费用及在与之关联的资产账户贷方登记增加的贷款损失准备的存量。贷款损失准备一般不列入负债，而是作为资产备抵项减少资产负债表中贷款资产的账面价值。

减值与贷款损失准备两个术语在使用时通常代表同一个意思，如拨备记账时的贷款减值费用登记和损失准备登记。而在强调减值作为触发贷款拨备的条件时，其含义略有不同。我们可以说，某笔贷款已发生减值，即借款人在整个贷款合同期内不可能再按时偿还全额本息，因此我们需要登记贷款损失准备费用。

拨备规则

严格意义上，拨备并非风险管理，而是一项将信贷损失的实际成本在损益表中按时间分配并进行消化的会计工作。实际上，贷款损失拨备对哪些借款人正常还款、哪些逾期及借款人违约后最终会造成多少损失这些既定事实没有影响。尽管如此，拨备仍然是银行业一项谨慎的惯例。通过对可能出现的损失进行预估，金融机构可防止在这些已预见的信贷损失尚未完全显现前过早地支付绩效奖金和盈利分红。在这一特定意义上，拨备具有了风险管理属性。及时拨备可以防止贷款人抽走资金，更好地保护贷款人的债权人和储户免遭损失。

由于拨备是预测的、不确定的贷款损失，其规模的设定相对主观。这也使其成为部分金融机构用于操纵净收入水平的会计手段。如果贷款组合稳健且盈利显著，金融机构就有动机通过过量的拨备费用来降低应纳税所得额；相反，当出现坏账危机时，金融机构往往会倾向于将危机的真实规模隐藏在过于乐观、低水平的减值的背后。我们日常提及的"僵尸银行"就是指那些由于过度高估了不良贷款资产的价值，其表面上虽然仍在经营但实际上已资不抵债的银行。因此，为了避免银行业利用贷款损失拨备来粉饰财务报表，相关部门出台了越来越多与贷款损失拨备相关的会计规则。

由于监管机构和会计准则制定者对拨备的密切关注，许多金融机构通常除了需要根据会计制度制定财务报表中的拨备账户，还要保留并核准另外两套平行的拨备账户：

（1）用于核实所得税的拨备账户；

（2）根据国家审慎监管规则和金融机构会计准则制定的拨备账户。

税务部门通常不承认大部分的拨备费用，并要求将其重新拨回应纳税所得额。大多数情况下，税务部门倾向于将实际冲销开支作为收入减少处理，而不是进行预期拨备。当然，费用和所得税负债的发生时间也将因此产生差异，尽管拨备金额最终将趋同于冲销开支金额。这个时间差恰恰解释了许多金融机构资产负债表上出现的大部分递延所得税资产项目。递延所得税资产表示金融机构实际缴纳的税款高于其财务报告中净收入对应的应缴税款，多缴纳的税款部分将作为金融机构对税务部门的应收账款（债权）并通过未来降低应缴税款的方式收回，即当贷款损失准备转变为实际核销费用时，应纳税所得额将随之减少。

在国家审慎监管规则层面，减值规则通常可被概括为一个类似于下面这样的逾期状态与拨备率对照表：

逾期状态	拨备率
良好	2%
1~30天	5%
31~60天	20%
61~120天	50%
121~180天	75%
>180天	100%

通常，逾期状态和对应的拨备率会被进一步加上描述性标签，如正常、关注、次级、可疑、损失。上述拨备表并不是唯一的参照标准。每个国家监管机构均会针对

本国特定市场情况制定不同的标准，并会为细分市场提供不同的标准（如传统企业信贷、消费信贷、小微信贷）。对于平均信用风险较高的细分市场，其逾期状态与拨备率对照表中的分档拨备率通常会更快地增加至100%。审慎监管的拨备分档标准并不一定会以一个月的逾期为间隔单位，以60天或90天为间隔也是很常见的。上例中良好贷款的2%拨备是任何一笔贷款发放后均需立刻计提的"一般拨备"。

制定这些审慎监管拨备等级的依据何在？正如我们在转换矩阵中所讨论的，不同的拨备率对应着不同贷款状态下的可能损失（即违约概率乘以违约损失率）。审慎监管制定的拨备率可能与具体金融机构通过转换矩阵计算得出的拨备率不相等，这是因为审慎监管拨备率通常反映的是整个金融行业的长期平均水平。审慎监管机构通常也会根据宏观经济环境调整审慎监管拨备率，特别是违约损失率（LGD）的部分。

在某些发展中国家，我们仍然可以看到完全不切实际的拨备规则。例如，要求金融机构计算其发放的由主要抵押物（如现金、房地产和可交易证券）担保的贷款总额，并规定其对这一贷款总额以外的其他贷款实施全额拨备。这意味着，超过限额的无担保消费信贷或小微贷款，即便表现良好，也必须立即被全额拨备。但随着全球普惠金融的发展，这类过时的规定正在逐渐消失。

此外，审慎监管拨备与监管资本充足率之间存在着关联关系。这个关系包含两个维度：（1）一般贷款损失准备中的优质贷款可计为二级监管资本，最高为风险加权资产的1.25%。（2）当贷款出现实际减值时，审慎拨备规则旨在促使贷款人提早确认可能的损失，以避免账面上用以稀释即将发生的损失的资本流失。因此，就维度（2）而言，一个试图以最低拨备来应付不良贷款的贷款人将因其高风险、拨备不足的贷款而面临更高的资本充足率要求。巴塞尔委员会早就预料到了这一点并在《巴塞尔协议》（2006年编）第75条中，就逾期贷款和信用风险的标准化处置做出规定："任何逾期超过90天的贷款（合规的住房按揭贷款除外）的无抵押担保部分（扣除拨备和部分注销）将按以下风险加权：当拨备低于贷款余额的20%时，风险权重为150%；当拨备不低于贷款余额的20%时，风险权重为100%；当拨备不低于贷款余额的50%时，风险权重为100%，同时监管机构可自由裁量将风险权重降低至50%。"

在结束关于拨备的讨论前，我们还需探讨一个拨备测算方法层面的问题。很多小微信贷和消费信贷从业者经常提及近因拨备这一模式，其基本思路是认为相比借款人的总体逾期情况，其最近的还款行为对于预测其最终违约与否更有价值。近因拨备的支持者认为，最近连续三次逾期至90天，比之前逾期过（累计90天）但最近正常还款的借款人的违约风险更高。在这两种情况下，两个借款人均逾期了90天。然而，大多数人都会同意，最近三次连续正常还款的借款人按时支付下一次还款的概率远高于最近连续三次逾期的借款人。这一基本论点实际上可以转化为一个非常有趣的关于概率支付模式的分析，其在对违约贷款估值中应用效果良好。然而，与评估核销贷款的剩余价值相比，近因分析对拨备的说服力较弱。对于工薪阶层的长期消费信贷，近因理论有一定的合理性。它在长期贷款方面的适用性更强，因为至少需要对借款人数月的还款行为的观察后，才有可能将总结出的行为模式用于支持拨备政策的制定。此外，近因拨备对于消费信贷的还款行为模式分析比对小微企业信贷的还款行为模式分析更有效，因为工薪阶层的现金流波动性更小。但正如我们之前的讨论，工薪借款人出现逾期的典型原因是个人或家庭经济危机，如失业、离异、残疾等。这类事件一旦发生，它通常会持续下去，并导致后续的进一步逾期。但如果危机结束了，借款人重新恢复分期还款时，正常还款也通常会持续一段时间，因为其有了新的相对稳定的资金来源（如找到了新的工作）。

总之，近因论点具有一些优点，特别是在对工薪阶层提供信贷的领域，但它不够可靠，也不符合审慎原则。如果借款人当前还款良好，那就应该等其最后完全还清欠款后，再释放拨备。另一个造成我们对近因拨备持怀疑态度的原因在于，通常提出近因的往往都是因为贷款组合表现不佳急需通过粉饰报表来获得新的资金支持的贷款人。

3. 分散信贷组合风险

3.1 非预期损失

回顾贯穿本书始终的信用风险的计算公式：预期损失=违约概率×违约风险敞口×违约损失率，我们已经对违约的性质和概率有了比较深入的了解，并可以通过评分和评级模型基于同类借款人的历史贷款数据预测违约概率和违约损失率。违约风险敞口取决于信贷决策（即贷款初始发放额度）。根据这3个要素，我们可以较为准确地得出贷款组合的平均预期损失。也就是说，如果存在3%的预期损失，应确保该贷款组合中的每个借款人均承担大约3%的信用风险溢价。

而我们更关心的是贷款组合严格定义上的风险，即贷款组合实际年度损失围绕预期年度损失值的波动性。图6.9显示了贷款组合年度损失的理论概率分布函数。根据理论分布，贷款组合有一定的概率根本不发生实际损失，但出现一些小规模或平均规模损失的概率更高，而产生非常大或极端损失的概率则急剧下降。但损失分布曲线并不符合正态分布，这种现象在信用风险相关文献中被称为贷款组合损失分布的"肥尾效应"。

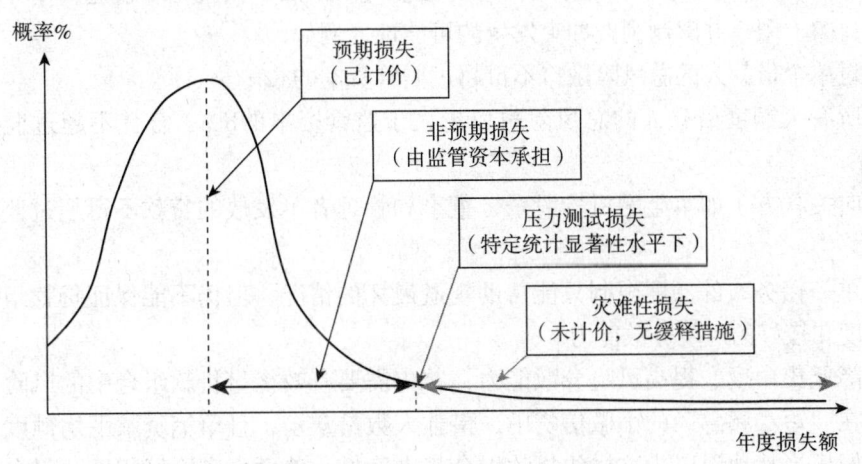

图6.9　理论上小微贷款组合年度亏损分布

图6.9中以垂直虚线标记的是损失分布的预期值（或平均值），但预期损失不是真正的风险，因为我们已经为这部分损失的产生做好了充分的准备，并已将其作为风险溢价体现在贷款利率中了。真正的风险是可能发生的非预期损失，实际损失可能会极大程度地超过预期损失。非预期亏损将超过我们的年度利润，并危害股本权益。在极端情况下，损失可能达到灾难性的规模，消耗全部股本并致使该金融机构破产。

《巴塞尔协议Ⅱ》中建议的通过内部评级法来计算监管资本需求实质上是一次对贷款组合的压力测试，测算在一定的概率置信水平上的最大年度贷款组合损失规模。如果一个金融机构在经历99.9%置信水平的最大可能损失的情况下仍持有足够监管资本，它基本可以免于破产，由此即是通过了压力测试。这是适用于该机构在1000年中有一年会遇到其贷款组合的亏损完全耗尽其股本的情况。事实上，实际持有的监管资本可以略低于99.9%置信水平年度贷款组合损失额，因为可预期损失已经被作为风险溢价计入借款人的贷款利率中了。因此，可以扣除预期损失并仅持有图6.9中浅灰色箭头所示的金额作为覆盖非预期损失的资本。

接下来，我们将更深入地探讨非预期损失的性质。贷款组合年度损失波动的驱动因素在于组合中借款人违约之间的相关性。相关性的应对措施在于分散组合风险。贷款组合风险敞口集中度则是相关性的贡献因素，所以首先需要对风险敞口集中度进行有效的管理。

3.2 风险敞口集中度的管理

风险敞口高度集中的贷款组合同时也具有较强的相关性。设想一个最极端的情况，如果将整个贷款组合资金发放给一个超级借款人，风险敞口的集中度和贷款组合相关性均为100%。而一个由许多不同借款人的许多笔贷款组成的贷款组合则有可能相互之间相关性较小，从而具有较好的风险分散能力。但低集中度并不能保证低相关性。如果贷款组合中所有的借款人都从事着具有高度关联的经济活动，在这种情况下如果某个触发事件导致其中一个借款人违约，许多其他借款人很可能也会同样违约。

作为防范集中度的第一道防线，可以在信贷政策的审慎规则中设定对单个借款人风险敞口的上限，并限制利益冲突发生的可能性，例如，

- 对单个借款人的总风险敞口不得超过监管资本的a%；
- 所有大额度借款人的总风险敞口（大于监管资本的b%）合计不超过监管资本的c%；
- 向关联方（如本金融机构股东、董事和管理者）发放的贷款不得超过监管资本的d%。

对单一债务人的额度限制只能帮助规避最坏的情况，但仍不能保证贷款组合具有低集中度和较好的风险分散能力。

要降低集中度、提高风险分散能力，首先需要有效衡量贷款组合中的风险敞口集中度。在"短小频急"的小微信贷中，借款人数量众多，且单笔贷款平均额度较低，因此人们想当然地误以为这样的贷款组合集中度低。然而事实恰好相反，很多小微金

融机构的贷款组合存在着非常严重的高集中度问题，它们的借款客户高度集中在一小群重点客户企业中，部门借款企业之间又相互关联，以至于这些数量有限的借款企业呈现出不成比例的高风险敞口。

我们借用宏观经济学中用于衡量社会收入集中度的"基尼系数"作为衡量风险敞口集中度的简单指标。图6.10以9535个小微企业贷款账户月余额为数据样本，深灰色是所有的贷款余额的累加（从小到大排序）。黑色45°直线是理论上平均分配的累积余额，每笔贷款余额均为9024马纳特（AZN，阿塞拜疆货币单位）。基尼系数是图6.10中黑色平分线与下方灰色曲线围成的面积与黑色平分线和横轴之间构成的直角三角形面积之比。基尼系数的理论值在0~1，0表示绝对平均分配，1表示绝对集中。系数为1时，整个贷款组合的总额发放给了一个借款人，其余借款人账户余额均为零。图6.10中的基尼系数为90.3%，这是相当高的集中度水平。在发展中国家，以小微贷款为核心业务的商业银行的合理集中度范围通常在60%~75%。

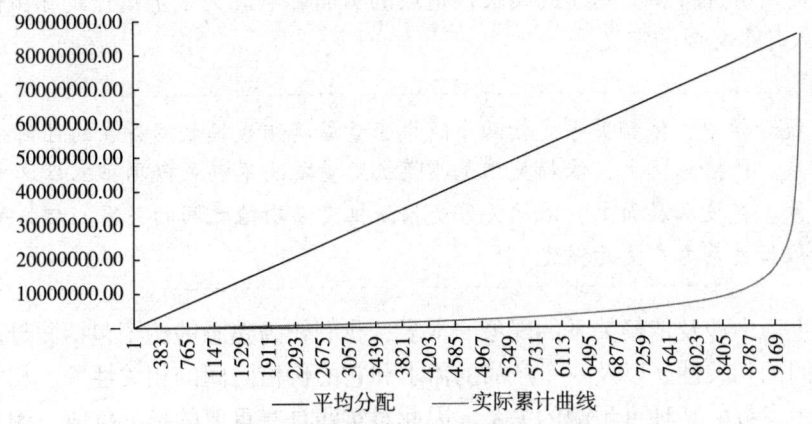

图6.10　阿塞拜疆某银行小微贷款组合基尼曲线

在阿塞拜疆的这个例子中，余额最高的前50个账户的余额总和占到了整个贷款组合总额的一半以上。此外，上述基尼系数是根据账户代码计算的，如果考虑到一个借款人可能同时拥有多个贷款账户，并且规模最大的部分借款企业可能是由同一股东或同一家族控制的关联企业，那么实际集中度可能会更高。在这种由家族控股的企业中，经常会发生企业之间互相拆借资金的情况，同时还会出现企业间互相贷款和共享无偿服务。在运转良好的情况下这些都很正常，但当危机发生时，家族企业集团也可能一同崩溃。因此，在计算基尼系数之前，我们应根据借款人识别信息区分贷款余额。此外，我们建议小微金融机构应在贷款数据库中添加商业团体及家族等关联关系的识别信息。

基尼系数对降低风险敞口集中度起到了卓有成效的引导作用，因为它在衡量整个贷款组合的集中度的同时不会受平均风险敞口大小的干扰。如我们经常听到这样的观点：可以通过发放更多较小额度的贷款来降低贷款组合的整体集中度。这是降低平均风险敞口的有效方法，但显然无法降低集中度风险。因为很可能贷款组合中所有小额度贷款的余额总和还远不及单笔余额最大的前十名贷款中的任何一笔贷款的风险敞口，失去其中任何一个大户将比核销了全部小额度贷款造成更大的损害。在图6.10中也很容易观察到这种影响，如果在基尼曲线的左侧再增加1000笔新增贷款，整个贷款组合的集中度只会略有降低；如果这1000笔新增贷款的单笔额度极小，整个贷款组合的集中度甚至可能还会增加。降低集中度唯一有效的方法是使最大的单笔风险敞口（绝对或至少相对）足够小。为此，可以考虑将持有最大单笔风险敞口的部分贷款转让给其他同行，或者发放更多笔单笔额度与贷款组合户均余额相近的新增贷款。

3.3 违约之间的相关性

将贷款组合风险敞口集中度控制在很低的水平（即向很多借款人提供了很多笔平均规模的贷款）对分散投资组合风险当然是有利的，但这并不能保证贷款组合中贷款之间较低的违约相关性。如果借款人的经济活动密切相关或容易受到同一变量的影响，那么贷款组合将会受到违约相关性造成的负面影响。为了衡量违约相关性，我们需首先引入几个必要的定义。

> 在统计学中，依赖关系是指两个随机变量或两组数据之间存在的任何统计学关系。严格意义上，依赖关系是指随机变量之间不满足概率独立性这一数学条件。在技术层面上，依赖关系是指随机变量均值之间的关系。相关关系是对依赖关系更广义的描述。

日常生活中涉及依赖关系的现象非常多，我们较为熟悉的例子包括父母及其后代的身材之间的相关性，以及一个产品的需求和它的价格之间的相关性等。相关关系表示在实践中发掘的某种可预测的关系，因此对实践具有重要的指导价值。例如，根据用电需求与天气之间的相关关系，电力公司可能会在天气晴好的时段减少电力供应；相反在极端天气发生时，增加电力供应。这一干预决策基于一个基本因果关系假设，即过冷或过热的天气情况下，人们会使用更多的电能来取暖或降温。然而，统计学上的依赖关系不足以证明这种因果关系的存在，即具有相关关系并不能证明因果关系的存在，但具有因果关系必然存在相关关系。

> 相关系数用来衡量相关（关系的）程度，通常用ρ或r表示。其中最常见的是Pearson相关系数，它只用于度量两个变量之间的线性关系。X和Y两个随机变量的总体均值分别为μX和μY，总体标准差分别为σX和σY，那么X和Y之间的总体相关系数ρ_{XY}则被定义为：
>
> $$\rho_{X,Y} = corr(X,Y) = \frac{cov(X,Y)}{\sigma_X \sigma_Y} = \frac{E[(X-\mu_X)(Y-\mu_Y)]}{\sigma_X \sigma_Y}$$
>
> 其中，E为期望值算子，cov是协方差，corr常用来指代Pearson相关关系。随

机变量X和Y在相关系数中是对等的，即corr（X，Y）=corr（Y，X）。Pearson相关系数等于+1时，X和Y之间具有完全正向（递增）的线性相关关系；等于-1时，X和Y之间具有完全负向（递减）的相关关系；等于0时，X和Y之间无线性相关关系。在其他所有情况中，相关系数位于-1和+1之间的值表示变量之间的线性依赖程度。系数越接近-1或+1，二者之间的相关性越强。

协方差cov（X，Y）用来衡量两个随机变量X和Y的共同变化程度。当X较大时Y也较大，X较小时Y也较小，即X和Y表现出同向的变化趋势，这时协方差为正。相反，如果X较大时Y较小，X较小时Y较大，则X和Y表现出反向的变化趋势，此时协方差为负值。协方差的正负显示了两个变量之间线性关系变化趋势，因此相关系数可以被看成是标准化后的协方差，它等于协方差除以随机变量的标准差的乘积。

假设我们有一组n个X和Y的观测值，记作x_i和y_i（其中i=1，2，…，n），那么该样本相关系数rxy可看作X和Y之间的总体Pearson相关系数的估计值。样本相关系数rxy的计算如下：

$$r_{xy} = \frac{\sum x_i y_i - n\overline{xy}}{(n-1)s_X s_Y} = \frac{n\sum x_i y_i - \sum x_i \sum y_i}{\sqrt{n\sum x_i^2 - (\sum x_i)^2}\sqrt{n\sum y_i^2 - (\sum y_i)^2}}$$

其中：SX和SY分别为X和Y的样本标准偏差。

在Excel中内置了现成的计算标准差、协方差和相关性的函数，如下：
- =STDEV（ ）
- =COVAR（ ）
- =CORREL（ ）
- 使用数据分析菜单中的相关性分析，就可以获得一个完整的关于多变量之间的两两相关性矩阵。

我们再次使用第三单元介绍信用风险三要素时创建的由64000笔贷款组成的模拟贷款组合（分成128个彼此之间相互独立、由500笔贷款构成的子贷款组合），并将其理解为一个由500笔贷款构成的贷款组合的128个年度观测样本。这些借款人若违约，则违约变量值为1，未违约，则违约变量值为0。每个年度观测样本值都与当年观测到的失业率水平相对应。

我们使用随机数生成器来模拟失业率，即失业率=0.04+RAND（ ）×0.05，随机取值在4%~9%。违约变量也是随机变量，取决于随机失业率的水平，即违约=IF（（RAND（ ）-（失业率-0.065））>0.02，0，1）。基本假设是，当实际失业率大于预期值（即平均失业率6.5%）的幅度超过2%时，借

> 款人违约概率将上升。相反，如果实际失业率低于预期值，违约概率就会下降。
>
> 在模拟样本中，我们得出的平均违约率在2%左右，但违约率和失业率之间的相关性为+10%上下。这意味着，如果失业率上升，违约率也很有可能上升。如果失业率上升很多，而贷款组合中借款人违约率又与失业率之间存在很强的正向相关性，我们将有可能会面临图6.9中的灾难性损失了。

当我们测算多个借款人违约之间的相关性时，在分析逻辑上等同于分析这些借款人的违约是否均与一组特定的外部随机变量相关联。此类外部随机变量可能是一些常见的宏观经济变量，如GDP增长率、汇率、失业率等。因为借款人违约变量与这类特定外部变量间的相关性更容易被观测，基于它们之间相关性的因果关系推导也更有意义。如果在贷款组合中发现借款人A的违约和借款人B的违约存在相关关系，并不能就此推断二者违约之间存在因果关系。更合理的推论逻辑是，借款人A和借款人B的经济状况共同受到某些特定外部宏观经济变量变动的影响，因此这些特定外部宏观经济变量的变动可能和二者的违约之间存在因果关系。

贷款组合多样化

如何才能有效降低一个信贷组合的（违约）相关性呢？答案是通过贷款组合的多样化，即向大量具有不同违约概率属性的借款人借贷。在面对贷款组合多样化的问题时，规模较小且区域性经营的小微金融机构经常会有先天的劣势，很容易只是达到表面上的贷款组合多样化。

行业多样化

> 某个肯尼亚的小微金融机构主要向位于海岸旅游区的小微企业提供信贷服务，其借款客户包括小型建筑公司、汽车修理店、海滩酒吧、纪念品商店、餐饮店、超市和理发店等。其贷款组合达到了一定程度的多样化，包括的行业类别已经很多了（如建筑业、餐饮服务和酒店业、零售贸易和个人服务等）。这时索马里海盗袭击了该地区的一个高档海滩度假区，导致游客纷纷前往他处，海滩酒吧和纪念品商店立刻惨淡了下来。如果客流量无法在短期内恢复过来，可以想象整个区域经济将遭受怎样的影响：新的建筑工程将停滞，酒店业主不再购买新的车辆，出租车司机将自带午餐（而不是再在餐饮店用餐），失业的酒店服务人员将不会再到理发店理发。

这样的例子不胜枚举，一个正在经历干旱的农业社区，或者一个正处在大宗商品价格低迷的采矿小镇等。这些案例均证明，金融机构通过在不同类型的经济活动中分散风险敞口可以达到某种程度的贷款组合多样化，这些经济活动表面上并不依赖于同一客户群体或同一经济活动。然而，这些经济活动的内在相关性却是不容忽视的。有人可能会说，既然行业多样化不足以解决小微贷款组合的内在相关性问题，就通过纳入不同的借款人群体来提高业务多样化,如同时提供对工薪阶层的消费信贷。工薪消费贷款组合相关性的驱动要素取决于工薪借款人雇主的性质。如果雇主们从事具有相关性的经济活动,那么贷款组合中的消费贷款和小微企业贷款也将会同时遭受损失。典型的和其他行业具有较弱相关性的雇主是政府服务部门,但收入一般的普通公务员们往往已经背负了不同类别的债务,对他们新增贷款远不足以满足一个金融机构的贷款组合多样化需求。

在考虑有效的多样化策略时,始终应将区域多样化作为一个维度。这就是为什么许多小微金融机构在不同地区开设分支机构,而且追求网点覆盖的区域跨度越大越好。区域多样化经营同时促进了贷款组合行业和部门的多样化,因为它稀释了借款人经济活动所依赖的基础资源之间的相关性。区域多样化也有利于提升金融机构的品牌知名度和影响力。例如,2011年前后的利比亚危机使当地小微金融机构承受了很大的压力,然而危机造成的影响在地理分布上是非常不平均的。这一时期,一个在全国范围内进行多样化信贷业务的机构的经营业绩远比集中布局在某个城市的同业要好得多。

区域多样化

对于没有能力进行跨区域网点布局的较小规模的金融机构而言,应考虑在可行的情况下参与信贷组合担保计划或其他风险分担机制。我们曾帮助亚洲开发银行和巴布亚新几内亚中央银行设计过针对小微信贷的这类风险分担机制。许多国家都有大量类似的小微信贷担保和风险分担计划,例如,斐济储备银行的中小企业信用担保计划、印度政府微型和小型企业信用担保基金计划(CGMSE)、法国开发署(AFD)ARIZ基金、美援署(USAID)的发展信贷管理局(DCA)、约旦EJADA担保基金、尼泊尔储蓄和信用担保公司(DCGC)、日本的公共信用担保计划、韩国信用担保基金、马来西亚信用担保公司、阿富汗信用担保基金、罗马尼亚中小企业国家贷款担保基金、葡萄牙互助担保计划、德国担保银行和土耳其信用担保基金等。这些项目计划的共同要点都是通过政府计划或再融资机构帮助小微金融机构承担其贷款组合中的一部分未预期损失,通常为实际损失的50%~80%。小微金融机构需要为其全部贷款组合支付担保费。小微金融机构可以通过这种方式减小非预期损失,以缓释其贷款组合在风险敞口、行业和地理层面相对集中所隐含的相关性风险。这类风险分担机制本身实际上就是实现风险分散的载体,因为它提供的担保服务通常覆盖了来自全国各地不同机构的多个贷款组合,甚至可以通过和其国际合作伙伴签订反担保协议来进一步分散风险。

贷款组合风险分散策略

但在实际情况中,我们能够掌握的关于经济部门和区域之间相关性的实证数据非常有限,但仍然可以就宏观经济、气候等外部事件如何影响典型的小微企业提出一些合理的推论。在这个基础上,我们可以大致划分出5~6个不同的行业分类,每个类别都对我们已知的大多数可能的外部触发事件呈现出不同的反应,如零售贸易、加工制造、养殖农业、种植农业、服务业和建筑业。这些分类和我们常见的行业分类看似没有什么区别,但差异在于我们并不是通过借款人经营范围的传统定义来划分其类别的,而是通过他们的经济产出对宏观经济、自然灾害等这些外部风险驱动因素反应的相似程度来进行分类。最后，我们再将该行业分类与区域多样化策略相结合，由此可得出如表6.12所示的在行业和区域对标的两维风险敞口预算矩阵。

表6.12　风险敞口预算矩阵示例（年度预算百分比）

区域	零售业	加工制造	农业	服务业	建筑业
区域1	7%	2%	3%	5%	6%
区域2	10%	2%	0	5%	5%
区域3	3%	5%	0	1%	1%
区域4	4%	2%	6%	3%	4%
区域5	5%	4%	13%	2%	2%

这种风险敞口预算应成为小微金融机构战略规划的一部分，并应在进行每个年度业务预算时对其进行重新审视。在为新的目标市场规划新的分支机构或新产品时，我们应有意识地抓住这些决策时点作为分散组合风险的机遇。在对新设分支机构所在地进行市场调研时，我们不应只关心贷款需求潜力有多大，而应全面分析新的借款人群体属性将降低还是提高贷款组合的相关性。明智的金融机构总是会为每个特定的区域市场设定份额上限，他们不会依赖存量市场的自然增长，而是尽力在还没有被充分开发的细分市场或区域寻找新的增长点。这不仅是增长驱动的结果，更是多样化驱动的结果。